上海对外经贸大学中东欧研究中心"085工程"科研项目
"中东欧国家对外货物贸易结构研究"成果

中东欧研究系列

中东欧十六国对外货物贸易结构（2001—2011）

尚宇红　张琳　著

上海人民出版社　格致出版社

前　言

　　中东欧十六国北起波罗的海南至巴尔干半岛,地处欧洲腹地,在地理上具有得天独厚的经济和军事战略优势。中国近年来和这些国家领导人频频互访,全方位、更加紧密的经贸合作开始迈入一个崭新的阶段。值此之际,对中东欧各国经济贸易进行系统深入的研究具有重要的现实意义。本书运用翔实的贸易统计数据和实证分析方法,全面深入地研究了 21 世纪以来中东欧国家的对外货物贸易结构,希望能为中国加强与中东欧国家间的经贸合作,尤其是双边贸易往来,提供一些有价值的研究成果。

　　进入 21 世纪以来,中东欧国家对外贸易增长迅速,普遍快于全球贸易的平均增长速度。然而高增长的背后却隐含了长期贸易失衡的代价,贸易逆差成了大多数中东欧国家的常态,尤其是非欧盟成员的 6 个中东欧国家对外贸易长期严重失衡。在 2008 年全球金融危机及随后爆发的欧洲主权债务危机中,受其对外贸易市场结构的局限,中东欧国家成了重灾区,对外贸易出现了大幅衰退。

　　中东欧十六国的对外货物贸易市场结构一致表现为以欧盟为核心、以欧洲为主导的周边区域内贸易特征,总体上 80% 以上的贸易集中在欧洲,65% 以上集中于欧盟内部,且单是德国就占到了 20% 以上。欧盟之外的前三大贸易伙伴国依次为俄罗斯、中国和美国。各中东欧国家主要贸易伙伴国稳定,市场高度集中且有分散趋势,对外贸易市场有从发达国家向新兴市场国家转移的趋势,这些特征可用中东欧国家与其主要贸易伙伴国间的双边贸易商品结构与互补性来解释。

　　各国产业结构决定了其对外货物贸易的商品结构,制造业发达的中东欧国家出口以资本与技术密集型产品为主,而不发达的中东欧国家则以出口劳动密集型产品或资源密集型产品为主。在趋势上,中东欧十六国的对外贸易商品结构呈现出基本一致的变化:资源密集型产品进出口比重上升;劳动密集型产品进出口比重下降;资本与技术密集型产品出口比重上升,而进口比重呈现下降趋势。由于产业内贸易水平得到了普遍的提升,中东欧十六国总体上的进、出口商品结构表现出趋同趋势。

2001—2011年间,中东欧十六国的产业内贸易水平普遍得到了较大程度的提升,其中,贸易模式初期即以产业内贸易为主的6个国家,到2011年的产业内贸易水平已经接近了发达国家,还有5个国家实现了从以产业间贸易为主到以产业内贸易为主的对外贸易模式的转变。而决定中东欧国家产业内贸易水平高低的首要因素则是各国的工业化程度,其次是对外贸易平衡度以及人均收入水平。

总体上,德国始终占据了中东欧国家第一大对外贸易伙伴国地位,双边贸易以机械及运输设备为主,具有互补性的商品占83%以上,且80%以上为关系紧密的产业内互补。俄罗斯是其第二大贸易伙伴国,双边贸易以矿物燃料、润滑油及有关原料等初级产品为主,互补性产品占93%以上,但90%以上属于互补余缺式的产业间互补。意大利是其第三大贸易伙伴国,双边贸易以原料分类的制成品、机械及运输设备、杂项制品为主,互补性产品占70%以上,产业内互补产品占50%以上。中国是其第五大贸易伙伴国,市场地位仅次于法国,贸易结构及互补性都和意大利接近,但产业间互补产品占了60%。美国曾是中东欧国家21世纪初欧盟之外的第二大贸易伙伴国,目前这一市场地位被中国取代,但仍旧具有重要的对外贸易市场地位。中东欧国家总体同美国的双边贸易结构同意大利接近,但互补性产品只占57%,产业内互补产品约为40%。基本上可以认为:中东欧国家和其贸易伙伴国间双边贸易的互补程度与互补性质决定了其贸易关系的密切程度。

目　录

绪论

近两年召开的第一届(2011年)和第二届(2012年)中国—中东欧国家经贸论坛[①],标志着中国与中东欧国家在经济合作上进入了更高级的一个发展阶段。这两届论坛都是由中国与中东欧十六国的国家领导人参与的高层论坛,温家宝在这两届论坛上分别做了题为"巩固传统友谊　促进共同发展"和"齐心协力　共创未来"的致辞,强调了加强中国与中东欧国家间的经贸合作对双方未来经济与社会发展的重要意义。

要加强和中东欧各国的经贸合作,首先必须充分了解这些国家的经济与贸易情况。然而国内这方面的研究还远远不够,对中东欧国家的研究文献多数集中于对这些国家的政治、国际关系与社会方面的研究,少数对经济和贸易的研究文献显得比较零散或者不够系统,尤其是把16个中东欧国家作为一个整体来研究的专著目前还是空白。

本书的写作目的在于厘清中东欧十六国2001—2011年的对外货物贸易结构,并从结构分析中发掘出这些国家对外贸易发展变化的特点、趋势与影响因素,同时也研究中东欧十六国同其主要贸易伙伴国之间的货物贸易关系。这些研究有助于我们系统深入地了解这些国家的对外贸易状况,有助于了解目前中国和这些国家间的贸易关系,从而有助于解决目前双方在贸易中存在的主要问题。这些

---

① 第一届中国—中东欧国家经贸论坛于2011年6月25日在匈牙利首都布达佩斯举行,第二届中国—中东欧国家经贸论坛于2012年4月26日在波兰首都华沙举行。

研究对于进一步加强中国和中东欧国家间的贸易往来及经济合作都具有重要的现实意义。

0.1 中东欧十六国地理概况

0.1.1 中东欧十六国的概念界定

中东欧国家这一概念比较宽泛,在目前已有的国内外研究文献中,一般特指那些在地理上位于欧洲的中东部、在政治和经济制度上经过转型的原社会主义国家。然而由于地理概念上的差异,究竟哪些国家属于中东欧国家的范畴却并没有一个明确的定义。在国际上,对中东欧国家范围的划分多依据联合国、世界银行、世界贸易组织以及国际货币基金组织等的分类标准,一般包括阿尔巴尼亚、保加利亚、克罗地亚、捷克、爱沙尼亚、匈牙利、拉脱维亚、立陶宛、波兰、罗马尼亚、斯洛伐克和斯洛文尼亚等 12 个国家。对于"中东欧国家"的英文翻译也不够统一,较多的文献翻译为"Central and Eastern European Countries(CEEC)",但也有不少翻译为"Middle Eastern European Countries"。这些都说明对把中东欧国家作为一个整体的研究对象而言,目前的研究文献还远不够系统规范,有待进一步深入研究。

本书对中东欧国家的范围划定依据是第一届和第二届中国—中东欧国家经贸论坛中所包括的 16 个中东欧国家。这些国家按其经济总量大小排名分别是:波兰、捷克、罗马尼亚、匈牙利、斯洛伐克、克罗地亚、保加利亚、斯洛文尼亚、塞尔维亚、立陶宛、拉脱维亚、爱沙尼亚、波黑、阿尔巴尼亚、马其顿和黑山,与上文所提到的 12 国相比又增加了波黑、马其顿、黑山与塞尔维亚等原南斯拉夫 4 个加盟共和国。

0.1.2 地理概况

从地理上讲,中东欧十六国北起波罗的海的爱沙尼亚,南至巴尔干半岛的阿尔

巴尼亚,国土面积之和约为 134 万平方公里,2011 年的人口总和约为 1.23 亿人①,
面积相当于欧洲最发达四国:英国、法国、德国和意大利国土面积之和的 90%,人
口只相当于这四国之和的 45%,相对而言人均拥有国土面积较大。中东欧十六国
中各国的地理、人口信息及国家的一般属性如表 0.1 所示。

表 0.1 中东欧十六国地理、人口及国家一般属性概况(按国土面积排序)

国 家	英文名称	面积 (万平方 公里)	人口 (万人)	加入欧 盟时间 (年)	入欧元 区时间 (年)	入申根 国时间 (年)	入联合 国时间 (年)
波 兰	Poland	31.27	3 821.60	2004	—	2007	1945
罗马尼亚	Romania	23.84	2 139.00	2007	—	—	1955
保加利亚	Bulgaria	11.10	747.60	2007	—	—	1955
匈牙利	Hungary	9.30	997.10	2004	—	2007	1955
塞尔维亚	Serbia	8.83	726.10	—	—	—	2000
捷 克	Czech	7.89	1 054.60	2004	—	2007	1993
立陶宛	Lithuania	6.53	320.30	2004	—	2007	1991
拉脱维亚	Latvia	6.46	222.00	2004	—	2007	1991
克罗地亚	Croatia	5.66	440.70	—	—	—	1992
波斯尼亚和 黑塞哥维那 (波黑)	Bosnia and Herzegovina	5.12	375.22	—	—	—	1992
斯洛伐克	Slovak	4.90	544.00	2004	2009	2007	1993
爱沙尼亚	Estonia	4.53	134.00	2004	2011	2007	1991
阿尔巴尼亚	Albania	2.87	321.60	—	—	—	1955
马其顿	Macedonia	2.57	206.39	—	—	—	1993
斯洛文尼亚	Slovenia	2.03	205.20	2004	2007	2007	1992
黑 山	Montenegro	1.38	63.23	—	—	—	2006

16 国土地面积合计:134 万平方公里 人口合计:1.23 亿人

资料来源:地理数据来源自中华人民共和国外交部网站,http://www.fmprc.gov.cn/
chn/pds/gjhdq/;人口数据来源自世界银行 WDI&GDF 数据库。

---

① 国土面积数据来源于中华人民共和国外交部网站,http://www.fmprc.gov.cn/chn/pds/gjhdq/。2011 年人口数据
来源于世界银行 WDI&GDF 数据库。

从表 0.1 可以看出,中东欧十六国中有 10 个是欧盟成员国,3 个国家加入了欧元区,8 个国家为申根国;有 13 个国家的国土面积不足 10 万平方公里;人口超过 1 000 万的只有 3 个国家,500 万—1 000 万的有 4 个国家,500 万以下的有 9 个国家。从地理和人口上看,除波兰和罗马尼亚之外,这些中东欧国家均属比较小型的国家,但地理位置非常重要。这些国家地处欧洲腹地,无论是在军事上还是在经济贸易上对西欧发达国家及东欧独联体国家均影响深远。

从地理上还可以把这 16 个国家大致分为三个地区。第一个地区是北部的波罗的海三国:爱沙尼亚、拉脱维亚和立陶宛,这三个国家均属原苏联的加盟共和国,且在经济上形成了密切的联系[①];第二个地区是中部的维谢格拉德集团四国:匈牙利、波兰、捷克和斯洛伐克[②],这四个国家关系密切且形成了正式的经济同盟;第三个地区是南部 9 国:罗马尼亚、保加利亚和阿尔巴尼亚三国,及原南斯拉夫的六个加盟共和国:斯洛文尼亚、克罗地亚、波黑、马其顿、塞尔维亚、黑山。

0.2 中东欧十六国宏观经济概况

中东欧十六国均为 20 世纪 80 年代末 90 年代初的转型国家,即在政治制度上实现了从社会主义国家向资本主义国家的转型,在经济上实现了从计划经济向市场经济的转型。大部分国家的宏观经济在经过短暂的转型衰退期后得到了较快的发展,尤其是进入 21 世纪以来,这些国家的经济增长迅速,成为全球新兴市场国家中一支迅速崛起的力量。

---

① 这三个国家虽然没有明确的经济合作框架,但三国间的区域内贸易和经济合作关系远远超出了一般的邻国关系。尤其是金融危机以来,三国首脑频频会晤,达成了多项经济合作协议。

② 匈牙利、波兰和捷克斯洛伐克三国为加强彼此间合作,于 1991 年 2 月 15 日在匈牙利的维谢格拉德城堡举行会议,决定在取消华约和经互会组织方面密切合作,在建立多党议会制和向市场经济过渡方面相互交流经验,在加入欧共体方面协调行动,加强彼此间合作,商定成立区域合作组织,并发表声明。因会议是在维谢格拉德举行的,所以把参加会议的三国称作维谢格拉德集团(Visegrad Group)。1992 年 12 月捷克和斯洛伐克分别独立后,该集团成员国由三个变为四个:捷克、斯洛伐克、波兰、匈牙利。1992 年中欧自由贸易区成立后,维谢格拉德集团名存实亡。1998 年 10 月 21 日,波、匈、捷三国发表了旨在复兴维谢格拉德集团合作的联合声明,并希望斯洛伐克加入该集团。11 月 9 日,斯洛伐克外长表示,斯洛伐克尽一切努力成为维谢格拉集团中有价值的合作伙伴。从 1999 年 5 月起,四国政府首脑每年定期会晤一次。2007 年 4 月,波兰、匈牙利、捷克和斯洛伐克的议会领导人在布拉格开会决定,建立维谢格拉德集团各国议会间的合作对话机制,以提升该集团的作用和影响。

　　2011年,16国的经济总量(国内生产总值之和)达到1.5万亿美元,人均收入约为1.2万美元,经济总量约相当于英、法、德、意四国总量的14%,人均收入约相当于这四国人均收入的30%①。对外货物贸易总额为15 687.3亿美元,相当于英、法、德、意四国贸易总量的25%。虽然中东欧十六国和西欧最发达的四国相比差距还很大,但其社会发展水平在全球来看却是名列前茅。根据联合国发布的《2011年人类发展报告》,中东欧十六国的社会发展水平排名均在前80位,其中属人类极高发展水平组的有9个,其余7个均属于人类高发展水平组。各个国家的宏观经济数据详细情况参见表0.2。

表 0.2　中东欧十六国 2011 年宏观经济概况(按 GDP 排名)

国　家	GDP (亿美元)	人均 GDP (美元)	出口额 (亿美元)	进口额 (亿美元)	HDI 排名	货　币
波　兰	5 144.96	13 462.85	1 881.05	2 091.92	39	兹罗提
捷　克	2 152.15	20 407.29	1 621.12	1 505.42	27	克　朗
罗马尼亚	1 797.94	8 405.49	626.92	763.65	50	亚列伊
匈牙利	1 400.29	14 043.66	1 112.17	1 013.70	38	福　林
斯洛伐克	959.94	17 645.98	784.87	766.90	35	欧　元
克罗地亚	638.50	14 488.33	133.64	227.15	46	库　纳
保加利亚	535.14	7 158.12	281.65	324.94	55	列　弗
斯洛文尼亚	495.39	24 141.94	289.84	312.37	21	欧　元
塞尔维亚	450.43	6 203.47	117.75	201.39	59	第纳尔
立陶宛	427.25	13 339.18	280.69	318.01	40	立　特
拉脱维亚	282.52	12 726.35	119.88	154.31	43	拉　特
爱沙尼亚	221.85	16 555.76	181.33	187.84	34	欧　元
波　黑	180.88	4 820.67	58.50	110.51	74	第纳尔
阿尔巴尼亚	129.60	4 029.73	19.48	53.96	70	列　克
马其顿	101.65	4 925.34	44.55	70.07	78	代纳尔
黑　山	45.50	7 197.13	6.28	25.44	54	欧　元

　　资料来源:GDP、人均GDP数据来源自世界银行数据库;贸易数据均来自UN-comtrade;HDI排名(人类发展指数排名)来源自联合国开发计划署(UNDP)——《2011年人类发展报告》,其中排名前47名的属于极高人类发展水平组,第47—94名属于人类发展高水平组。

---

① 根据世界银行数据库中相关数据计算而得。

0.3　中东欧十六国主要国际经贸关系及未来与中国的合作关系

0.3.1　主要国际经贸关系

中东欧国家的迅速崛起,一方面是其国内经济发展的结果,另一方面也是得益于其广泛地和世界各国开展积极的经济合作的结果,可以说绝大多数的中东欧国家近十年来的经济增长主要来自于对外贸易、外国投资和外国债务的贡献。其中,对中东欧国家经济影响重大的国际经济合作包括以下四个方面。

第一个是和欧盟的经济合作。目前,中东欧十六国中绝大多数外国投资来自欧盟成员国,60%以上的对外贸易来自欧盟,而且中东欧十六国中已有 10 国加入了欧盟,可以说欧盟经济发展的好坏直接影响了中东欧各国经济的发展。也正因为如此,绝大多数中东欧国家在 2008 年全球金融危机和之后的欧洲主权债务危机发生时,成为了危机的重灾区。

第二个是中东欧十六国间的经济合作。出于地理上的便利和历史上的合作传统,中东欧十六国间的经济合作非常密切。近 10 年来,多数国家同其他中东欧国家间的贸易额占到了其对外贸易的四分之一以上,部分中东欧国家还结成了关系更为密切的经济同盟,比如维谢格拉德集团等,这些区域间的经济合作对这些国家的经济发展起到了积极的促进作用。

第三个是和俄罗斯的经济合作。同样出于地理上的便利和历史上的经济合作传统,俄罗斯在此期间一直都是中东欧十六国除欧盟之外的最大贸易伙伴国,目前已发展成为中东欧国家总体上的第二大贸易伙伴国,贸易地位仅次于德国。特别是在进口方面,近 10 年来,俄罗斯几乎是所有中东欧国家的前五大进口市场之一。中东欧国家从俄罗斯进口了大量生产性资源和能源,其中,单是矿物燃料、润滑油及有关原料类产品(SITC-3)就约占到了双方贸易总额的60%。可以说,俄罗斯已成为这些国家经济发展不可或缺的原料来源地之一。

第四个是和中国的经济合作。近 10 年来,中国和各中东欧国家间的高层互访频繁,经贸合作关系密切,双边贸易快速发展,2001 年,双方贸易额仅 43 亿美元,2011 年达到 529 亿美元,年均增长 27.6％。特别是全球金融危机以来,双方贸易逆势而上,其中中国自中东欧国家的进口年均增长 30％,远远高于 2001—2011年全球贸易平均 10％的增长速度①。中东欧各国同中国之间越来越密切的经贸合作为其走出全球性金融危机创造了良好的外部条件,一方面可以大幅增加对中国的出口,另一方面可以吸引到大量的中国企业投资。

0.3.2　未来与中国的合作关系

今后,中国和中东欧国家间的经济合作将会更为密切,这其中既有一定的历史必然性,也是中国与中东欧国家面对的现实条件所决定的。正如温家宝在第一届中国—中东欧国家经贸论坛中所讲到的,中国同中东欧十六国间的经贸往来源远流长,早在两千多年前,双方就已通过丝绸之路建立起了贸易往来。新中国成立后,大多数中东欧国家第一时间与中国建交并开始了友好交往。几十年来,双方传统友谊不断巩固,在各个领域的合作取得了长足的进展。在当前世界政治经济格局大调整、大变革的背景下,中国和中东欧国家的共同利益在扩大,相互需求在增加,企业加强合作的愿望日益强烈——双方产业各有特长、都是全球重要的新兴市场、都是富有吸引力的投资场所、都致力于完善市场经济体制,扩大对外开放,健全法律法规,推动经济加快发展。尽管目前双方贸易和投资规模偏小,但是双方经济互补性强,深化合作的潜力大,发展前景十分广阔,中东欧国家可以成为中欧合作的桥头堡。中东欧国家位于欧洲心脏地带,交通四通八达,是联系东西方市场的桥梁。中国企业到中东欧国家发展转口贸易和投资合作,可以节约大量商务成本,可以融入欧盟内部的产业分工体系,可以利用欧盟的优惠政策共同开拓西欧市场,实现互利共赢。多年来,中国始终把中东欧国家看成可信赖的朋友和重要合作伙伴。无论是实施外贸市场多元化战略,还是实施企业"走出去"战略,都把中东欧地区作为战略重点。

从温家宝的致辞中可以看出,中国已把进一步加强和中东欧国家间的经济合

---

① 　根据 UN-comtrade 数据库相关数据计算而得。

作关系,提升到了促进中国经济发展的战略高度。而且在 2012 年 4 月 26 日的第二届中国—中东欧国家经贸论坛中,温家宝还明确地提出了进一步加强双方经贸合作关系的一系列目标和具体的实施措施。目前大部分措施都已经开始实施,中国和中东欧各国的关系正朝着战略合作伙伴关系迈进。相信随着时间的推移,中国和中东欧国家将会构建成为重要的战略合作伙伴关系,也希望本书的撰写能为此添砖加瓦。

0.4 本书的结构安排

本书的主要研究目的在于:为加强我国同中东欧各国间的经贸合作关系、发现进一步扩大双方贸易的机会和困难所在,提供系统深入了解这些国家对外贸易状况的一系列基本信息。本书的研究内容包括中东欧十六国在全球的对外货物贸易结构,以及中东欧十六国与其全球主要贸易伙伴国间的贸易结构。后者既是对前者市场结构的补充说明,同时也是中国了解中东欧贸易市场上主要竞争对手所必需的信息。这两部分内容具体安排如下。

第一部分,中东欧十六国对外货物贸易结构的基本情况分析。研究方法以贸易统计为主,用翔实的贸易统计数据,详细阐明中东欧十六国 2001—2011 年间各国的对外货物贸易结构。在此基础上,分析中东欧十六国作为一个整体而言的对外货物贸易结构,以及整体对外贸易结构在 2001—2011 年间的特点、变化趋势与形成原因。这部分共 16 章,其中,第一章、第十五章和第十六章为整体分析,第二章至第十四章为个体分析。整体分析即把中东欧十六国作为一个整体或者说一个地区进行研究,尽管事实上这十六国并未形成关系非常密切的经济贸易区,但整体角度的研究有助于把握这些具有共同地理与政治属性国家的共同贸易特征。而且,既然把中东欧十六国当作一个有机的整体来研究,鸟瞰式的宏观视角研究就是不可或缺的。

这 16 章的主要内容与逻辑关系为:首先,第一章概括了中东欧十六国整体的对外货物贸易现状,包括贸易规模、市场结构、商品结构和产业内贸易四个方面。

然后,第二章到第十四章分别就每个国家这四个方面的情况进行详细说明,从四个不同角度揭示各个国家进入 21 世纪以来对外贸易的发展特征及其贸易结构变化趋势,由此组成了一个比较完整的对外贸易结构动态分析。其中,第十四章包含了四个国家,把这四个国家放在同一章主要是数据缺失的原因,此外,这四个国家均为原南斯拉夫加盟共和国,互为邻国且贸易关系密切、贸易特征相近,放在同一章来分析也是比较恰当的。再次,第十五章总结了中东欧十六国作为一个整体来讲,在 2001—2011 年对外贸易的规模、市场结构与商品结构方面的特征、变化趋势及其影响因素。最后,第十六章就中东欧国家 2001—2011 年产业内贸易的影响因素进行计量分析,得出影响这些国家产业内贸易水平的关键性变量。

第二部分,中东欧国家与其主要贸易伙伴国间的贸易结构与互补性分析。结构分析是秉承本书前半部分的研究范式,而贸易互补性的研究则是对贸易结构形成原因的一个重要的解释。研究方法以实证为主,站在每个主要贸易伙伴国的角度,通过几个重要的对外贸易统计指标揭示两者在 2001—2011 年间的贸易结构关系和内在的贸易互补性联系。

这些主要的贸易伙伴国包括德国、俄罗斯、意大利、中国和美国五个国家,分别形成第十七章至第二十一章的内容。选择这五个国家主要是因为:(1)对中东欧十六国整体而言,德国、俄罗斯和意大利始终是其在 2001—2011 年间的前三大贸易伙伴国,双方的贸易关系非常密切,三个国家的市场几乎占到了中东欧国家对外贸易的 40%,对中东欧国家来讲具有不可替代的外贸市场地位;(2)中国目前既是中东欧国家在欧盟之外的第二大贸易伙伴国,也是其第五大贸易伙伴国(第四为法国),同时也是其在亚洲最大的外贸市场,近年来双方贸易往来非常密切,对中东欧未来的对外贸易发展具有重要的意义;(3)美国是中东欧国家在北美最大的贸易伙伴国,也是 21 世纪初大多数中东欧国家的前十大贸易伙伴国之一,同时作为全球最大的对外贸易国,其对外贸易的市场地位对任何地区都是非常重要的。

此外,需要说明的是,第二部分中的中东欧国家只包含 12 个,即阿尔巴尼亚、保加利亚、克罗地亚、捷克、爱沙尼亚、匈牙利、拉脱维亚、立陶宛、波兰、罗马尼亚、斯洛伐克和斯洛文尼亚等 12 国。与 16 国相比还差了波黑、马其顿、黑山与塞尔维亚等四个原南斯拉夫加盟共和国。这么做的主要原因是在本书主要的贸易数据来源(联合国贸易统计数据库 UN-comtrade)中无法获得这四个国家 2001—2011 年间比较完整的贸易数据。考虑到中东欧十二国的贸易总量已经占 16 国的 90％以上,从加总数据的角度看,完全可以代表整个中东欧国家的情况,因而这一部分的结论对中东欧国家整体而言也是成立的,舍弃这四个国家的情况并不影响主要研究结果。

第1章

中东欧十六国对外货物贸易现状

1.1 规模

2011 年中东欧十六国的对外货物贸易总额高达 15 687.30 亿美元,约占当年全球对外货物贸易总额的 5%,贸易总额接近于 2011 年对外货物贸易全球排名第四的日本[①]。如把中东欧十六国作为一个整体看待,则其贸易总额在全球可排在第五位[②],其总体对外货物贸易的市场地位不可轻视。中东欧十六国中每个国家2011 年的对外货物贸易的详细情况参见表 1.1。

表 1.1 2011 年中东欧十六国对外货物贸易规模概况(亿美元,%)

国 家	贸易规模 进口+出口	占 16 国 比重	出口— 进口	贸易不 平衡度	对外贸易 依存度	贸易总额占 全球的比重
波 兰	3 972.97	25.33	−210.87	5.31	90.01	1.29
捷 克	3 126.54	19.93	115.70	3.70	165.48	0.98

---

① 2011 年全球对外货物贸易排名(及其比重)前五位的国家分别为:美国(11.3%)、中国(11.0%)、德国(8.3%)、日本(5.1%)和法国(3.9%)。资料来源:根据 UN-comtrade 中相应数据计算整理而得。

② 这里中东欧十六国的贸易总额数据并没有剔除 16 国之间的相互贸易额,只是 16 国贸易额的一个简单加总,因而把 16 国看成一个地区时,简单加总的值可能会高估其作为整体而产生的对外贸易总额。

国 家	贸易规模 进口＋出口	占16国 比重	出口一 进口	贸易不 平衡度	对外贸易 依存度	贸易总额占 全球的比重
罗马尼亚	1 390.57	8.86	−136.73	9.83	88.32	0.44
匈牙利	2 125.87	13.55	98.47	4.63	180.69	0.67
斯洛伐克	1 551.77	9.89	17.97	1.16	177.24	0.49
克罗地亚	360.79	2.30	−93.51	**25.92**	76.57	0.11
保加利亚	606.59	3.87	−43.29	7.14	134.58	0.19
斯洛文尼亚	602.21	3.84	−22.53	3.74	144.71	0.19
塞尔维亚	319.14	2.03	−83.64	**26.21**	89.10	0.10
立陶宛	598.70	3.82	−37.32	6.23	160.34	0.19
拉脱维亚	274.19	1.75	−34.43	**12.56**	121.96	0.09
爱沙尼亚	369.17	2.35	−6.51	1.76	207.56	0.12
波 黑	169.01	1.08	−52.01	**30.77**	103.47	0.05
阿尔巴尼亚	73.44	0.47	−34.48	**46.95**	92.76	0.02
马其顿	114.62	0.73	−25.52	**22.26**	133.34	0.04
黑 山	31.72	0.20	−19.16	**60.40**	69.79	0.01
合 计	15 687.30	100.00	−567.86	3.62	122.32	4.98

注:贸易不平衡度为进出口额之差的绝对值与进出口额之和的比值。

资料来源:根据世界银行数据库(http://data.worldbank.org.cn)及联合国商品贸易统计数据库(http://comtrade.un.org)中相应数据计算得出。

从表1.1中可以看出以下几点结论。

(1) 对外货物贸易发展不平衡。中东欧十六国由于经济总量差异和对外贸易依存度的差异均比较大,十六国的对外货物贸易总额的差异也就非常大。2011年,单是波兰的贸易总额就占据十六国贸易总额的四分之一,而波兰和捷克两国的份额几乎占了一半,对外货物贸易的前五大国占据的份额超过了四分之三。各国更为直观的对外贸易市场份额见图1.1。

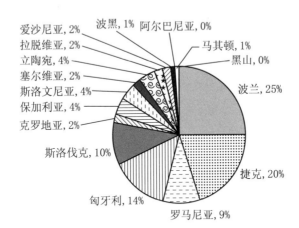

资料来源：根据世界银行数据库(http://data.worldbank.org.cn)及联合国商品贸易统计数据库(http://comtrade.un.org)中相应数据计算得出。

图1.1　中东欧十六国对外货物贸易占比

考虑到十六国对外货物贸易的较大不平衡性，在研究十六国的整体对外货物贸易表现时，若只是考虑十六国的整体特征，那么，代表整体的加总数据所体现出的十六国整体对外货物贸易特点，难免会突出上述几个主要的贸易大国的贸易特征，而贸易量较小国的对外货物贸易特征在加总数据中可能几乎得不到反映，因而在分析中东欧十六国贸易特征时，除了分析整体情况，还需要兼顾到各国的具体情况。

(2) 绝大多数国家贸易失衡严重，且表现为贸易赤字。总体来看，十六国2011年的贸易逆差才567.86亿美元，仅占其贸易总额的3.62%，贸易失衡似乎不严重，但这只是加总数据的表面现象。具体来看各国的情况可以发现，十六国中大部分国家属于贸易严重失衡状态，一般认为一国贸易的不平衡度(进出口额之差的绝对值与进出口额之和的比值)超过5%即为比较严重的贸易失衡，而在十六国中有10个国家的贸易不平衡度超出了5%，其中，有6国均超出了20%。

此外，除捷克、匈牙利和斯洛伐克三个贸易大国2011年表现为贸易顺差外，其他13国均为贸易逆差。因此可以说，2011年中东欧十六国中多数国家的对外贸易不但严重失衡,而且表现为贸易逆差。

(3) 对外贸易依存度非常高。总体上,2011年中东欧十六国的对外贸易依存度(包括服务贸易在内的对外贸易总额占其国内生产总值的百分比)高达122%,这表明中东欧十六国总体上表现为非常明显的外向型经济,宏观经济的增长对外部市场的依赖非常大,或者说对外贸易(对中东欧十六国而言主要是对外货物贸易)对其经济增长影响重大。具体来看,所有国家的对外贸易依存度都超过了70%,其中10个国家超过了100%,5个国家超过了150%,一个地区这么多国家有如此之高的对外贸易依存度在全球的其他地区是很少见的。

1.2　市场结构

市场结构是一国在同其他国家或地区(市场)的进出口贸易中,在各个不同对外贸易市场中的贸易比重分布情况。这一市场分布反映了该国的主要贸易市场及其重要的对外贸易关系。对外贸易的市场结构既反映了一国对外贸易发展的历史结果,反过来也直接影响了该国未来对外贸易的发展。

1.2.1　总体市场结构

2011年中东欧十六国对外货物贸易市场主要集中在欧盟地区,同欧盟(除中东欧内部10个欧盟成员国之外的其他17个欧盟成员国)间的贸易总额约占十六国对外贸易总和的一半,其中,单是德国的贸易市场份额就占到了21.23%。其次,在中东欧十六国内部的对外货物贸易,每个国家同其他15国间的货物贸易总额之和占十六国对外贸易的20.32%;而欧盟之外的第一大贸易伙伴国则是俄罗斯,十六国同俄罗斯之间的对外贸易额占其总和的7.24%。中东欧十六国更为详细的主要对外货物贸易市场(按单个国家)如表1.2所示。从表1.2中还可以看出:(1)中国成为了中东欧十六国在欧盟之外的第二大贸易伙伴国,仅次于俄罗斯,十六国同中国的贸易占其对外贸易总和的4.45%,单个国家的市场份额排名在第五位;(2)在十六国的前8大对外贸易市场中,除俄罗斯和中国外,其他均为欧盟成员国,这些国家的市场份额占40%以上。

表1.2 2011年中东欧十六国前8大贸易伙伴国及其比重(百亿美元,%)

贸易伙伴国	德国	俄罗斯	意大利	法国	中国	奥地利	荷兰	英国	**合计**	**内部**
贸易额	33.30	11.36	9.76	7.10	6.98	5.57	4.98	4.97	84.02	31.88
占比	21.23	7.24	6.22	4.53	4.45	3.55	3.17	3.17	**53.56**	**20.32**

注:占比表示十六国同该伙伴国市场间的贸易之和占十六国对外货物贸易总额的比重;内部表示每个中东欧国家同其他15国间的货物贸易总额。

资料来源:根据联合国商品贸易统计数据库(UN-comtrade)中相应数据计算得出。

总体来看,中东欧十六国的对外贸易市场结构特征可以概括为:以德国为中心的欧洲区域内贸易,这是因为十六国同德国的贸易占到五分之一以上,而且在欧洲内部的贸易占到了五分之四以上。

1.2.2 各国市场结构

具体到每个国家的情况来看,中东欧十六国各自的对外货物贸易市场结构又有较大的差异。以下用各国在其他15国之外的前五大贸易伙伴国的结构占比(如表1.3所示)来说明2011年各国对外货物贸易市场结构的异同。

表1.3 2011年各国除中东欧国家之外的前五大贸易伙伴国结构(%)

中东欧十六国	第 一	第 二	第 三	第 四	第 五	合计	内部
波 兰	**德国 24.0**	俄罗斯 8.6	意大利 5.3	法国 5.1	**中国 5.0**	48.0	13.8
捷 克	**德国 29.1**	中国 6.6	法国 4.4	俄罗斯 4.3	意大利 4.3	48.7	17.4
罗马尼亚	**德国 17.8**	意大利 12.0	法国 6.5	土耳其 4.7	奥地利 3.2	41.0	20.0
匈牙利	**德国 24.3**	奥地利 6.1	俄罗斯 5.9	意大利 4.8	法国 4.2	45.3	19.4
斯洛伐克	**德国 18.6**	俄罗斯 7.4	法国 4.9	奥地利 4.6	**中国 4.3**	39.8	**31.8**
克罗地亚	意大利 16.2	**德国 11.7**	俄罗斯 5.4	奥地利 4.9	**中国 4.6**	42.8	**31.6**
保加利亚	**德国 11.4**	俄罗斯 10.7	意大利 7.8	土耳其 6.5	希腊 6.3	42.7	17.6
斯洛文尼亚	**德国 18.5**	意大利 14.3	奥地利 7.8	法国 5.6	**中国 2.9**	49.1	20.9

续表

中东欧十六国	第 一	第 二	第 三	第 四	第 五	合计	内部
塞尔维亚	德国 11.0	俄罗斯 10.8	意大利 9.7	中国 4.8	奥地利 3.4	39.7	42.3
立陶宛	俄罗斯 24.8	德国 9.4	荷兰 5.4 白俄罗斯 3.7		瑞典 3.4	46.7	21.0
拉脱维亚	德国 10.4	俄罗斯 9.4	瑞典 4.9	芬兰 3.9	白俄罗斯 3.3	31.9	34.4
爱沙尼亚	俄罗斯 13.5	芬兰 11.7	瑞典 11.2	德国 7.1	中国 4.6	48.1	20.3
波 黑	德国 12.0	意大利 9.9	俄罗斯 7.1	奥地利 4.7	中国 3.3	37.0	43.9
阿尔巴尼亚	意大利 36.6	希腊 9.2	土耳其 6.0	中国 5.4	德国 5.0	62.2	11.5
马其顿	德国 17.2	希腊 6.8	俄罗斯 6.3	意大利 6.2	英国 5.6	42.1	30.4
黑 山	希腊 8.1	意大利 6.1	德国 5.5	中国 4.6	土耳其 1.6	25.9	58.3

注:国家右边的数字为该国同对应中东欧国家贸易额占相应中东欧国家贸易总额的比重;内部一列数字为每个中东欧国家同其他 15 国间的货物贸易总额占其贸易总额的比重。

资料来源:同表 1.2。

从表 1.3 中可以看出中东欧各国的对外贸易市场结构既有相同之处,也有不同之处。

(1)共同之处:①各国前五大贸易伙伴国(除中东欧国家内部)基本集中在欧盟内部及俄罗斯和中国,且德国均在十六国的前五大贸易伙伴国(除中东欧国家内部)之列,而意大利、俄罗斯和中国也基本都在其中,这一特点和十六国整体对外贸易的市场结构具有一致性。②市场集中度均比较高,16 个国家除中东欧国家外的前五大贸易伙伴国和中东欧内部的市场份额均占到了每个国家贸易总额的 60% 以上。这同十六国总体表现出的特征也具有一致性,说明对外贸易以欧洲为中心的区域内贸易特征,适合每个中东欧国家的对外贸易市场特征。

(2)不同之处:①贸易大国的对外贸易市场结构相对于贸易小国而言,对中东欧内部市场的依赖较小,很大程度上决定了十六国的整体对外贸易市场结构。②非欧盟的中东欧国家对外贸易相对属于欧盟的中东欧国家而言,对其他中东欧国家的市场依赖度明显高出很多,除阿尔巴尼亚外,非欧盟的中东欧国家同其他中东欧国家的贸易均占到了该国贸易总额的 30% 以上。

1.3 商品结构

商品结构是一国在进出口贸易中,各类商品在贸易中的地位、性质以及相互间的比例关系,主要由一国的产业结构决定。商品结构分析是以商品分类为基础的,目前,在国际贸易统计中,最常用的商品分类标准是世界海关组织的《商品名称及编码协调制度》(简称 HS)和联合国的《国际贸易标准分类》(SITC)两大分类编码体系。本书采用的数据均为联合国公布的国际贸易标准代码的第三次修订版(SITC.Rev3)。SITC.Rev3 的第一级指标将国际贸易中的商品分为 10 类[①]。其中,第 0—4 部门属于初级产品,可视为资源密集型产品;第 5—9 部门属于工业制成品,其中,第 6、第 8 部门大多为劳动密集型产品,第 5、第 7、第 9 部门大多为资本与技术密集型产品。

1.3.1 中东欧十六国总体商品结构

按资源密集、劳动密集和资本与技术密集程度的划分标准,2011 年中东欧十六国对外货物贸易总额、进口和出口商品结构可用表 1.4 表示。

从表 1.4 中可以看出:(1)总体上,中东欧十六国 2011 年的对外贸易商品结构接近发达国家,初级产品与制成品的比例约为 2∶8,资本与技术密集型产品占比达到一半以上。(2)资源密集型产品的进口比重远高于出口比重,构成中东欧国家 2011 年贸易逆差的主要来源,也说明中东欧十六国相对而言属于自然资源比较缺乏的地区,大量生产所需原料需从其他地区进口。(3)劳动密集型产品的出口比重高于进口比重,构成了中东欧国家贸易顺差的主要来源,也说明中东欧地区较其主要的对外贸易市场而言,劳动力成本较低,该类产品具有较强的国际竞

---

① 第 0 部门食品和活动物,第 1 部门饮料及烟草,第 2 部门非食用原料(不包括燃料),第 3 部门矿物燃料、润滑油及有关原料,第 4 部门动植物油、脂和蜡,第 5 部门未另列明的化学品和有关产品,第 6 部门主要按原料分类的制成品,第 7 部门机械及运输设备,第 8 部门杂项制品,第 9 部门 SITC 未另分类的其他商品和交易。

争力。(4)资本与技术密集型产品的出口比重也高于进口比重,但从绝对额上讲出口额只略高于进口额,基本处于贸易平衡状态,表明中东欧十六国的工业技术水平较高,该类产品具有中等竞争优势。

表1.4 2011年中东欧十六国总体对外货物贸易商品结构(按三大类分)(百亿美元,%)

	总贸易		进 口		出 口		出口—进口
	总额	比重	总额	比重	总额	比重	
资源密集型产品	34.1	**21.8**	20.5	**25.2**	13.6	**18.0**	−6.9
劳动密集型产品	43.4	**27.7**	21.2	**26.1**	22.2	**29.4**	1.0
资本与技术密集型产品	79.3	**50.5**	39.6	**48.7**	39.7	**52.6**	0.1
合　　计	156.9	**100**	81.3	**100**	75.6	**100**	−5.7

资料来源:同表1.2。

1.3.2　按三大类别标准划分的各国商品结构

具体到单个中东欧国家2011年的进出口商品结构如图1.2和图1.3所示。

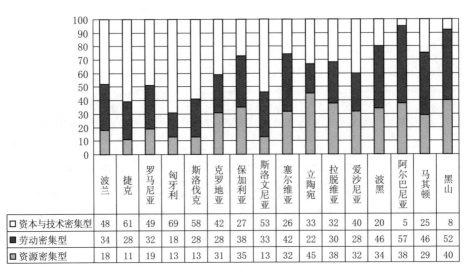

	波兰	捷克	罗马尼亚	匈牙利	斯洛伐克	克罗地亚	保加利亚	斯洛文尼亚	塞尔维亚	立陶宛	拉脱维亚	爱沙尼亚	波黑	阿尔巴尼亚	马其顿	黑山
□资本与技术密集型	48	61	49	69	58	42	27	53	26	33	32	40	20	5	25	8
■劳动密集型	34	28	32	18	28	28	38	33	42	22	30	28	46	57	46	52
□资源密集型	18	11	19	13	13	31	35	13	32	45	38	32	34	38	29	40

资料来源:同表1.2。

图1.2　各中东欧国家2011年出口商品结构(%)

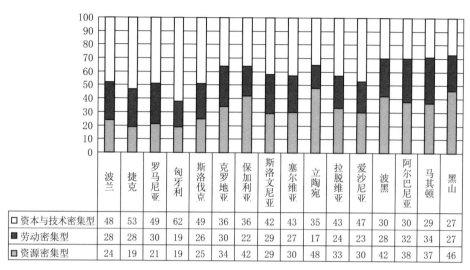

	波兰	捷克	罗马尼亚	匈牙利	斯洛伐克	克罗地亚	保加利亚	斯洛文尼亚	塞尔维亚	立陶宛	拉脱维亚	爱沙尼亚	波黑	阿尔巴尼亚	马其顿	黑山
□ 资本与技术密集型	48	53	49	62	49	36	36	42	43	35	43	47	30	30	29	27
■ 劳动密集型	28	28	30	19	26	30	22	29	27	17	24	23	28	32	34	27
▨ 资源密集型	24	19	21	19	25	34	42	29	30	48	33	30	42	38	37	46

资料来源:同表 1.2。

图 1.3　各中东欧国家 2011 年进口商品结构(%)

从图 1.2 和图 1.3 中可以看出,就单个中东欧国家对外贸易商品结构而言,各国间商品结构差别还是比较大的。这种差异可以简单地用这些国家的经济规模和富裕程度(或者工业发达程度)来归纳,基本结论如下。

(1) 资源密集型产品的进(出)口比重均同国家的经济规模与富裕程度负相关。该国的经济规模越大、越富裕,则资源密集型产品的进(出)口比重就越小。但是,负相关的程度并不一致,资源密集型产品出口比重同经济规模与富裕程度的负相关度远高于其进口比重同这两种因素的相关程度。

(2) 劳动密集型产品的进口比重基本同国家的经济规模与富裕程度不相关。在进口结构中,各国劳动密集型产品的比重基本保持在该类产品总体平均比重29%左右,差别不大。而在出口结构中,稍显贫穷的几个中东欧国家,如塞尔维亚、阿尔巴尼亚、波黑、马其顿和黑山,这些国家的劳动密集型产品出口比重均达到了 40%以上,而其他 12 个中东欧国家除匈牙利和立陶宛的这一比重较低外,其他 9 国的这一比重基本保持在 29%左右。

(3) 资本与技术密集型产品的进(出)口比重均同国家的经济规模与富裕程度正相关。该国的经济规模越大、越富裕,则资本与技术密集型产品的进(出)口比重就越大。但是,正相关的程度并不一致,资本与技术密集型产品出口比重同经济规模与富裕程度的正相关度远高于其进口比重同这两种因素的相关程度。

1.3.3　中东欧十六国总体商品结构(按 SITC 一级分类标准分类)

中东欧十六国 2011 年更详细的总体商品结构,即按《国际贸易标准分类》(SITC)一级分类标准分类的商品结构如图 1.4 所示。

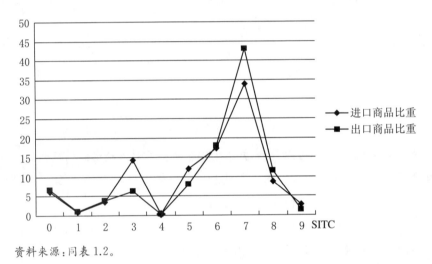

资料来源:同表 1.2。

图1.4　2011 年中东欧十六国总体对外货物贸易商品结构(按 SITC 一级分类)

从图 1.4 可以看出:(1)2011 年中东欧十六国的总体商品结构最大的特点,就是出口商品结构和进口商品结构具有一致性,即按国际贸易标准分类下的一级分类商品中,各类商品出口比重高的,其进口比重也较高,除矿物燃料、润滑油及有关原料(SITC3)的进口比重远高于该类商品的出口比重外,其他各类商品的进出口比重均表现为相同的结构。这表明 2011 年中东欧十六国总体上的各类商品(除 SITC3)基本保持了贸易平衡,而贸易失衡则主要来自于矿物燃料、润滑油及有关原料类商品,表明中东欧地区相对而言缺乏矿产资源。(2)机械及运输设备(SITC7)的进(出)口比重均最高,这和全球的对外贸易商品结构一致,也和中东欧十六国中多数国家,尤其是与贸易大国的结构一致。而且该类商品的出口比重远高于其进口比重,是中东欧地区贸易顺差的主要来源。按原料分类的制成品(SITC6)次之,表明中东欧劳动密集型产业具有较强的国际竞争力。

1.4 产业内贸易

产业内贸易研究是对商品结构更深层次的分析,反映的是一个国家的各类产业参与国际分工及其在国际产业链中的地位。简单地说,产业内贸易就是一国同一组的产品存在同时进出口的活动。伴随着贸易、投资的自由化和经济的全球化,全球范围内的产业内贸易发展迅猛,已成为国际贸易的重要组成部分,对每个经济开放国家的宏观经济增长都具有重要的作用。一国的产业内贸易本质上是该国参与国际分工的结果;反过来,产业内贸易也会影响其产业在国际分工中的地位,进而影响其产品与产业的国际竞争力。基于产业内贸易的重要性,学者们对其进行了广泛而又深入的研究,研究成果构成了新国际贸易理论的一个重要组成部分。

产业内贸易研究的基础是产业内贸易指数的度量,即把一国(产业)的贸易活动按性质划分为,产业间贸易与产业内贸易两类,产业内贸易指数度量的是产业内贸易占总贸易的百分比。然而,在目前的国际贸易研究中,度量产业内贸易程度的指标有很多,这些指标各有优劣,并无公认的一致倾向。本书选择的方法是当前国内学者最常用的 G-L 产业内贸易指数(具体的计算公式参见本章末附件1),并利用UN-comtrade 数据库中 SITC 三位数层次上的分类数据,计算出中东欧十六国2011 年间各国的整体产业内贸易指数,如表 1.5 所示。

表 1.5 中东欧十六国 2011 年 G-L 产业内贸易指数(IIT)

国家	波兰	捷克	罗马尼亚	匈牙利	斯洛伐克	克罗地亚	保加利亚	斯洛文尼亚
IIT	64.08	70.80	57.85	69.37	61.89	52.73	51.48	65.42

国家	塞尔维亚	立陶宛	拉脱维亚	爱沙尼亚	波黑	阿尔巴尼亚	马其顿	黑山
IIT	46.78	51.20	60.98	70.53	38.85	26.44	33.64	17.56

资料来源:同表 1.2。

从表1.5中可以看出:(1)除阿尔巴尼亚、塞尔维亚、波黑、马其顿和黑山5个比较贫穷的国家外,其他11国的产业内贸易指数均超过了50,表明这些比较富裕的中东欧国家的对外贸易模式总体表现为以产业内贸易为主的模式,符合人均收入与产业内贸易水平正相关的一般规律。(2)中东欧十六国中产业内贸易指数最高的是捷克,其次是爱沙尼亚、匈牙利、斯洛文尼亚、波兰、斯洛伐克和拉脱维亚,这7个国家的产业内贸易指数均超过了60。这7国也是中东欧国家中工业水平最高的7个国家,这符合工业发展水平和产业内贸易正相关的一般规律。(3)考虑到中东欧十六国中贸易量较大的几个国家的产业内贸易指数也相对较高,可以认为中东欧十六国作为一个整体来讲,其产业内贸易水平也较高,对外贸易模式整体上以产业内贸易为主。再考虑到2011年中东欧国家较大的贸易失衡水平对G-L产业内贸易指数的负面影响,中东欧十六国真实的产业内贸易水平要比表1.5中的估计值还要高一些。

综上所述,可以认为目前中东欧十六国的整体产业内贸易水平较高,对外贸易模式主要表现为产业内贸易,也说明目前中东欧地区的各产业参与国际分工的程度较深,工业化水平和国际竞争力均较高。

附件1 G-L产业内贸易指数的计算公式

Grubel 和 Lloyd(简称 G-L)产业内贸易指数的计算分为两个层次:(1)某一产业(i)的产业内贸易指数(记为 B_i);(2)某一国家(j)的产业内贸易指数(记为 B_j),国家的产业内贸易指数 B_j 是其所有产业(设为 n 个)的产业内贸易指数 B_i 的加权平均数。

产业层面产业内贸易指数计算公式如下:

$$B_i = 1 - \frac{\sum_{k=1}^{m} |X_k - Y_k|}{X_i + Y_i} \tag{1.1}$$

在式(1.1)中,$X_k(Y_k)$表示产业(i)中的第 k 类产品(假设产业 i 中的对外贸易产品有 m 类)的出口(进口)额,$X_i(Y_i)$表示产业 i 的出口(进口)总额。$\sum_{k=1}^{m} |X_k - Y_k|$ 表示产业 i 中的产业间贸易部分,$(X_i + Y_i)$ 表示产业 i 的总贸易,

这样，$\dfrac{\sum\limits_{k=1}^{m}|X_k-Y_k|}{X_i+Y_i}$ 就表示产业间贸易的比重，剩下的部分：$1-\dfrac{\sum\limits_{k=1}^{m}|X_k-Y_k|}{X_i+Y_i}$ 就表示产业内贸易的比重，即产业内贸易指数。

国家层面的产业内贸易指数计算公式为：

$$B_j=\frac{\sum\limits_{i=1}^{n}B_i(X_i+Y_i)}{\sum\limits_{i=1}^{n}(X_i+Y_i)}=1-\frac{\sum\limits_{k}|X_k-Y_k|}{X+Y} \tag{1.2}$$

在式(1.2)中，X 表示 j 国的出口总额，Y 表示进口总额。

不难看出，不同的产业划分标准得出的产业内贸易指数也不同。一般来讲，一国的产业划分得越细，国家层面的产业内贸易指数就越小。目前，国内学者在利用国际贸易标准分类(SITC)计算产业内贸易指数时，多采用的是 SITC 的三级分类作为划分产业的标准，本书沿用了这一方法。

第 2 章

波兰对外货物贸易结构

波兰是中东欧十六国中国土面积最大、人口最多的国家,2001—2011 年波兰的经济总量在十六国中始终排名第一。2011 年的国内生产总值为 5 144.96 亿美元,经济总量约为中东欧十六国的三分之一;人均 GDP 为 13 462.85 美元,在经济上属于中等发达国家[①]。按联合国发布的《2011 年人类发展报告》,波兰的社会发展水平排名在第 39 位,属人类发展水平极高一组。1989 年政治体制与经济体制转型后,逐步成为中东欧地区发展最快的国家之一,是欧洲前社会主义国家中经济转轨最成功的几个国家之一。其主要的贸易伙伴国有:德国、俄罗斯、意大利、法国和中国等国家;主要进口有:石油、汽车、钢铁、合成材料及工业成品油等;主要出口有:汽车、内燃机、橡胶制品、铝制品、农产品等。

2.1 波兰对外货物贸易总况

根据表 2.1 提供的数据,从贸易规模上看,波兰对外货物贸易额在不断地扩

① 目前尚无关于发达国家经济划分的统一标准,这里的划分主要参考联合国 2010 年及 2011 年《人类发展报告》中的排名与打分情况。本书的划分标准为:2011 年人均 GDP 在 2 万美元以上的为经济上高度发达国家,1.4 万—2 万美元的为经济上的发达国家,0.8 万—1.4 万美元的为中等发达国家,0.3 万—0.8 万美元的为发展中国家。

大。2001—2011 年间贸易总额增长 3.7 倍,出口增长 4.3 倍,进口增长 3.2 倍。10 年间波兰的对外贸易保持 16.70% 高速增长趋势,其中,出口增速高达年均 18.19%,进口增速高达 15.52%,远远超出此间全球货物贸易年均 10% 的增长速度。由此,2001—2011 年,波兰的对外货物贸易在全球货物贸易中的份额和排名均得到了提升,贸易份额由 2001 年的 0.70% 提高到 2011 年的 1.29%,全球贸易总额的排名也从 2011 年的第 30 位提升到 2011 年的第 21 位。

表 2.1　波兰货物贸易发展趋势(2001—2011 年)(亿美元,%)

年份	出　口		进　口		贸易差额	总贸易在全球中的		全球贸易增速
	金额	增速	金额	增速		比重	排名	
2001	353.7	14.3	494.5	2.7	−140.8	0.70	30	−3.17
2002	402.5	13.8	542.7	9.7	−140.2	0.75	29	4.65
2003	527.6	31.1	671.5	23.7	−143.9	0.82	28	16.38
2004	737.8	39.9	881.5	31.3	−143.7	0.91	27	21.68
2005	893.8	21.1	1 015.4	15.2	−121.6	0.94		18.06
2006	1 095.8	22.6	1 256.5	23.7	−160.7	1.00	26	16.27
2007	1 387.8	26.6	1 641.7	30.7	−253.9	1.13	23	14.21
2008	1 718.6	23.8	2 104.8	28.2	−386.2	1.23	22	15.59
2009	1 366.4	−20.5	1 495.7	−28.9	−129.3	1.19	23	−22.71
2010	1 570.6	14.9	1 741.3	16.4	−170.7	1.14	25	21.06
2011	1 881.1	19.8	2 091.9	20.1	−210.8	1.29	21	9.32

2001—2011 年波兰年均增速:总贸易为 16.70%;出口为 18.19%;进口为 15.52%
2001—2011 年全球年均增速:总贸易为 10%

注:本书数据均采用的是《国际贸易标准分类》的第 3 次修订(SITC.Rev3)标准;本书中的增长速度数据均为名义增长率,即未剔除汇率的变动和美元价格指数变动对贸易实际增长率的影响。

资料来源:根据联合国商品贸易统计数据库中相应数据计算得出。

从贸易平衡的角度看,10 年间波兰的对外贸易始终保持较大的贸易逆差,尤其是在 2008 年,贸易逆差占当年出口额的 22%。不过,由于 2001—2011 年波兰的出口增速总体上快于进口增速,所以,波兰的对外贸易的失衡程度在此期间还是有所减弱的,进、出口额的比值已从 2001 年的 1.4 降到 2011 年的 1.1。造成波兰对外贸易长期逆差的主要原因之一是波兰长期倚重吸引外国投资及外国贷款来促进经济增长的发展方式,外国资本的长期流入为波兰弥补长期贸易逆差所带来的经常性项目赤字提供了便利,使贸易逆差与经济快速发展长期并存的现象成为可能。

从各年的贸易情况来看,可以发现有两个年份出现了异常。第一个年份是 2004 年,这一年波兰的出口贸易增速高达 39.9%,进口贸易增速高达 31.3%,进、出口增速均高出 2001—2011 年间平均增速的两倍,也远远高于同一年全球贸易平均 21.68% 的增幅。而且,在接下来的 4 年(2005—2008 年)间出口贸易的增速平均达到了 23.5%,进口增速达到了 24.3%,是 2001—2011 年间贸易增长速度最快的一个阶段。这说明波兰成为欧盟成员国(2004 年 5 月 1 日)对其国际贸易产生了巨大的促进作用,但同时也进一步加剧了其贸易的不平衡程度。另一个年份异常是 2009 年,受 2008 年全球金融危机及之后欧洲主权债务危机的影响,2009 年全球的货物贸易普遍出现了大幅的负增长,平均负增长幅度为 -22.71%,但波兰的负增长幅度高达 -28.9%,进、出口贸易额均低于两年前(2007 年)的水平。这说明 2008 年的全球性金融危机对波兰的影响较大,但在金融危机过后的 2010—2011 年,波兰的对外贸易表现好于全球的平均水平,也好于绝大多数欧盟成员国。

伴随着对外货物贸易的快速发展,波兰对外货物贸易对其宏观经济的贡献和影响也越来越明显,这可以从贸易依存度指标中得到体现[①]。2001—2011 年波兰的贸易依存度得到了迅速地提高:从 2001 年的 54.37% 提高到了 2011 年的 90.43%,其中,服务贸易占其 GDP 的比重只有 9.8%—13.21%,因而,波兰对外贸易依存度的提高主要来源于货物贸易的增长,详细的情况参见图 2.1。

波兰对外贸易依存度的提高,符合一国在经济起飞阶段和走向发达阶段时对外贸易依存度都会提高的一般经济规律。这一方面说明了波兰在走向发达国家的进程中,其对外开放及参与国际分工的程度在不断提高,其宏观经济对全球市场的依赖性越来越大;另一方面表明其经济受外国经济的影响也越来越大,2008

---

① 贸易依存度是指一个国家商品与劳务进出口总额在国内生产总值中所占的比重。它是衡量一个国家对外开放程度的重要指标之一,也反映了一个国家参与国际分工和国际经济合作的程度。

年的全球金融危机影响就是一个很好的例证。

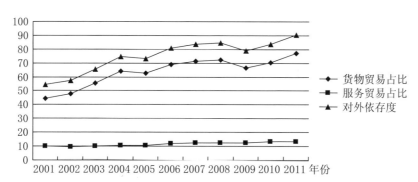

资料来源:根据世界银行数据库(http://data.worldbank.org.cn)及联合国商品贸易统计数据库(UN-comtrade)中相应数据计算得出。

图 2.1　波兰对外贸易依存度及其变化趋势(%)

2.2　市场结构

随着经济全球化和欧洲经济一体化的发展,波兰 2001—2011 年对外贸易的市场结构呈现出中心明显的区域内贸易特点,市场结构的变化趋势则表现为多元化和分散化特征,这些特征和变化趋势可从波兰对外货物贸易 2001 年、2006 年及 2011 年三个年份的前十大贸易伙伴国构成(见表 2.2)中得到反映。

表 2.2　波兰前十大贸易伙伴及其占波兰对外贸易的比重(%)

2001 年			2006 年			2011 年		
总贸易	出　口	进　口	总贸易	出　口	进　口	总贸易	出　口	进　口
德　国 **28.7**	德　国 35.0	德　国 24.3	德　国 **25.4**	德　国 27.1	德　国 24.0	德　国 **24.0**	德　国 26.0	德　国 22.2
意大利 **7.1**	法　国 5.5	俄罗斯 8.9	俄罗斯 **7.2**	意大利 6.5	俄罗斯 9.7	俄罗斯 **8.6**	英　国 6.5	俄罗斯 12.2
俄罗斯 **6.4**	意大利 5.4	意大利 8.3	意大利 **6.7**	法　国 6.2	意大利 6.8	意大利 **5.3**	捷　克 6.2	中　国 8.7

2001 年			2006 年			2011 年		
总贸易	出　口	进　口	总贸易	出　口	进　口	总贸易	出　口	进　口
法 国 6.3	英 国 5.0	法 国 6.8	法 国 5.8	英 国 5.7	中 国 6.1	法 国 5.1	法 国 6.1	意大利 5.3
英 国 4.5	荷 兰 4.8	英 国 4.2	捷 克 4.4	捷 克 5.5	法 国 5.5	中 国 5.0	意大利 5.4	法 国 4.2
荷 兰 4.0	捷 克 3.9	荷 兰 3.5	英 国 4.2	俄罗斯 4.3	捷 克 3.5	捷 克 4.9	俄罗斯 4.5	荷 兰 3.7
捷 克 3.7	比利时 3.1	捷 克 3.4	中 国 3.6	荷 兰 3.8	荷 兰 3.1	英 国 4.4	荷 兰 4.4	捷 克 3.7
美 国 3.0	俄罗斯 2.9	美 国 3.4	荷 兰 3.5	乌克兰 3.6	英 国 2.9	荷 兰 4.0	瑞 典 2.9	英 国 2.6
比利时 2.9	乌克兰 2.7	中 国 3.2	瑞 典 2.7	瑞 典 3.2	比利时 2.5	瑞 典 2.4	匈牙利 2.6	美 国 2.3
瑞 典 2.7	瑞 典 2.7	比利时 2.7	比利时 2.6	匈牙利 3.0	韩 国 2.3	比利时 2.3	乌克兰 2.5	韩 国 2.2
69.3	71.0	68.7	66.1	68.9	66.4	66.0	67.1	67.1

注:每个国家下面的数字为这一市场占波兰对外贸易总额的份额,最后一行为合计。

资料来源:同表 2.1。

(1)市场中心明显。2001—2011 年波兰对外贸易总额的一半以上集中在欧盟 15 国,三分之二以上集中在中欧与西欧地区。其中,与德国的贸易总额占到四分之一,形成以德国为中心逐渐向外扩展的欧洲区域内贸易为主的市场结构。这一特征也是大多数欧盟成员国——以德国(或欧盟)为中心的欧洲区域内贸易为主的——对外贸易市场的分布特征,它是由欧盟乃至全欧洲(俄罗斯除外)的经济以德国为中心的国际分工地位所决定的。此外,在东欧,俄罗斯构成了波兰对外贸易的市场中心,2001—2011 年俄罗斯基本上保持了波兰第二大贸易伙伴国的地位,尤其是在进口贸易上,波兰从俄罗斯进口的额度占到了其总进口额的十分之一,而且有明显的增长趋势(2001 年为 8.9%,2011 年占进口额的 12.2%)。在俄罗斯 2012 年加入世界贸易组织后,波兰与俄罗斯的贸易将会进一步扩大;在亚洲,中国构成了波兰的贸易市场中心,目前中国已成为波兰在欧盟之外的第二大贸易伙伴国;在北美,美国构成了波兰对外贸易的市场中心。

（2）市场结构多元化趋势。波兰对外货物贸易市场多元化首先体现为贸易伙伴国的多元化。2001 年波兰的出口贸易伙伴国为 172 个，进口贸易伙伴国为 163 个[①]，到了 2011 年波兰的进、出口贸易伙伴国几乎涵盖了全世界所有的国家与地区。从波兰的前十大贸易伙伴国看，贸易伙伴国的变化不大，但排名除了德国和俄罗斯外其他国家的名次变化较大。贸易总额排前十大的国家基本集中在德国、俄罗斯、意大利、法国、中国、捷克、荷兰、英国、瑞典、比利时和美国这十一个国家，其中，中国从 2001 年的第 11 位跃居到了 2011 年的第 5 位。

（3）市场份额趋于分散。波兰贸易伙伴国数量不断增加的直接结果是单个贸易市场份额的分散化，或者说对外贸易的市场集中度在不断下降。从表 2.2 中可以看出，波兰与其前十大贸易伙伴国间的贸易份额在不断地下降，从 2001 年的 69.3% 下降到 2011 年的 66%。其中出口市场份额的下降最为明显，从 2001 年的 71%，下降到 2011 年的 67.1%，下降了 4 个百分点。特别是第一大贸易伙伴国德国的贸易份额从 28.7% 下降到 24%，下降了 4.7 个百分点，其中，波兰对德国的出口份额从 35% 下降到 26%，下降了 9 个百分点。

随着贸易伙伴国的不断增加与单个市场份额的不断分散，波兰的对外贸易市场结构得到了不断优化，对外贸易市场结构的多元化与分散化不但有利于出口市场的稳定增长，而且可以有效地降低其他个别市场变化对其出口带来的不利影响，大大降低了国际贸易的市场风险。

对比波兰 2001—2011 年的贸易逆（顺）差主要来源地（见表 2.3），还可以看出波兰对外货物贸易市场结构的另外两个特征。其一，波兰的贸易逆差主要来源地稳定在几个国家，贸易逆差的市场集中度非常高[②]，且有进一步提高趋势；2001—2011 年俄罗斯、中国、日本、韩国、美国、意大利始终是波兰贸易逆差的主要来源地，由这些国家产生的贸易逆差占贸易总逆差的比重越来越大，贸易逆差集中度从 2001 年的 59.3% 提高到 2011 年的 79.2%。其中，单是贸易逆差前两个国家（俄罗斯和中国）2011 年的贸易逆差就占到了贸易总逆差的 61.7%。其二，波兰的贸易顺差主要来源地相对变化较大，集中度也较高，且主要集中在欧盟成员国。

① 在某个特定年份，个别出口贸易伙伴国可能不是进口贸易伙伴国；反之亦然。
② 贸易逆差的市场集中度是指：一国贸易逆差主要来源地产生的贸易逆差之和，占该国贸易总逆差（所有贸易逆差来源地的形成贸易逆差总和）的比例。

贸易顺差主要来源地的变化总体趋势表现为:从最初的中东欧国家向西欧国家转变。背后的可能原因是:随着波兰变革的深化,西欧越来越多的资本以 FDI 的方式进入波兰,最终产品又出口至西欧国家,由此导致波兰对这些国家的贸易顺差,具体原因还待进一步的研究。

表2.3 波兰贸易顺差和逆差贡献度来源地排序(%)

来源地　年份　排序	1	2	3	4	5	6	合计
贸易逆差来源地 2001	俄罗斯 19.7	意大利 12.7	法 国 8.4	中 国 8.3	日 本 5.3	美 国 4.9	59.3
贸易逆差来源地 2006	俄罗斯 24.1	中 国 22.5	韩 国 8.6	日 本 6.1	意大利 4.5	芬 兰 2.8	68.6
贸易逆差来源地 2011	俄罗斯 31.5	中 国 30.2	韩 国 7.8	日 本 5.8	美 国 2.0	意大利 2.0	79.2
贸易顺差来源地 2001	乌克兰 17.0	立陶宛 14.6	德 国 12.1	拉脱维亚 5.7	冰 岛 5.6	白俄罗斯 3.6	58.7
贸易顺差来源地 2006	英 国 17.9	乌克兰 17.8	捷 克 11.4	立陶宛 6.0	瑞 典 5.0	罗马尼亚 4.4	62.5
贸易顺差来源地 2011	英 国 20.7	捷 克 12.0	法 国 8.6	德 国 7.4	乌克兰 5.8	罗马尼亚 4.5	58.9

注:国家下面的数字表示波兰来源于该国的贸易逆差(顺差)占其贸易逆差(顺差)总额的百分比。

资料来源:同表2.1。

2.3 商品结构

对外货物贸易的商品结构包括出口商品结构与进口商品结构两类。出口商品结构主要反映了该国商品的国际市场竞争力,进口结构则集中反映了一国的生产和消费需求,两者结合起来可以很好地反映一国的产业结构、贸易模式、经济发展水平和国际分工地位等。

2.3.1　出口商品结构

利用《国际贸易商品标准分类》(SITC.Rev3)中的一级分类标准,2001—2011
年波兰的货物贸易出口商品结构及其变化情况可用表 2.4 表示。

表 2.4　波兰出口商品结构变化趋势(2001—2011 年)(%)

年份	资源密集型产品	劳动密集型商品		资本与技术密集型商品		
	SITC0—4	SITC6+8	SITC6	SITC5+7+9	SITC5	SITC7
2001	**16.1**	**41.3**	23.8	**42.6**	6.3	36.4
2002	**15.0**	**40.9**	23.7	**44.1**	6.3	37.8
2003	**14.9**	**40.7**	23.7	**44.4**	6.5	38.0
2004	**16.3**	**38.4**	23.3	**45.2**	6.4	38.8
2005	**16.6**	**36.0**	22.1	**47.4**	6.7	38.6
2006	**15.9**	**35.7**	22.7	**48.3**	7.1	40.0
2007	**15.3**	**35.4**	22.8	**49.3**	7.2	40.8
2008	**15.8**	**33.6**	21.4	**50.6**	7.7	41.2
2009	**15.8**	**31.8**	19.1	**52.4**	7.7	43.0
2010	**17.1**	**32.7**	20.1	**50.2**	8.6	41.6
2011	**17.9**	**33.6**	21.3	**48.5**	9.0	39.3

资料来源:同表 2.1。

总体上讲,在波兰的出口商品中,工业制成品(SITC5—9)占据了绝对地位。
自 2001 年以来,工业品出口额占出口总额的比重稳定保持在 82%—85% 的水
平。这种对外贸易商品结构,体现了波兰较高的工业化发展水平,以及较强的经
济实力。从变化的角度看,2001—2011 年资源密集型产品出口比重上升了 1.8%,
劳动密集型的产品出口比重下降了 7.7%,资本与技术密集型的产品出口比重上
升了 5.9%。

在总量不足 20% 的资源密集型产品(SITC0—4)中,矿物燃料、润滑油及有关

原料(SITC3)的比重占 55%,这和波兰有相对丰富的矿产资源的资源禀赋特征是相一致的。波兰的主要矿产有煤、硫磺、铜、锌、铅、铝、银等。截至 2010 年底,已探明硬煤储量为 451.44 亿吨,褐煤 198.19 亿吨,硫磺 5.14 亿吨,铜 17.53 亿吨[①]。另据联合国商品贸易统计数据库的统计,波兰的铜出口量 2001—2011 年一直位于世界前列。

在工业制成品中,劳动密集型产品(SITC6:按原料分类的制成品与 SITC8:杂项制品)从 2001 年到 2011 年比重下降了 7.7 个百分点,其中,杂项制成品的份额下降了 5.2 个百分点。表明经过 10 年的发展,随波兰经济与工人工资的快速增长,劳动力成本在逐渐上升,劳动密集型产品的国际竞争力在逐渐下降。与此同时,资本与技术密集型产品(SITC5、SITC7、SITC9)的比重上升了 5.8 个百分点,这主要是来自化学品和有关产品(SITC5),以及机械及运输设备(SITC7)的贡献,其他未分类的商品(SITC9)的比重几乎可以忽略不计,这表明波兰的工业技术水平得到了较为显著的提高。

2.3.2　比较优势

通过进一步与世界出口商品结构的对比,可以得出波兰出口商品结构所表现出的比较优势,这一比较优势可用巴氏显性比较优势指数(revealed comparative advantage index,RCA)来衡量[②],该指数剔除了国家总量波动和世界总量波动的影响,可以较好地反映波兰某一产业的出口与世界平均出口水平比较而言的相对优势。一般认为当 RCA 数值大于 2.5 时该产业具有极强比较优势,当 RCA 在 1.25—2.5 之间该产业具有较强比较优势,当 RCA 在 0.80—1.25 之间该产业具有中等比较优势,当 RCA 在 0.8 以下则处于比较劣势。波兰各产业的 RCA 具体计算结果见表 2.5。

[①]　资料来源:中国外交部网站,http://www.fmprc.gov.cn/chn/pds/gjhdq/gj/oz/1206_9/。

[②]　巴氏显性比较优势指数为一个国家某种商品的出口值占该国所有出口商品总值的份额,与世界该类商品的出口值占世界所有商品出口总值的份额的比例。由美国经济学家贝拉·巴拉萨(Balassa Bela)于 1965 年测算部分国际贸易比较优势时采用的一种方法,可以反映一个国家(地区)某一产业贸易的比较优势,简称巴氏显性比较优势指数(RCA)。

表 2.5　波兰货物贸易巴氏显性比较优势指数(RCA)(2001—2011 年)

年份	SITC0	SITC1	SITC2	SITC3	SITC4	SITC5	SITC6	SITC7	SITC8
2001	**1.28**	0.40	0.84	0.60	0.15	0.64	**1.75**	**0.90**	**1.40**
2002	**1.25**	0.31	0.82	0.56	0.08	0.61	**1.73**	**0.94**	**1.37**
2003	**1.33**	0.35	0.85	0.46	0.08	0.61	**1.74**	**0.96**	**1.38**
2004	**1.45**	0.54	0.82	0.53	0.16	0.60	**1.67**	**0.99**	**1.28**
2005	**1.65**	0.73	0.67	0.41	0.36	0.63	**1.60**	**1.01**	**1.21**
2006	**1.69**	**0.94**	0.66	0.33	0.48	0.69	**1.62**	**1.07**	**1.18**
2007	**1.61**	**1.05**	0.63	0.30	0.44	0.68	**1.57**	**1.10**	**1.14**
2008	**1.55**	**1.20**	0.61	0.26	0.37	0.75	**1.57**	**1.20**	**1.19**
2009	**1.49**	**1.60**	0.52	0.24	0.39	0.67	**1.51**	**1.25**	**1.10**
2010	**1.58**	**1.68**	0.55	0.31	0.38	0.76	**1.53**	**1.20**	**1.14**
2011	**1.61**	**1.73**	0.50	0.42	0.32	0.80	**1.55**	**1.11**	**1.10**

注:粗体数字表示相对比较优势,其余表示相对比较劣势。
资料来源:同表2.1。

　　从表 2.5 中可以看出,2001—2011 年,波兰的食品和活动物(SITC0)以及按原料分类的制成品(SITC6)长期具备较强的比较优势;具备中等比较优势的产品为饮料及烟草(SITC1)、机械及运输设备(SITC7)、杂项制品(SITC8),其中,比较优势增长速度最快的产品是饮料及烟草,从 2001 年的比较弱势(RCA = 0.4)增长到 2011 年的较强比较优势(RCA = 1.7)。这反映了波兰的自然资源禀赋优势得到了很好的发挥,不过,该类商品占总出口额的比重很小,在 2001—2011 年平均不到 1%,对整体出口竞争力的提高影响不大。值得注意的是,机械及运输设备类产品的比较优势得到了稳步的提升(由 0.9 提高到 1.1),这类产品在波兰出口总额的比重约为 40%;而且,这类产品多是高科技产品,表明了波兰的制造业科技水平正在稳步地提升,这些因素对波兰出口产品整体国际竞争力的提高影响重大。此外,劳动密集型的两类产品按原料分类的制成品和杂项制品虽然在 2001—2011 年的比较优势分别保持了较强和中等比较优势,但有明显的下降趋势,这和表 2.4 的分析结果是一致的。

2.3.3 进口商品结构

在转口贸易比较少的情况下,一国的进口商品结构基本上反映的是该国国内生产和消费的需求。对于波兰而言,2001—2011年的转口贸易基本上可以忽略不计,同样按国际贸易标准分类中的一级分类方法,波兰2001—2011年的进口商品结构可用表2.6表示。

表2.6 波兰进口商品结构变化趋势(2001—2011年)(%)

年份	资源密集型产品	劳动密集型商品		资本与技术密集型商品		
	SITC0—4	SITC6+8	SITC6	SITC5+7+9	SITC5	SITC7
2001	19.6	28.9	20.4	51.5	14.7	36.6
2002	18.2	29.1	20.5	52.7	14.9	37.7
2003	17.5	29.4	20.9	53.1	14.8	38.2
2004	18.2	29.0	20.7	52.8	14.2	38.6
2005	20.4	28.3	20.2	51.3	14.0	35.1
2006	19.1	28.2	20.4	52.7	13.3	35.6
2007	19.0	29.2	20.8	51.8	12.8	35.3
2008	20.8	27.2	18.3	52.0	12.8	34.9
2009	19.8	27.4	17.0	52.8	13.7	35.1
2010	21.4	27.7	17.6	50.9	14.2	34.5
2011	24.1	27.6	18.0	48.3	14.1	31.6

资料来源:同表2.1。

总体上讲,波兰2001—2011年进口商品中,资源密集型产品与工业制成品的比例基本上保持在2∶8左右,变化幅度比较小。劳动密集型产品的比重基本保持在28%左右,变化也不大,其中,主要是按原料分类的制成品(SITC6)的进口,占到该类产品的三分之二。资本与技术密集型产品的进口比重基本保持在52%左右,其中,化学品和有关产品(SITC5)进口比重基本保持在14%左右,而机械与运输设备类产品(SITC7)进口比重基本保持在35%,变化幅度均不大。

为进一步说明波兰进、出口商品的结构,可把各类商品的进出口比重变化趋势汇总为图 2.2 予以说明。

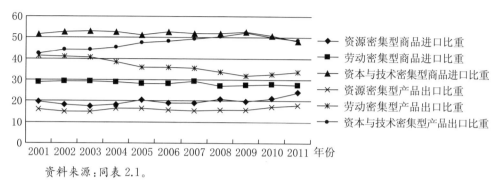

资料来源：同表 2.1。

图 2.2　波兰 2001—2011 年进、出口商品结构变化趋势（％）

从图 2.2 可以看出，波兰进口商品结构有如下三个特点：(1)资源密集型产品的进口比重基本稳定在 20％左右，只是在近两年才有了较明显的上升趋势。与此相比，在出口商品结构中，这一比重基本稳定在 16％左右，波幅也很小，只是在近两年才略显上升趋势。这说明波兰的自然资源同国内的生产与消费需求相比还略显不足，始终是贸易逆差的一个来源。(2)劳动密集型产品，在进口商品结构中的比重基本集中在 28％左右，且有逐步向下的微小趋势。与此相比，在出口商品结构中，该类商品的比重平均为 35％，且有明显的下降趋势，这说明劳动密集型产品构成了波兰贸易顺差的主要来源，但由此带来的贸易顺差贡献在逐渐减小。(3)资本与技术密集型的产品，在进口商品结构中，平均比重为 51％，且有明显的下降趋势(2001—2011 年下降了 3 个百分点)。与此相比，该类商品在出口结构中有明显的逐步上升趋势，平均比重为 45％，这表明该类商品构成了 2001—2011 年波兰贸易逆差的主要来源。不过，由该类产品产生的贸易逆差在逐渐地减小，由此说明目前波兰贸易逆差的主要来源是资源密集型产品。

2.4　产业内贸易

本节的目的旨在从产业内贸易的视角来说明波兰参与国际分工的情况，从而说明波兰2001—2011年间更深层次的贸易结构与贸易模式(产业内贸易为主还是产业间贸易为主)。利用 UN-comtrade 数据库中 SITC 三位数层次上的分类数据,可计算出波兰2001—2011年间的产业内贸易指数,以及 SITC 一级分类下的各类制成品产业内贸易指数结果如表2.7所示[①]。同时,为了直观地表示2001—2011年间波兰的产业内贸易趋势,还把表2.7的结果汇总成图2.3。

表2.7　波兰2001—2011年间的产业内贸易指数

年份	SITC0—9	SITC5	SITC6	SITC7	SITC8
2001	**53.14**	45.35	58.60	**62.99**	51.14
2002	**55.84**	45.94	61.27	**64.13**	56.45
2003	**57.20**	46.53	61.21	**66.18**	60.01
2004	**60.11**	51.22	61.32	**72.34**	61.90
2005	**59.79**	53.25	63.35	**67.68**	63.13
2006	**60.57**	57.95	65.60	**67.80**	64.21
2007	**62.41**	59.72	67.42	**70.21**	61.93
2008	**64.09**	58.41	67.26	**74.68**	63.66
2009	**62.90**	59.23	65.56	**69.31**	63.55
2010	**63.54**	62.69	66.45	**72.22**	63.07
2011	**64.08**	64.65	66.46	**74.35**	63.84

资料来源:同表2.1。

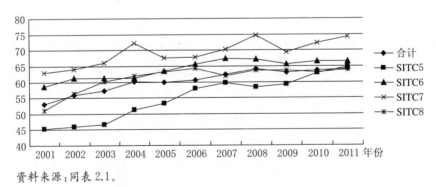

资料来源:同表2.1。

图2.3　波兰产业内贸易指数 2001—2011 年变化趋势

[①] 为了简化分析,省略了初级产品(SICT0—4)和未分类产品(SITC9)的计算。这样做不影响本节的研究目的,一方面是未研究产品的贸易量比重较小(约20%),另一方面是波兰的工业化水平及其参与国际分工的情况集中体现在工业制成品上而非初级产品上。

从表 2.7 和图 2.3 中可以看出以下两个结论。

(1) 总体上,波兰的对外贸易以产业内贸易为主,产业内贸易指数呈平稳上升趋势。2001—2011 年波兰对外贸易指数总体上都超过了 50,这说明波兰的大部分对外货物贸易是在产业内进行的,大部分产业的生产活动融入到了国际化的产业链中。在此期间,产业内贸易指数从 2001 年的 53.14 上升到 2011 年的 64.08,这表明波兰产业总体上在国际分工中的地位越来越高。

(2) 四类制成品的产业内贸易水平一致递增,其中,资本与技术密集型的产品产业内贸易水平增长迅速,劳动密集型产品产业内贸易水平增长稳定。2001—2011 年,属于资本与技术密集型的机械与运输设备(SITC7),在四类制成品中的产业内贸易指数最高,平均每年递增约 1 个百分点,近五年平均达到 70 以上。考虑到该类产品在波兰总的对外贸易中的比重平均高达 40,且该类产品最能代表一国的高科技水平,可以认为:波兰的工业整体在国际分工中的地位比总体产业内贸易指数显示的水平还要高。同属于资本与技术密集型的化学制品及相关产品(SITC5),在四类制成品中的产业内贸易指数增长速度最快,平均每年递增约 2 个百分点,这表明波兰的化学工业融入国际产业链的速度很快。属于劳动密集型产品的按原材料划分的制成品(SITC6)与杂项制品(SITC8)的产业内贸易指数增长稳定,在国际分工中的地位得到了稳步提高。

2.5 基本结论

综上所述,波兰对外货物贸易的结构特征可归纳为以下四个方面。

(1) 总体上讲,波兰货物贸易增长迅速,2001—2011 年波兰对外货物贸易平均增长速度高达 16.7%,其中出口增速 18.2%,进口增速 15.5%,远高于全球同期 10% 的平均增长速度。但是,2001—2011 年波兰的对外货物贸易始终保持了较大的贸易逆差,所幸的是进口增速快于出口增速,贸易逆差相对来讲在逐年缩小。波兰货物贸易的快速增长带来的结果是其对外贸易的依存度在不断地提高,从 2001 年的 54.37% 提高到 2011 年的 90.43%,说明波兰在走向发达国家的进程中,其对外开放程度及参与国际分工的程度都在不断提高。波兰宏观经济对全球市场的依赖性越来越大,同时受外国经济的影响也越来越大。

(2)在市场结构上,波兰的对外货物贸易的中心结构明显,波兰80％的贸易量集中在欧洲,其中,仅对德国的贸易就占据了四分之一。此外,在东欧,俄罗斯构成了波兰对外贸易市场中心;在亚洲,中国构成了波兰的对外贸易市场中心;在北美,美国构成了波兰的对外贸易市场中心。2001—2011年波兰的贸易伙伴国在不断地增加,目前几乎覆盖了全世界所有的国家与地区。随着贸易伙伴国的增加,波兰在各国市场上的贸易份额趋于分散化,这有效地降低了波兰对外贸易的市场风险。2001—2011年波兰的前十大国家贸易伙伴国集中在德国、俄罗斯、意大利、法国、中国、捷克、荷兰、英国、瑞典、比利时和美国这十一个国家,这些国家市场份额占据了波兰对外贸易总量的三分之二。波兰贸易顺差主要来源于俄罗斯之外的欧洲国家,而贸易逆差主要来源于俄罗斯、美国与亚洲地区。

(3)在商品结构上,2001—2011年资源密集型产品、劳动密集型产品和资本与技术密集型产品对外贸易额比例大致保持在2：3：5。其中,资源密集型产品的进、出口额比重均略有上升,且进口比重始终大于出口比重,构成了贸易逆差的一个重要组成部分;劳动密集型产品的进、出口比重均呈下降趋势,且出口比重明显高于进口比重,构成了波兰对外贸易顺差的主要来源;资本与技术密集型产品贸易在2001—2010年构成了波兰贸易逆差的另一重要来源,但由此产生的贸易逆差在不断减小。对比全球贸易的出口商品结构可以发现:初级产品中的食品和活动物类商品有较强的比较优势,非食用原料商品具备中等比较优势;劳动密集型产品均有较强的比较优势;资本与技术密集型产品中的机械及运输设备产品具备中等比较优势,且越来越大。

(4)在产业内贸易上,2001—2011年波兰的对外货物贸易均属以产业内贸易为主的贸易模式,并且产业内贸易指数增长迅速。这表明波兰的产业总体上已融入到国际产业链中,且在国际分工中的地位越来越高。在四类制成品中,贸易比重最高同时也是技术含量最高的机械及运输设备产品的产业内贸易指数在近五年已经达到了70以上,表明波兰的工业技术水平已达到了发达国家的水平。

第3章

捷克对外货物贸易结构

2001—2011 年捷克经济增长迅速,经济总量在中东欧十六国中仅次于波兰。2011 年人均 GDP 为 20 407 美元,在 16 国中仅次于斯洛文尼亚,经济水平属高度发达国家,按联合国发布的《2011 年人类发展报告》,捷克的社会发展水平排名第 27 位,属于人类发展水平极高一组。1989 年实现政治经济体制转型,进入 21 世纪后其经济发展快速、稳定,是中东欧经济成功转型的国家之一。捷克主要贸易伙伴国有:德国、斯洛伐克、中国、波兰、法国和俄罗斯等;主要进口有:机械产品、电子产品、电信设备、通用机械、石油及其产品、轻工产品、食品等;主要出口有:车辆、机械设备、电子产品、化工医药产品等。

3.1 捷克对外货物贸易总况

从贸易规模上看,捷克的对外货物贸易总额持续扩大。贸易总额由 2001 年的 698.6 亿美元增长到 2011 年的 3 126.5 亿美元,增长 3.8 倍。其中,出口增长3.9倍,进口增长 3.1 倍。十年间,捷克的对外货物贸易保持了高速发展,货物贸易总额平均每年增长 16.17%,其中出口平均每年增长 17.12%,进口平均每年增长15.23%。而同期全球货物贸易总额的平均增速为10%,低于捷克货物贸易的平均增速,因此捷克的贸易总额在全球贸易总额中的比重和排名不断上升,比重由2001年的0.59%提升到2011年的0.98%,排名由2001年的第33位上升到2011年的第26位。

从贸易平衡的角度看,2001—2011年,捷克实现了从贸易逆差到贸易顺差的转变。2004年之前始终存在贸易逆差,不过,从2001年到2004年由于出口增速高于进口增速,捷克的贸易逆差不断缩小,2005年首次实现贸易顺差。此后的年份顺差额不断扩大,到2011年贸易顺差达到115.7亿美元。捷克也是中东欧十六国中2005—2011年唯一实现贸易顺差的国家。

从各年的贸易情况来看,可以发现有3个年份的贸易增长出现了异常。第一个年份是2002年,2002年出口贸易增速高达32.6%,进口贸易增速高达32.2%,进出口增速都约是2001—2011年间平均增速的两倍,也远远高于当年全球贸易增速。第二个年份是2004年,2004年出口贸易增速达到了35.0%,为11年间最高,进口增速也达到了30.2%,而且在接下来的4年(2005—2008年)里,出口贸易的平均增速达到23.2%,进口贸易的平均增速达到22.8%,这说明捷克成为欧盟成员国(2004年5月1日)促进了捷克的对外贸易,而且减少了贸易逆差(2004年捷克的贸易逆差比2003年减少62.7%,并且在2005年实现贸易顺差)。第三个年份是2009年,受困于2008年的全球金融危机,2009年的进出口增速分别为−22.7%和−26.1%,贸易总额的增速为−24.3%,低于全球贸易−22.71%的增速,说明金融危机对捷克的国际贸易影响较大。捷克对外货物贸易更详细的发展变化情况如表3.1所示。

表3.1　捷克货物贸易发展趋势(2001—2011年)(亿美元,%)

年份	出口		进口		贸易差额	总贸易在全球中的		全球贸易增速
	金额	增速	金额	增速		比重	排名	
2001	333.8	14.9	364.8	13.1	−31.0	0.59	33	−3.17
2002	442.6	32.6	482.3	32.2	−39.7	0.73	31	4.65
2003	487.2	10.1	512.4	6.2	−25.2	0.68	32	16.38
2004	657.7	35.0	667.1	30.2	−9.4	0.74	31	21.68
2005	782.1	18.9	765.3	14.7	16.8	0.76	32	13.06
2006	951.4	21.7	934.3	22.1	17.1	0.80	29	16.27
2007	1 209.0	27.1	1 168.2	25.0	40.8	0.89	29	14.21
2008	1 460.9	20.8	1 418.3	21.4	42.6	0.93	29	15.59

续表

年份	出　口		进　口		贸易差额	总贸易在全球中的		全球贸易增速
	金额	增速	金额	增速		比重	排名	
2009	1 128.8	−22.7	1 048.5	−26.1	80.3	0.91	29	−22.71
2010	1 321.4	17.1	1 256.9	19.9	64.5	0.89	30	21.06
2011	1 621.1	22.7	1 505.4	19.8	115.7	0.98	26	9.32
2001—2011 年捷克年均增速:总贸易为 16.17%;出口为 17.12%;进口为 15.23% 2001—2011 年全球年均增速:总贸易为 10%								

资料来源:根据联合国商品贸易统计数据库中相应数据计算得出。

伴随捷克对外贸易的发展,对外贸易对其宏观经济的影响和贡献越来越明显。从捷克的对外贸易依存度这一指标来看,从 2001 年的 127.81% 上升到 2011 年的 165.48%,其中,服务贸易占其 GDP 的比重仅有 19.67%—19.70%,11 年间基本保持不变,因此捷克极高的对外贸易依存度主要源于其极高的对外货物贸易依存度,对外贸易依存度的增长同样主要源于对外货物贸易的增长,详细的情况参见图 3.1。

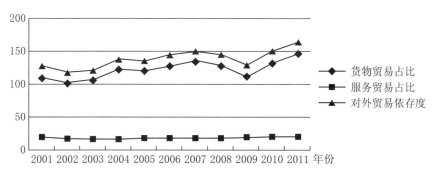

资料来源:根据世界银行数据库(http://data.worldbank.org.cn)及联合国商品贸易统计数据库(UN-comtrade)中相应数据计算得出。

图 3.1　捷克对外贸易依存度及变化趋势(%)

捷克对外贸易依存度的提高,符合一国在经济起飞阶段和走向发达阶段时对外贸易依存度都会提高的一般经济规律。捷克一直保持着极高的对外贸易依存度,说明一方面捷克的宏观经济增长非常依赖全球市场,另一方面外国经济对捷克经济的影响也非常大。对外贸易依存度的不断提高,还说明捷克对外开放和参与国际分工的程度在不断提高,外部市场对捷克经济的影响和作用不断加强。

3.2　市场结构

从 2001 年起,捷克的对外贸易市场就几乎覆盖了全世界的所有国家与地区。为简化说明,这里只列举了捷克 2001 年、2006 年及 2011 年的贸易总额、进口及出口总额的前十大贸易伙伴国的市场份额构成情况(详见表 3.2),同期的贸易逆差与贸易顺差主要来源地的情况(详见表 3.3),以及对其 2001—2011 年的对外货物贸易市场结构特征的说明。

表 3.2　捷克前十大贸易伙伴及其占捷克对外贸易的比重(%)

2001 年			2006 年			2011 年		
总贸易	出 口	进 口	总贸易	出 口	进 口	总贸易	出 口	进 口
德 国 35.4	德 国 38.2	德 国 32.9	德 国 30.2	德 国 31.9	德 国 28.5	德 国 29.1	德 国 32.1	德 国 25.8
斯洛伐克 6.6	斯洛伐克 8.0	俄罗斯 5.5	斯洛伐克 6.9	斯洛伐克 8.4	中 国 6.1	斯洛伐克 7.4	斯洛伐克 9.0	中 国 12.5
奥地利 5.1	奥地利 5.8	斯洛伐克 5.4	波 兰 5.7	波 兰 5.7	俄罗斯 6.0	中 国 6.6	波 兰 6.3	波 兰 6.6
英 国 4.7	英 国 5.5	意大利 5.3	法 国 5.2	法 国 5.5	波 兰 5.6	波 兰 6.5	法 国 5.5	斯洛伐克 5.7
意大利 4.7	波 兰 5.2	法 国 4.8	意大利 4.6	奥地利 5.1	斯洛伐克 5.4	法 国 4.4	奥地利 4.6	俄罗斯 5.4
法 国 4.6	法 国 4.3	奥地利 4.6	奥地利 4.4	英 国 4.8	法 国 4.8	俄罗斯 4.3	英 国 4.5	意大利 3.9
波 兰 4.4	意大利 4.1	英 国 4.0	俄罗斯 4.0	意大利 4.6	意大利 4.7	意大利 4.0	意大利 4.1	奥地利 3.4
俄罗斯 3.6	比利时 3.0	美 国 4.0	荷 兰 3.8	荷 兰 3.6	荷 兰 4.0	奥地利 4.0	荷 兰 3.5	荷 兰 3.3
美 国 3.5	美 国 3.0	波 兰 3.8	英 国 3.7	匈牙利 3.0	奥地利 3.7	荷 兰 3.4	俄罗斯 3.2	法 国 3.3
比利时 2.7	荷 兰 2.8	中 国 2.9	中 国 3.2	比利时 2.9	日 本 3.0	英 国 3.3	比利时 2.5	匈牙利 2.2
75.3	79.7	73.1	71.7	75.6	71.8	72.9	75.3	72.1

注:每个国家下面的数字为这一市场占捷克对外贸易额的份额,最后一行为合计。
资料来源:同表 3.1。

从表 3.2 中可以看出,2001—2011 年捷克对外货物贸易市场结构有以下三个主要特征。

(1) 市场高度集中,无明显变化趋势。2001—2011 年捷克的对外货物贸易市场份额(无论是总贸易,还是进口或出口)高度集中在少数几个国家。贸易总额及进口总额的前十大伙伴国的市场份额都始终保持了约 72% 以上的份额,出口总额的前十大目的地市场份额更是高达 75%。从变化趋势上看,虽然整体上捷克对外贸易市场的集中度呈现下降趋势,但并不明显:前十大贸易伙伴的贸易总额所占份额 2001 年为 75.3%,到 2006 年后基本稳定在 72% 左右。其中,出口份额 2001 年为 79.7%,到 2006 年后基本稳定在 75% 左右;进口份额 2001 年为 73.1%,到 2006 年后基本稳定在 72% 左右。

(2) 以德国为中心的欧盟区域内贸易特征明显。2001—2011 年捷克对外贸易总额的三分之二以上集中在其他 26 个欧盟成员国内,其中,一半以上集中在欧盟十五国(2004 年之前的欧盟成员国),约三分之一集中在德国。随着捷克同其他贸易伙伴国间贸易量的快速增长,其在欧盟区域内的贸易份额有所下降;但是,以德国为中心的欧盟区域内贸易市场结构特征并没有发生本质的变化。从表 3.2 中还可以看出,2001 年捷克前十大贸易伙伴国中的欧盟市场份额占据了其贸易总额的 68.2%,2006 年后这一份额基本稳定在 65% 左右;2001 年德国的市场份额高达 35.4%,2006 年后这一份额基本稳定在 30% 左右。捷克对外贸易市场结构的区域内贸易特征在出口市场结构上表现更为突出,2001—2011 年捷克的前十大出口目的地中,欧盟成员国家的市场份额占到了 72% 以上,其中,仅是出口到德国的贸易总额就占到了 32% 以上。

(3) 主要贸易伙伴国稳定,个别排名变化较大。从表 3.2 中可以看出:(1)2001—2011 年捷克前十大贸易伙伴国主要集中在德国、斯洛伐克、中国、波兰、法国、俄罗斯、意大利、奥地利、荷兰、英国、美国和比利时这 12 个国家,其中,德国和斯洛伐克稳居第 1 位和第 2 位;中国的地位提高最快,从 2001 年的第 16 位跃居到 2011 年的第 3 位;英国的地位下降的最快,从 2001 年的第 4 位下降到 2011 年的第 10 位。(2)捷克前十大出口目的国包括了除中国外的上述 11 国。此外,2006 年匈牙利进入到捷克的前十大出口贸易伙伴国,同时挤出了美国,在排名上基本上没什么变化,德国与斯洛伐克仍然稳居第 1 位与第 2 位。(3)前十大进口来源地除了上述 12 国外,又增加了匈牙利与日本,同时挤出了美国与英国。在排名上,中国从 2001 年的第 10 位,跃居到了 2011 年的第 2 位,其他变化不大,德国仍旧稳居进口来源地第一的位置。

表3.3　捷克贸易顺差和逆差前五大来源地及其占比(%)

来源地 ＼ 排序 ＼ 年份	1	2	3	4	5	合计
贸易逆差来源地　2001	俄罗斯 21.20	中 国 13.87	意大利 7.88	日 本 7.44	美 国 6.37	57.06
贸易逆差来源地　2006	中 国 31.08	俄罗斯 21.65	日 本 14.17	阿塞拜疆 6.35	马来西亚 5.41	78.66
贸易逆差来源地　2011	中 国 51.22	俄罗斯 8.54	日 本 7.52	韩 国 6.68	阿塞拜疆 4.58	78.53
贸易顺差来源地　2001	德 国 17.95	斯洛伐克 17.87	英 国 9.10	波 兰 8.98	奥地利 6.36	60.26
贸易顺差来源地　2006	德 国 20.13	斯洛伐克 16.04	英 国 11.13	奥地利 7.28	比利时 4.58	59.15
贸易顺差来源地　2011	德 国 29.35	斯洛伐克 13.15	英 国 9.96	法 国 8.7	奥地利 5.28	66.44

注:国家下面的数字表示捷克来源于该国的贸易逆差(顺差)占其贸易逆差(顺差)总额的百分比。

资料来源:同表 3.1。

通过对表 3.3 的分析,还可以看出 2001—2011 年捷克对外货物贸易市场结构有以下两个特征。

(1)贸易顺差、逆差来源地均高度集中,且有进一步集中趋势。从贸易顺差看,前五大顺差来源地 2001 年的贸易顺差份额占 60.26%,到 2011 年提高到66.44%,表现出高度集中与进一步集中的趋势。从贸易逆差看,2001 年捷克前五大逆差来源地带来的贸易逆差占 57.06%,到 2006 年及 2011 年就高达 78.66%和78.53%。其中,前两大贸易逆差地的份额从 2001 年的 35.07%上升到 2011 年的59.76%。贸易逆差来源地同样表现出明显的集中趋势,且同贸易顺差相比 2006年后贸易逆差的来源地更为集中。

(2)贸易逆差、顺差来源地稳定。2001—2011 年捷克贸易逆差的前五大来源地基本稳定在中国、俄罗斯、日本、韩国、阿塞拜疆、意大利、马来西亚和美国等 8

个国家(2006 年后美国和意大利被挤出了前 5 名),其中,来自中国的贸易逆差占其总逆差的比重从 2001 年的 13.87%,迅速提升到 2011 年的 51.22%。贸易顺差的前五大来源地则全部集中在欧盟内,这些国家基本稳定在德国、斯洛伐克、英国、奥地利、波兰、比利时和法国等 7 个国家,其中,来自德国的顺差占其顺差总额的比重从 2001 年的 17.95% 提高到 2011 年的 29.35%。

3.3　商品结构

3.3.1　出口商品结构

利用《国际贸易商品标准分类》(SITC.REV3),2001—2011 年捷克的出口商品结构可用表 3.4 简单表示。

表 3.4　捷克出口商品结构(2001—2011 年)(%)

年份	资源密集型产品	劳动密集型商品		资本与技术密集型商品		
	SITC0—4	SITC6+8	SITC6	SITC5+7+9	SITC5	SITC7
2001	**9.56**	**36.55**	24.35	**53.89**	6.43	47.36
2002	**10.26**	**31.95**	20.93	**57.79**	7.78	49.81
2003	**9.02**	**34.87**	23.08	**56.12**	5.88	50.12
2004	**8.83**	**33.88**	22.55	**57.28**	5.84	51.37
2005	**9.19**	**32.65**	21.41	**58.16**	6.13	50.18
2006	**8.63**	**31.16**	20.49	**60.22**	5.83	52.59
2007	**8.81**	**30.82**	20.29	**60.37**	5.73	54.56
2008	**9.35**	**29.59**	19.18	**61.07**	5.71	52.87
2009	**10.44**	**28.65**	17.26	**60.92**	6.09	52.73
2010	**10.32**	**27.52**	16.83	**62.16**	6.23	53.42
2011	**10.61**	**28.42**	17.72	**60.97**	6.16	54.66

资料来源:同表 3.1。

　　总体来看,2001 年到 2011 年捷克出口的产品中工业制成品(SITC 项下 5—9 类产品)占据主导地位,一直保持在 90% 左右,资源密集型产品只占到 10%。这说明捷克的工业发展水平非常高,技术实力强大。从各类商品的出口比重可以看出,资源密集型产品的出口比重变化不大,劳动密集型产品的出口比重下降较大,其减少的份额主要由资本与技术密集型产品填补。

　　资源密集型产品的出口中,饮料及烟草(第 1 类)以及动植物油、腊和蜡(第 4 类)产品的出口比重只有 1%,食物和活动物(第 0 类)、非食用原料(不包含燃料)(第 2 类)以及矿物燃料、润滑油及有关原料(第 3 类)占有 9% 的份额,并且自 2001 年来一直维持在该水平。

　　在工业制成品的出口中,2001—2011 年劳动密集型产品的出口比重下降了 8.13 个百分点,其中主要按原料分类的制成品(第 6 类)下降 6.63 个百分点,占劳动密集型产品下降份额的 80%。劳动密集型商品出口下降的主要原因是:随着经济的增长与人均收入水平的提高,捷克的劳动成本与资源价格在不断上涨,部分劳动密集型产业转移到了国外。资本与技术密集型产品出口份额上涨 7.06 个百分点,其中,未列明的化学品和有关产品(第 5 类)份额几乎没有发生变化,机械及运输设备(第 7 类)的出口增长最快,上涨达到 7.30%,超过了资本与技术密集型产品的平均增长份额。这表明捷克的工业发展较快且竞争力水平较高。

3.3.2　比较优势

　　通过与世界出口商品结构的对比可以得出捷克对外贸易的巴氏显性比较优势指数(RCA),RCA 指数计算结果如表 3.5 所示。

表 3.5　捷克货物贸易巴氏显性比较优势指数(2001—2011 年)

年份	SITC0	SITC1	SITC2	SITC3	SITC4	SITC5	SITC6	SITC7	SITC8
2001	0.471	**0.726**	1.013	0.314	0.358	0.662	**1.798**	**1.173**	**0.970**
2002	0.387	**0.889**	0.976	0.436	0.177	0.738	**1.536**	**1.259**	**0.862**
2003	0.468	**0.636**	0.927	0.300	0.175	0.553	**1.701**	**1.272**	**0.955**
2004	0.513	**0.595**	0.871	0.266	0.143	0.546	**1.611**	**1.318**	**0.960**

续表

年份	SITC0	SITC1	SITC2	SITC3	SITC4	SITC5	SITC6	SITC7	SITC8
2005	0.609	**0.683**	0.749	0.238	0.242	0.576	**1.546**	**1.315**	**0.975**
2006	0.573	**0.643**	0.725	0.202	0.234	0.565	**1.459**	**1.409**	**0.970**
2007	0.566	**0.744**	0.718	0.207	0.217	0.539	**1.402**	**1.474**	**0.956**
2008	0.563	**0.859**	0.717	0.184	0.216	0.545	**1.395**	**1.536**	**1.009**
2009	0.545	**0.834**	0.741	0.273	0.244	0.529	**1.368**	**1.537**	**0.984**
2010	0.504	**0.813**	0.701	0.272	0.312	0.555	**1.284**	**1.537**	**0.972**
2011	0.563	**0.815**	0.630	0.298	0.289	0.552	**1.300**	**1.562**	**0.956**

资料来源：同表 3.1。

从表 3.5 中可以看出，主要按原材料分类的制成品（第 6 类）和机械及运输设备（第 7 类）在国际竞争中具有较强的比较优势；而食品和活动物（第 0 类），矿物燃料、润滑油及有关原料（第 3 类），动植物油、脂和蜡（第 4 类），未列明的化学品和有关产品（第 5 类）长期处于比较劣势地位，表明捷克在上述产品的国际竞争力比较低。剩余的产品中，饮料及烟草（第 1 类）的 RCA 指数一直在 0.80 处波动，表明其出口经常处于优劣势的转换中。杂项制品（第 8 类）的 RCA 指数多数年份在 0.95—1.00 间，说明捷克在该类产品的出口结构上与世界出口结构相差不大。值得注意的是：(1)2001 年，捷克在非食用原料（不包含燃料）（第 2 类）的出口上具有比较优势（RCA＝1.013），但是到 2011 年捷克的这种比较优势已经完全转变成了比较劣势（RCA＝0.630）；(2)虽然捷克在主要按原料分类的制成品（第 6 类）上具有较明显的比较优势，但是可以发现，这种比较优势在逐渐弱化；(3)在机械和运输设备产品的出口中，捷克不仅占有比较优势，并且此优势在逐渐增强，从 2001 年的 1.173 增加到 2011 年的 1.562。总的来讲，捷克在劳动密集型产品的出口中比较优势相对明显，资源密集型产品的出口中普遍处于比较劣势，资本与技术密集型产品中只有机械及运输设备类产品处于比较优势①。

---

① 一般认为当 RCA 数值大于 2.50 时，该产业具有极强比较优势；当 RCA 在 1.25—2.5 之间时，该产业具有较强比较优势；当 RCA 在 0.80—1.25 之间时，该产业具有中等比较优势；0.8 以下则处于比较劣势。

3.3.3 进口商品结构

利用《国际贸易商品标准分类》(SITC.Rev3),2001—2011 年捷克的进口商品结构可用表 3.6 简单表示。

表 3.6　捷克进口商品结构(2001—2011 年)(%)

年份	资源密集型产品	劳动密集型商品		资本与技术密集型商品		
	SITC0—4	SITC6+8	SITC6	SITC5+7+9	SITC5	SITC7
2001	**16.57**	**30.31**	20.22	**53.12**	10.89	42.20
2002	**20.69**	**28.48**	18.43	**50.83**	12.61	38.16
2003	**15.06**	**30.71**	20.11	**54.24**	11.40	42.80
2004	**14.60**	**31.64**	20.81	**53.76**	11.15	42.56
2005	**14.58**	**30.79**	20.19	**54.63**	10.84	39.53
2006	**16.65**	**30.42**	20.18	**52.93**	10.29	41.10
2007	**15.43**	**30.84**	20.85	**53.74**	10.33	43.35
2008	**18.02**	**29.69**	19.52	**52.29**	10.09	41.02
2009	**17.59**	**28.75**	17.24	**53.66**	10.86	40.78
2010	**17.38**	**26.84**	17.07	**55.78**	10.12	42.37
2011	**18.55**	**28.12**	18.30	**53.32**	10.92	42.21

资料来源:同表 3.1。

总的来看,2001—2011 年捷克各类进口商品的份额基本稳定,资源密集型产品的份额基本在 17% 左右波动,劳动密集型产品基本维持在 30% 左右,其与资源密集型产品的变动趋势刚好相反,此消彼长,两者之和维持在 47% 左右。在捷克的进口产品中,资本与技术密集型产品维持在 53% 左右,且一直比较稳定。与出口结构相比较,捷克资源密集型产品的进口比重约为出口的 2 倍,虽然捷克的褐煤、硬煤和铀矿蕴藏丰富,居世界第 3 位;但是石油、天然气和铁砂储量极少,主要依赖进口,而对于现代经济的发展上述资源又极为重要①,因而捷克需要进口大量该类资源密集型产品。

为了更加直观地比较分析捷克的进、出口商品结构的变化,利用表 3.4 和表 3.6 可绘制出 2001—2011 年捷克进、出口商品结构变化趋势图(见图 3.2)。

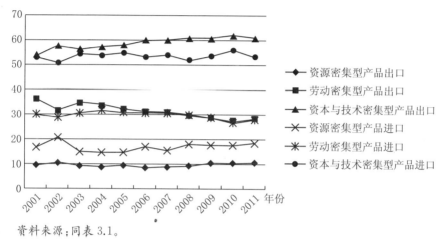

资料来源:同表 3.1。

图 3.2　捷克 2001—2011 年进、出口商品结构变化趋势(%)

从图 3.2 中可以看出捷克的商品贸易结构有以下几个特点:(1)资源密集型产品的进出口结构都比较平稳,进口基本维持在 16%,而出口基本维持在 10%。这说明捷克国内对于资源密集型产品的需求一直相对旺盛,在资源密集型产品上捷克处于贸易逆差。(2)劳动密集型产品的进出口份额趋于一致,2006 年之前,劳动密集型产品的出口较进口份额要大一些,但是从 2006 年开始,劳动密集型产品的进出口结构保持一致,几乎没有差异。这说明劳动密集型产品几乎没有影响到贸易逆差问题。(3)资本与技术密集型产品在进出口中都占有比较高的比重,都超过 50%,2010 年资本与技术密集型产品的山口占到总出口的 62.16%,进口占到 55.78%。2001 年到 2011 年,资本与技术密集型产品的出口份额增加 7.08%,而进口份额只增加 0.2%。这说明捷克国内对于该类产品的需求相对较弱,而在此类产品上捷克的国际竞争在加强,这也是使捷克最近几年能够保持贸易顺差的最重要因素。

---

① 　资料来源:捷克欧中文化交流协会,http://www.ccica.cz/。

3.4 产业内贸易

利用 UN-comtrade 数据库中 SITC 三位数层次上的分类数据,可计算出捷克 2001—2011 年间的 G-L 产业内贸易指数及 SITC 一级分类下的各类制成品产业内贸易指数结果如表 3.7 所示①。同时,为了直观地表示 2001—2011 年间捷克的产业内贸易趋势,把表 3.7 的结果汇总成了图 3.3。

表 3.7 捷克 2001—2011 年间的产业内贸易指数

年份	SITC0—9	SITC5	SITC6	SITC7	SITC8
2001	**67.06**	57.42	71.16	**72.32**	76.28
2002	**66.94**	59.78	71.22	**73.56**	76.31
2003	**69.96**	55.16	71.52	**76.54**	78.07
2004	**70.04**	56.34	71.39	**75.58**	80.28
2005	**68.04**	58.12	70.36	**71.78**	80.30
2006	**68.00**	60.91	70.26	**71.16**	81.67
2007	**69.20**	62.19	71.00	**72.82**	81.52
2008	**69.41**	62.45	72.63	**73.88**	80.90
2009	**68.91**	63.11	71.81	**70.28**	81.86
2010	**68.43**	65.85	70.50	**69.60**	79.02
2011	**70.80**	66.97	72.03	**74.39**	77.91

资料来源:同表 3.1。

---

① 同第 2 章一样为了简化分析,省略了初级产品(SICT0—4)和未分类产品(SITC9)的计算,这样做不影响本章的研究目的,一方面是未研究产品的贸易量在捷克的贸易总额中的比重较小(约 15% 左右),另一方面是一国的工业化水平及其参与国际分工的情况集中体现在工业制成品上而非初级产品上。

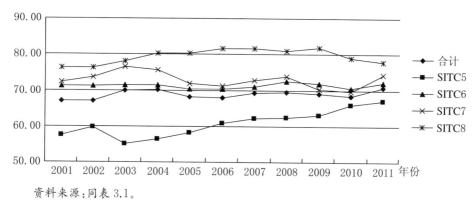

资料来源：同表 3.1。

图 3.3　捷克产业内贸易指数 2001—2011 年变化趋势

从表 3.7 和图 3.3 中可以得出以下三个结论。

（1）总体上，捷克的对外贸易以产业内贸易为主，是中东欧十六国中产业内贸易指数最高的国家，达到了发达国家产业内贸易水平，且四类制成品产业内贸易一致递增。其中，资本与技术密集型产品的产业内贸易增长迅速，劳动密集型产品产业内贸易增幅较小。2001—2011 年捷克对外贸易指数总体上都超过了 67，产业内贸易指数从 2001 年的 67.06 上升到 2011 年的 70.80。这说明捷克对外货物贸易大部分是在产业内进行的，绝大部分生产融入到了国际化产业链中；同时表明捷克产业总体上在国际分工中的地位越来越高。

（2）在资本与技术密集型产品中，化学制品及相关产品（SITC5）的产业内贸易指数在四类制成品中最低，2001—2011 年平均约为 69，但其增幅在四类制成品中最大，增长了 9.55 个百分点，表明捷克的化学工业融入国际产业链的速度很快。机械与运输设备（SITC7）的产业内贸易指数 2001—2011 年平均约为 73，在四类制成品中为第 2 位，高出捷克整体产业内贸易指数约 2 个百分点。考虑到该类产品在捷克总贸易额中的比重平均高达 50 左右，且该类产品最能代表一国的高科技水平，因而可以认为：捷克的工业在国际分工中的地位比总体产业内贸易指数显示的水平还要高。

（3）在劳动密集型产品中，杂项制品（SITC8）的产业内贸易指数在四类制成品中最高，2001—2011 年平均达到了 79，其中有些产品的指数远远超出一般发达国家同类产品产业内贸易水平。例如，男装或男童大衣及编织物（SITC843）、一般的医学仪器(SITC872)、一般光学产品(SITC884)及光学仪器及器具(SITC871)等产品的产业内贸易指数平均高达90%以上,说明捷克的杂项制品在国际分工中的地位非常高;按原材料划分的制成品(SITC6)在四类制成品中的产业内贸易指数2001—2011年平均约为71.3%,表明该产业参与国际分工的程度也较深。

3.5　基本结论

综上所述,2001—2011年捷克对外货物贸易的结构特征可归纳为以下四个方面。

(1)总体上讲,捷克货物贸易增长迅速,2001—2011年捷克对外货物贸易平均增长速度高达16.17%,其中出口增速17.12%,进口增速15.23%,远高于全球同期10%的平均增长速度。2001—2004年捷克保持了逐年缩小的贸易逆差,2005—2011年,则保持了逐年扩大的贸易顺差。贸易的快速增长带来的结果是捷克对外贸易的依存度在不断地提高,从2001年的127.81%提高到2011年的165.48%,说明了捷克在走向发达国家的进程中,其宏观经济对全球市场的依赖性非常大,且还有进一步扩大的趋势,同时也表明其对外开放程度及参与国际分工的程度都在不断提高。

(2)在市场结构上,捷克对外货物贸易的区域内贸易特征明显,市场集中度非常高,主要贸易伙伴国稳定,贸易逆差与顺差来源地趋于集中。2001—2011年平均约80%的贸易量集中在欧洲,其中,欧盟的比重约为75%。捷克前十大贸易伙伴国的贸易额比重始终在70%以上,这些国家基本稳定在德国、斯洛伐克、中国、波兰、法国、俄罗斯、意大利、奥地利、荷兰、英国、美国和比利时这12个国家。贸易逆差的前五大来源地带来的贸易逆差份额都在57%以上,这些国家基本稳定在中国、俄罗斯、日本、韩国、阿塞拜疆、意大利、马来西亚和美国等8个国家;贸易顺差的前五大来源地带来的贸易顺差份额都在60%以上,这些国家基本稳定在德国、斯洛伐克、英国、奥地利、波兰和比利时等6个欧盟成员国。

(3)在商品结构上,2001—2011年资源密集型产品、劳动密集型产品和资本与技术密集型产品对外贸易额比例大致保持在 15：30：55。其中,资源密集型产品的进、出口额比重均略有上升,且进口比重远大于出口比重,构成了贸易逆差的一个重要组成部分;劳动密集型产品的进、出口比重均略呈下降趋势,且出口比重略高于进口比重,构成了捷克对外贸易顺差的一个来源(但有贸易平衡的趋势);资本与技术密集型产品的出口比重明显高于进口比重,构成了捷克贸易 2001—2011 年顺差的主要来源,且出口份额有明显的扩大趋势,进口份额则基本上没有变化。对比全球贸易的出口商品结构,可以发现:在 2001—2011 年捷克的劳动密集型产品中,按原材料划分的制成品与资本密集型产品中机械及运输设备产品始终具有较强的比较优势,属于劳动密集型产品的杂项制品则始终具有中等比较优势,其他产品则以比较弱势为主。

（4）从产业内贸易上讲,2001—2011 年捷克的对外货物贸易呈现出产业内贸易为主的贸易模式,产业内贸易指数平均高达 69,且有进一步增长趋势。这表明捷克的产业总体已融入到国际产业链中,且在国际分工中的地位越来越高。在四类制成品中,贸易比重最高同时也是技术含量最高的机械及运输设备产品的产业内贸易指数平均高达到 73,这表明捷克的工业技术水平已达到发达国家的水平。

第4章

罗马尼亚对外货物贸易结构

2011 年罗马尼亚国内生产总值为 1 798 亿美元,人均国内生产总值为 8 405 美元[①],经济总量在中东欧十六国中位居第三,在经济水平上属中等发达国家。按联合国发布的《2011 年人类发展报告》,罗马尼亚的社会发展水平排名在第 50 位,属于人类发展高水平组。1989 年 12 月罗马尼亚转型后,开始推行多党议会制民主政治与市场经济,进入 21 世纪以来经济增长迅速,但受 2008 年全球金融危机影响,2009 年 2010 年经济连续负增长,2011 年出现复苏。罗马尼亚的主要贸易伙伴国有:德国、意大利、匈牙利、法国、土耳其、波兰和保加利亚等国家;主要出口商品有:鞋类、服装、纺织品等;主要进口商品有:机电、家电、矿产品、石油产品等。

4.1 罗马尼亚对外货物贸易总况

从贸易规模上看,2001—2011 年间,罗马尼亚的对外货物贸易保持了高速发展势态,货物贸易总额平均每年增长 17.84%,其中出口平均每年增长 18.60%,进口平均每年增长 17.25%,均高于全球货物贸易平均 10% 的增速。罗马尼亚的贸

---

① 资料来源:世界银行数据库。

易总额在全球贸易总额中的比重和排名不断上升,由 2001 年的 0.22% 提升到 2011 年的 0.44%,排名由 2001 年的第 51 位提升到 2011 年的第 39 位。罗马尼亚对外货物贸易更详细的发展变化情况参见表 4.1。

表 4.1 罗马尼亚对外货物贸易发展趋势(2001—2011 年)(亿美元,%)

年份	出 口		进 口		贸易差额	总贸易在全球中的		全球贸易增速
	金额	增速	金额	增速		比重	排名	
2001	113.8	9.8	155.5	19.1	−41.7	0.22	51	−3.17
2002	138.8	21.9	178.6	14.9	−39.8	0.25%	47	4.65
2003	176.2	27.0	240.0	34.4	−63.8	0.28	46	16.38
2004	234.9	33.3	326.6	36.1	−91.7	0.31	47	21.68
2005	277.3	18.1	404.6	23.9	−127.3	0.34	47	13.06
2006	323.4	16.6	511.1	26.2	−187.7	0.35	46	16.27
2007	402.6	24.5	699.5	36.9	−296.9	0.41	42	14.21
2008	495.4	23.0	829.6	18.6	−334.2	0.43	41	15.59
2009	406.2	−18.0	542.6	−34.6	−136.4	0.39	43	−22.71
2010	494.1	21.6	620.1	14.3	−126.0	0.38	46	21.06
2011	626.9	26.9	763.7	23.2	−136.8	0.44	39	9.32

2001—2011 年罗马尼亚年均增速:总贸易为 17.84%;出口为 18.60%;进口为 17.25%
2001—2011 年全球年均增速:总贸易为 10%

资料来源:根据联合国商品贸易统计数据库中相应数据计算得出。

从贸易平衡的角度看,2001—2011 年罗马尼亚一直保持贸易逆差。其中,2001—2008 年间除了 2002 年和 2008 年外,罗马尼亚的进口增速均高于出口增速,贸易失衡程度日益严重,2008 年的贸易逆差高达 334.2 亿美元,占到出口总额的 67.5%。全球金融危机后的三年中,罗马尼亚大幅削减其进口总额,贸易失衡有所缓解,但贸易逆差仍都保持在 100 亿美元以上。

从各年的贸易情况来看,可以发现有三个年份的贸易增长出现了异常。第一个年份是 2004 年,2004 年罗马尼亚的出口贸易增速高达 33.3%,为 11 年间最高,进口贸易增速高达 36.1%。而正是在 2004 年 5 月,有 10 个国家成为了欧盟成员国[①],这些国家大多是罗马尼亚的重要贸易伙伴国,这些国家的入盟对罗马尼亚的对外贸易产生了积极的促进效应。第二个年份是 2007 年,罗马尼亚的进出口均有显著增幅,比上一年的贸易增速高出 10 个百分点,2007 年 1 月罗马尼亚和保加利亚正式成为新欧盟成员国,这明显对罗马尼亚的对外贸易产生了积极的促进作用。第三个年份是 2009 年,受困于 2008 年的全球金融危机,2009 年的进出口增速大幅下降,下降幅度分别为 18.0% 和 34.6%,总贸易额的增速为 −28.4%,低于全球贸易 −22.71% 的增速,说明金融危机对罗马尼亚的国际贸易影响较大。

伴随罗马尼亚对外贸易的发展,对外贸易对罗马尼亚宏观经济的影响和贡献越来越明显。罗马尼亚的对外贸易依存度从 2001 年的 77.52% 上升到 2011 年的 88.32%,其中,服务贸易占 GDP 的比重仅有 10.42%—11.10%,11 年间基本保持不变,因此可以认为:罗马尼亚对外贸易依存度的增长主要源于对外货物贸易的增长,详细的情况参见图 4.1。

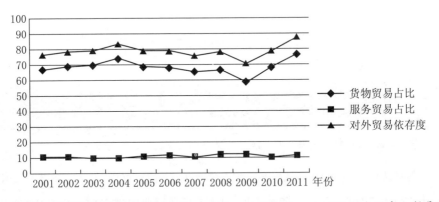

资料来源:根据世界银行数据库(http://data.worldbank.org.cn)及联合国商品贸易统计数据库(UN-comtrade)中相应数据计算得出。

图 4.1　罗马尼亚对外贸易依存度及变化趋势(%)

---

① 2004 年 5 月爱沙尼亚、立陶宛、拉脱维亚、波兰、匈牙利、捷克、斯洛伐克、塞浦路斯、马耳他和斯洛文尼亚等 10 个国家正式成为欧盟成员国。

4.2　市场结构

为简化说明,这里只列举了罗马尼亚 2001 年、2006 年及 2011 年的总贸易、进口及出口前十大贸易伙伴国的市场份额构成情况(详见表 4.2),同期的贸易逆差与贸易顺差主要来源地的情况(详见表 4.3),以及对其 2001—2011 年的对外货物贸易市场结构特征的说明。

表 4.2　罗马尼亚前十大贸易伙伴及其占比(%)

2001 年			2006 年			2011 年		
总贸易	出　口	进　口	总贸易	出　口	进　口	总贸易	出　口	进　口
意大利 **22.1**	意大利 25.1	意大利 20.0	意大利 **16.0**	意大利 18.1	德　国 15.2	德　国 **17.8**	德　国 18.6	德　国 17.1
德　国 **15.4**	德　国 15.6	德　国 25.1	德　国 **15.4**	德　国 15.7	意大利 14.6	意大利 **12.0**	意大利 12.8	意大利 11.4
法　国 **7.0**	法　国 8.1	俄罗斯 7.6	法　国 **6.9**	土耳其 7.7	俄国 7.9	匈牙利 **7.3**	法　国 7.5	匈牙利 8.7
俄罗斯 **4.7**	英　国 5.2	法　国 6.3	土耳其 **6.0**	法　国 7.5	法　国 6.5	法　国 **6.5**	土耳其 6.2	法　国 5.8
英　国 **4.2**	土耳其 4.0	匈牙利 3.9	俄罗斯 **5.3**	匈牙利 4.9	土耳其 5.0	土耳其 **4.7**	匈牙利 5.6	中　国 4.6
匈牙利 **3.6**	荷　兰 3.4	英　国 3.5	匈牙利 **3.9**	英　国 4.7	中　国 4.3	波　兰 **3.2**	保加利亚 3.6	哈萨克斯坦 4.2
美　国 **3.2**	匈牙利 3.3	美　国 3.2	英　国 **3.3**	保加利亚 2.8	奥地利 3.8	保加利亚 **3.2**	英　国 3.2	奥地利 4.0
土耳其 **3.1**	美　国 3.2	奥地利 2.8	奥地利 **3.3**	奥地利 2.6	匈牙利 3.3	奥地利 **3.2**	荷　兰 3.1	波　兰 4.0
奥地利 **2.9**	奥地利 3.0	土耳其 2.4	中　国 **2.9**	美　国 2.6	哈萨克斯坦 3.2	荷　兰 **3.2**	西班牙 2.4	俄罗斯 3.8
荷　兰 **2.6**	希　腊 2.8	希　腊 2.1	美　国 **2.5**	荷　兰 2.5	波　兰 2.8	俄罗斯 **3.1**	波　兰 2.4	土耳其 3.5
68.8	**73.5**	**67.0**	**65.5**	**69.1**	**66.4**	**64.3**	**65.5**	**67.0**

注:每个国家下面的数字为这一市场占罗马尼亚对外贸易额的份额,最后一行为合计。
资料来源:同表 4.1。

从总贸易额占比来看,2001—2011 年罗马尼亚同其前十大贸易伙伴国的贸易额占其总贸易额的比重始终保持在 64％以上,表明罗马尼亚的贸易伙伴较为集中。十大贸易伙伴国中有七个始终在其中,这些国家都是其周边的国家,分别是德国、意大利、匈牙利、法国、土耳其、俄罗斯和奥地利,表明罗马尼亚和这七个国家的市场联系始终比较紧密。其中,同德国和意大利的贸易份额平均在其总贸易额的 30％以上,总的对外贸易市场结构表现为以欧洲区域内贸易为主导的特点,且以德国和意大利为中心。其他重要贸易伙伴国中还包括英国、荷兰、保加利亚、波兰、美国和中国等。同时,罗马尼亚的贸易伙伴国也在不断地增加,从 2001 年的 174 个增加到 2011 年的 194 个,贸易市场的集中度也略有下降,2001—2011 年同前十位贸易伙伴的贸易额比重从 68.8％下降到 64.3％。

从出口来看,罗马尼亚前十大出口目的国绝大多数没有发生变化(包括了意大利、德国、法国、英国、土耳其、荷兰、匈牙利等 7 国),并且主要集中在欧盟地区,其他重要的出口目的地还包含美国、西班牙、波兰、奥地利、保加利亚和希腊。在这三个年份中,罗马尼亚对欧盟国家的出口额占总出口额的比重基本上维持在 60％,表明罗马尼亚的出口比较集中,这种出口结构使得罗马尼亚的出口易受到欧盟经济波动的冲击。

从进口来看,罗马尼亚排名前十的进口国中也有七国未发生变化(分别是德国、意大利、匈牙利、法国、俄罗斯、土耳其和奥地利),且主要是欧盟国家,三个年份中从欧盟国家的进口占到罗马尼亚总进口的比重都超过一半。其他重要的进口来源国为中国、哈萨克斯坦、希腊、美国、英国以及波兰,并且中国的比重在逐年增加。

对比罗马尼亚 2001—2011 年的贸易逆(顺)差主要来源地(见表 4.3),还可以看出其对外货物贸易市场结构有如下特征。

从贸易逆差贡献度来看,排名前五的逆差贡献度不断上升,前五大贸易逆差来源地形成的贸易逆差比重从 2001 年的 45.7％提高到 2011 年的 56.5。主要的贸易逆差来源地多数集中在其周边较发达的国家,包括俄罗斯、德国、乌克兰、意大利、捷克、匈牙利、奥地利、波兰和哈萨克斯坦。此外,中国也是其贸易逆差的主要来源地之一,来自中国的逆差比重由 2006 年的 8.7％增加到 2011 年的 13.7％;变化最大的是俄罗斯,来自俄罗斯的贸易逆差在 2001 年高达 20.5％,但是 2011 年大幅下降,跌出前五位。

表 4.3　罗马尼亚贸易顺差和逆差贡献度来源地排序(%)

来源地 \ 排序 年份	1	2	3	4	5	合计
贸易逆差来源地 2001	俄罗斯 20.5	德 国 10.8	乌克兰 5.1	意大利 4.8	捷 克 4.4	**45.7**
贸易逆差来源地 2006	俄罗斯 16.1	德 国 11.8	中 国 8.7	意大利 7.2	哈萨克斯坦 7.0	**50.9**
贸易逆差来源地 2011	匈牙利 14.5	哈萨克斯坦 13.8	中 国 13.7	奥地利 7.5	波 兰 7.0	**56.5**
贸易顺差来源地 2001	塞尔维亚和黑山联邦 9.9	土耳其 6.1	埃 及 6.1	摩尔多瓦 6.0	尼日利亚 5.6	**33.8**
贸易顺差来源地 2006	阿联酋 12.5	保加利亚 11.2	塞尔维亚 8.6	摩尔多瓦 7.6	英 国 6.6	**46.4**
贸易顺差来源地 2011	土耳其 15.0	塞尔维亚 7.5	沙特阿拉伯 6.4	摩尔多瓦 5.5	阿联酋 4.8	**39.1**

注:国家下面的数字表示罗马尼亚来源于该国的贸易逆差(顺差)占其贸易逆差(顺差)总额的百分比;塞尔维亚和黑山联邦于 2006 年解体为塞尔维亚与黑山两个国家。

资料来源:同表 4.1。

从贸易顺差贡献度来看,前五大贸易顺差来源地形成的贸易顺差比重均比较低,不到罗马尼亚贸易顺差总额的一半,较低的贸易顺差集中度有利于缓解其对外贸易的不平衡性。罗马尼亚主要的贸易顺差来源地在地理上比较分散,多为其周边的发展中国家,及一些亚洲与非洲的发展中国家,在所研究的三个年份中,前五大贸易顺差来源地主要包括了塞尔维亚、土耳其、埃及、阿联酋、保加利亚、沙特阿拉伯、摩尔多瓦、尼日利亚和英国等 9 个国家。

4.3　商品结构

4.3.1　出口商品结构

2001—2011 年罗马尼亚的出口商品结构及变化趋势如表 4.4 所示。

表 4.4　罗马尼亚出口商品结构(2001—2011 年)(%)

年份	资源密集型产品	劳动密集型产品			资本(与技术)密集型产品		
	SITC0—4	SITC6+8	SITC8	SITC6	SITC5+7+9	SITC5	SITC7
2001	**15.61**	**58.85**	40.10	18.75	**25.54**	5.19	19.87
2002	**16.18**	**57.48**	38.78	18.70	**26.34**	4.66	21.22
2003	**15.26**	**57.88**	38.59	19.29	**26.86**	4.79	21.53
2004	**15.43**	**54.95**	33.79	21.16	**29.63**	5.49	23.73
2005	**18.11**	**50.15**	29.32	20.83	**31.74**	5.74	25.37
2006	**18.30**	**46.02**	25.77	20.25	**35.68**	5.67	29.95
2007	**15.85**	**43.31**	21.78	21.53	**40.84**	5.67	33.43
2008	**19.62**	**37.10**	17.95	19.15	**43.28**	6.05	35.41
2009	**17.52**	**32.65**	17.51	15.13	**49.83**	5.00	42.61
2010	**18.23**	**32.21**	15.33	16.89	**49.55**	5.73	41.92
2011	**18.80**	**32.27**	14.76	17.51	**48.93**	6.19	40.86

资料来源:同表 4.1。

　　总的来看,2001—2011 年罗马尼亚的出口商品组成中,80% 以上的产品属于工业制成品,只有不到 20% 的初级产品(资源密集型产品)。其中,资源密集型产品的出口比重提高了 3.19%,劳动密集型产品的出口比重则下降了 26.58%,资本与技术密集型产品出口比重上升了 23.39%。出口商品结构在不断地优化,反映出其工业技术水平在不断地提高。

　　资源密集型产品的出口中,饮料及烟草(第 1 类)及动植物油、腊和蜡(第 4 类)只占到约 2%;非食用原料(第 2 类)约占 6%;矿物燃料、润滑油及有关原料(第 3 类)最多时占到 10.68%,最低也有 5.30%;食物和活动物(第 0 类)比重在 2%—5% 间波动[①]。这和罗马尼亚的资源禀赋基本一致,据统计罗马尼亚矿藏有石油、天然气、煤,天然气含量 2010 年统计为 110 亿立方米,净煤储量 3 030 万吨,原油 405 万吨[②]。

　　劳动密集型产品中,按原料划分的制成品(第 6 类)的份额在 2001—2011 年

---

① 资料来源:联合国商品贸易统计数据库。
② 资料来源:罗马尼亚统计局公报(2010 年)。

相对稳定,仅下降 1.24 个百分点。而杂项制品(第 8 类)下降 25.34%,部分原因是随着罗马尼亚经济水平与劳动力工资水平上涨,劳动成本逐年增加而导致其出口竞争力的下降所致;另外,2008 年开始的全球金融危机对其影响非常不利,导致其杂项制品的出口比重大幅下降。

　　资本与技术密集型产品中,主要是机械及运输设备(第 7 类)增加引起的,从 2001 年到 2011 年增长 20.99%。未列明的化学品和有关产品(第 5 类)的份额几乎没有变动,仅增加了 1%。这和其产业结构密切相关,罗马尼亚主要工业部门有冶金、石油化工和机器制造①。

4.3.2　比较优势

　　按《国际贸易标准分类》(SITC.Rev3)一级分类计算的罗马尼亚各类出口产品的巴氏显性比较优势指数(RCA)如表 4.5 所示。

表 4.5　罗马尼亚出口产品的巴氏显性比较优势指数(RCA)(2001—2011 年)

年份	SITC0	SITC1	SITC2	SITC3	SITC4	SITC5	SITC6	SITC7	SITC8
2001	0.489	0.311	**2.025**	0.649	0.67	0.534	**1.384**	0.492	**3.188**
2002	0.422	0.324	**1.733**	0.857	0.155	0.443	**1.372**	0.536	**3.038**
2003	0.390	0.248	**2.026**	0.677	0.428	0.451	**1.422**	0.546	**3.127**
2004	0.399	0.187	**1.909**	0.650	0.809	0.514	**1.512**	0.609	**2.862**
2005	0.419	0.171	**1.500**	0.859	0.746	0.538	**1.503**	0.665	**2.544**
2006	0.443	0.232	**1.687**	0.732	0.605	0.550	**1.442**	0.802	**2.343**
2007	0.428	**0.825**	1.456	0.596	0.478	0.533	**1.488**	0.903	1.979
2008	0.658	**1.372**	1.577	0.561	0.514	0.578	**1.393**	1.028	1.741
2009	0.704	**1.627**	1.584	0.450	0.511	0.434	**1.199**	1.242	1.513
2010	**0.855**	1.526	1.545	0.392	0.686	0.510	**1.289**	1.206	1.393
2011	**0.898**	1.606	1.450	0.432	0.744	0.555	**1.285**	1.168	1.320

资料来源:同表 4.1。

　　从表 4.5 中可以看出:(1)2001—2011 年,总体始终表现为较强比较优势的有:

①　资料来源:罗马尼亚国家统计局公报(2010 年)。

劳动密集型的两类产品(SITC6、SITC8)和资源密集产品中的不包含燃料的非食用原料(SITC2)产品;(2)多数类别的比较优势变化较大,具体体现为以下三种情况。

(1) 显著提高的有三类:①饮料与烟草(SITC1)快速从比较弱势($RCA_{2001}=0.311$)提高为比较优势($RCA_{2011}=1.606$)。②食品和活动物(SITC0)从比较弱势($RCA_{2001}=0.489$)稳步提高为中等比较优势($RCA_{2011}=0.898$)。③机械及运输设备(SITC7)同样是从比较弱势($RCA_{2001}=0.492$)提高为中等比较优势($RCA_{2011}=1.168$)。

(2) 显著下降的有两类:①不包含燃料的非食用原料(SITC2)比较优势从2001年的2.025下降到2011年的1.450。尽管下降比较明显,但仍然具有比较强的比较优势。②杂项制品(SITC8)下降幅度最大,从2001年的极强比较优势($RCA=3.188$),下降到2011年的较强比较优势($RCA=1.320$)。这说明罗马尼亚的劳动密集型产品出口竞争力在逐渐下降,这和表4.4的结果相一致。

(3) 剩下的四类产品的比较优势没有质的变化,不同的是主要按原料分类的制成品(SITC6)2001—2011年始终保持较强的比较优势,略有下降趋势。其他三类(SITC3—5)均为比较劣势。

4.3.3 进口商品结构

2001—2011年罗马尼亚的商品进口结构和变化趋势如表4.6所示。

表4.6 罗马尼亚进口商品结构(2001—2011年)(%)

年份	资源密集型产品	劳动密集型产品			资本与技术密集型产品		
	SITC0—4	SITC6+8	SITC8	SITC6	SITC5+7+9	SITC5	SITC7
2001	**23.39**	**38.42**	10.53	27.89	**38.20**	9.88	28.05
2002	**20.41**	**40.31**	11.24	29.07	**39.28**	10.75	28.38
2003	**20.77**	**39.20**	11.20	28.00	**40.03**	10.30	29.56
2004	**21.02**	**35.87**	9.70	26.17	**43.11**	10.37	32.57
2005	**22.61**	**33.67**	9.30	24.37	**43.72**	10.16	33.18
2006	**21.60**	**32.38**	9.04	23.34	**46.02**	10.59	35.42

续表

年份	资源密集型产品	劳动密集型产品			资本与技术密集型产品		
	SITC0—4	SITC6+8	SITC8	SITC6	SITC5+7+9	SITC5	SITC7
2007	**19.29**	**31.09**	8.47	22.62	**49.62**	10.00	37.30
2008	**22.13**	**29.92**	8.50	21.42	**47.95**	10.60	35.13
2009	**20.38**	**30.05**	9.18	20.88	**49.57**	13.71	32.90
2010	**20.27**	**29.66**	8.49	21.17	**50.08**	12.89	34.43
2011	**21.33**	**29.37**	8.02	21.35	**49.30**	12.91	33.80

资料来源：同表 4.1。

总体来看，罗马尼亚的初级产品和工业制成品的进口比例较为稳定，基本维持在 2∶8。其中，初级产品中的矿物燃料、润滑油及有关材料（第 3 类）占据了初级进口品的一半份额。工业制成品当中，劳动密集型产品的进口份额下降明显，减少的份额均由资本与技术密集型产品替代，劳动密集型和资本与技术密集型产品的比例从 2001 年的 1∶1 转变为 2011 年的 3∶5，表明罗马尼亚对资本与技术密集型产品的需求在不断的增长。

通过对比进、出口变化趋势（详见图 4.2），可以进一步发现罗马尼亚的进出口商品贸易结构有如下几个特点：(1)资源密集型产品的进、出口结构相对来讲比较稳定，占总贸易额的比重基本上都在 20% 左右，且进口份额均高于出口份额，这说明罗马尼亚的国内市场对于资源密集型产品的需求旺盛，资源相对缺乏，这始终

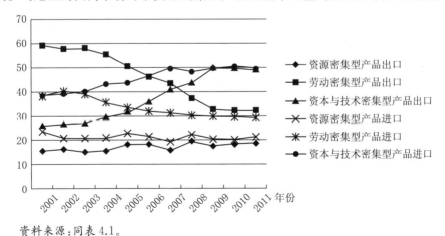

资料来源：同表 4.1。

图 4.2 罗马尼亚 2001—2011 年进、出口商品结构变动趋势（%）

构成 2001—2011 年罗马尼亚贸易赤字的一个主要来源。(2)劳动密集型产品的进、出口均呈下降趋势,且出口额大于进口额,是这一期间罗马尼亚贸易顺差的唯一来源。但是随劳动密集型产品出口份额的大幅下降,这类产品带来的贸易顺差也越来越小,2006 年起带来的则是贸易逆差。(3)资本与技术密集型产品的进出口贸易均呈上升趋势,且 2009 年出口份额一直小于进口份额,形成了之前罗马尼亚贸易逆差的主要来源。不过随着资本与技术密集型产品出口的迅速增长,该类产品产生的贸易逆差相对在不断减小。

4.4 产业内贸易

利用 UN-comtrade 数据库中 SITC 三位数层次上的分类数据,可计算出罗马尼亚 2001—2011 年间的 G-L 产业内贸易指数,及 SITC 一级分类下的各类制成品产业内贸易指数结果,如表 4.7 所示。同时,为了直观地表示 2001—2011 年间罗马尼亚的产业内贸易趋势,把表 4.7 的结果汇总成图 4.3。

表 4.7　罗马尼亚 2001—2011 年间的产业内贸易指数

年份	SITC0—9	SITC5	SITC6	SITC7	SITC8
2001	**36.98**	30.35	38.58	52.91	25.74
2002	**35.20**	29.37	37.70	53.96	24.64
2003	**35.61**	29.49	39.31	51.33	25.85
2004	**37.80**	32.13	42.30	51.84	29.02
2005	**38.09**	32.48	43.16	51.92	33.63
2006	**39.49**	32.84	45.92	51.85	37.44
2007	**43.51**	35.22	49.89	51.79	43.79
2008	**46.78**	36.87	51.26	58.12	50.56
2009	**53.77**	38.18	55.05	68.81	52.27
2010	**57.77**	44.30	58.46	72.08	52.47
2011	**57.85**	48.07	59.70	70.67	54.31

资料来源:同表 4.1。

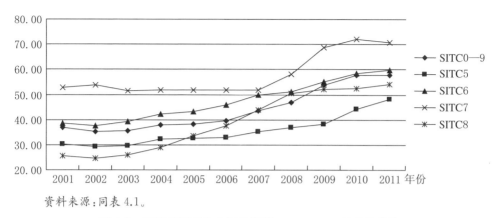

资料来源：同表 4.1。

图 4.3 罗马尼亚产业内贸易指数 2001—2011 年变化趋势

从表 4.7 和图 4.3 中可以得出以下结论。

（1）总体上，罗马尼亚的对外贸易模式发生了质的变化，从 2001 年主要以产业间贸易为主的贸易模式，提升到了 2011 年主要以产业内贸易为主的贸易模式。其中，2007 年和 2009 年罗马尼亚整体产业内贸易指数增长最多，分别增长了 4 个和 9 个百分点，但这两种增长具有不同的本质。前者的增长是因为 2007 年罗马尼亚加入欧盟，这不但对其贸易增长有显著的积极影响，而且也促进了其产业的国际化程度；而后者的增长则是因为 2008 年全球金融危机爆发后，罗马尼亚大幅减少进口，从而大幅降低了之前的贸易失衡程度[①]，其产业内贸易指数的大幅提高主要是由贸易失衡问题的改善而形成的，并不代表其产业内贸易水平的实际提高，其在国际分工中的地位并无显著提高。

（2）四类制成品的产业内贸易指数一致呈现提高趋势。其中，机械及运输设备（SITC7）的产业内贸易指数在 2001—2011 年均高于其他三类制成品，且该类产品 G-L 指数的增长主要是在 2007 年之后实现的。考虑到大多数高科技产业都在该类产品中，且该类产品的贸易额比重约超过贸易总额的 30%，有理由相信罗马尼亚加入欧盟对提高其工业的国际化水平起到了极大的促进作用。化学及相关制品（SITC5）的产业内贸易指数虽也有明显增长趋势，但仍是以产业间贸易为主，表明罗马尼亚的化学工业参与国际化分工的程度还较低。劳动密集型产品的两

---

① 由于本文采用的 G-L 产业内贸易指数未作贸易失衡的调整，因而 G-L 指数势必受到贸易失衡趋势的影响。同等条件下，贸易失衡越大，G-L 产业内贸易指数就越小。

类产品原料分类的制成品(SITC6)和杂项制品(SITC8)的产业内贸易指数在2001—2011年均表现为稳步提高趋势,且贸易模式从以产业间贸易为主提升到了以产业内贸易为主的贸易模式,表明了罗马尼亚的劳动密集型产业日益融入到了国际化产业链中,在国际分工中的地位得到了稳步提高。

4.5 基本结论

综上所述,罗马尼亚对外货物贸易的结构特征可归纳为以下四个方面。

(1)总体上讲,罗马尼亚货物贸易增长迅速,2001—2011年罗马尼亚对外货物贸易平均增长速度高达17.84%,其中出口增速18.60%,进口增速17.25%,远高于全球同期10%的平均增长速度。2001—2008年罗马尼亚的贸易逆差逐年增长,2008年全球金融危机爆发后,罗马尼亚大幅削减了进口,2009—2011年贸易失衡有所缓解。随着罗马尼亚对外贸易的快速增长,其对外贸易的依存度在不断地提高,从2001年的77.52%上升到2011年的88.32%。这说明罗马尼亚在走向发达国家的进程中,其宏观经济对全球市场的依赖性非常大,且有进一步扩大的趋势;同时也表明其对外开放程度及参与国际分工程度都在不断提高。

(2)在市场结构上,罗马尼亚2001—2011年对外货物贸易以德国和意大利为中心的区域内贸易结构明显,约70%的贸易量集中在欧盟内部,其中,仅同德国与意大利两国的贸易额就占据了其30%以上的贸易份额。2001—2011年罗马尼亚的贸易伙伴国在不断地增加,几乎覆盖了全世界所有的国家与地区。随着贸易伙伴国的增加,罗马尼亚在各国市场上的贸易份额趋于分散化,有效地降低了罗马尼亚对外贸易的市场风险。2001—2011年罗马尼亚的前十大的贸易伙伴国集中在德国、意大利、匈牙利、法国、土耳其、波兰、保加利亚、奥地利、荷兰、俄罗斯、中国和美国等12国,这些国家市场份额占据了罗马尼亚对外贸易总量的三分之二。罗马尼亚贸易顺差主要来源于其周边及亚洲和非洲的一些发展中国家;而贸易逆差主要来源于俄罗斯、哈萨克斯坦及中国等新兴市场国家,以及德国、奥地利、匈牙利和波兰等欧盟国家。

（3）在商品结构上，2001—2011年初级产品与工业制成品的对外贸易额比例大致保持在2∶8。其中，初级产品的进、出口额比重基本不变，且进口比重始终大于出口比重，构成了贸易逆差的一个组成部分；制成品中劳动密集型产品的进、出口比重均略呈下降趋势，且出口比重略高于进口比重，构成了罗马尼亚对外贸易顺差的唯一来源，但由此带来的贸易顺差在逐年减小，2006年后为逆差。资本与技术密集型产品的进、出口比重均呈上升趋势，且进口比重2008年之前明显高于出口比重贸易，构成了罗马尼亚贸易贸易逆差的主要来源，2009年后该类产品的贸易失衡有所改善。对比全球贸易的出口商品结构可以发现：在2001—2011年罗马尼亚劳动密集型的两类产品和资源密集产品中不包含燃料的非食用原料产品始终具有较强的比较优势；另外，比较优势明显下降的产品有两类，有明显上升趋势的产品有三类。

（4）从产业内贸易上讲，2001—2011年罗马尼亚产业内贸易指数从36.98提高到57.85，实现了从以产业间贸易为主到以产业内贸易为主的贸易模式的转变。这既有其产业整体国际化程度提高的因素，也有其贸易逐步平衡的原因。四类制成品的产业内贸易指数具有一致提升的趋势，且主要是2007年以后提高的。这表明罗马尼亚2007年加入欧盟的事件极大地促进了其工业的发展，进一步提高了其工业产业的国际化程度。

第 5 章

匈牙利对外货物贸易结构

2011 年匈牙利国内生产总值为 1 407.7 亿美元,人均国内生产总值为 14 133 美元,经济总量在中东欧十六国中位居第四,在经济水平上属发达国家。按联合国发布的《2011 年人类发展报告》,匈牙利的社会发展水平排名在第 38 位,属于人类发展水平极高一组。1989 年匈牙利在政治实现了多党议会民主制的转型,随后经济也转型为市场经济,进入 21 世纪以来经济增长快速、稳定。匈牙利的主要贸易伙伴国有:德国、奥地利、意大利、罗马尼亚、波兰、法国、俄罗斯和中国等国家;主要进口产品有:石油、天然气、汽车零部件、计算机设备、汽轮机、测量仪器等;主要出口产品有:机械设备、交通工具以及化工产品等。

5.1 匈牙利对外货物贸易总况

从贸易规模上看,2001—2011 年间,匈牙利的对外货物贸易保持了较快发展,货物贸易总额平均每年增长 12.72%,其中出口平均每年增长 13.81%,进口平均每年增长 11.65%,略高于同期全球货物贸易总额 10% 的平均增速。由此,匈牙利的贸易总额在全球贸易总额中的比重和排名稳中有升,比重由 2001 年的 0.53% 提升到了 2011 年的 0.67%,排名由 2001 年的第 35 位逐渐上升到 2010 年的

32 位,2011 年跃进到了第 28 位。

从贸易平衡的角度看,2001—2011 年匈牙利基本保持了贸易平衡,各年的进出口比值大多稳定在 1.0 左右。其中,2001—2008 年有小幅的贸易逆差,同期匈牙利的年均出口增速高于年均进口增速,因而贸易不平衡度在逐渐减小。从 2009 年开始实现了贸易顺差,2009—2011 年贸易顺差得到了进一步的扩大。

从各年的贸易情况来看,可以发现有两个年份的贸易增长出现了异常。第一个是 2004 年。2004 年出口贸易增速高达 29.0%,为 11 年间最高;进口贸易增速高达 26.4%,进出口增速都高出 2001—2011 年平均增速的 2 倍多。这表明 2004 年匈牙利加入欧盟对其当年对外贸易的积极影响很大,但随后几年的贸易增长速度有所放缓。第二个是 2009 年。受困于 2008 年的全球金融危机,2009 年的总贸易额的增速为 −26.3%,其中,进出口增速分别为 −23.7% 和 −29.0%,均大于全球贸易额 −22.71% 的增长幅度,说明金融危机对匈牙利的国际贸易影响较大。匈牙利对外货物贸易更详细的发展变化情况参见表 5.1。

表 5.1　匈牙利货物贸易发展趋势(2001—2011 年)(亿美元,%)

年份	出口		进口		贸易差额	总贸易在全球中的		全球贸易增速
	金额	增速	金额	增速		比重	排名	
2001	305.0	8.6	336.8	5.0	−31.8	0.53	35	−3.17
2002	343.4	12.6	376.1	11.7	−32.8	0.59	36	4.65
2003	430.0	25.2	476.7	26.8	−46.7	0.62	35	16.38
2004	554.7	29.0	602.5	26.4	−47.8	0.65	34	21.68
2005	622.7	12.3	659.2	9.4	−36.5	0.63	34	13.06
2006	740.6	18.9	769.8	16.8	−29.2	0.64	34	16.27
2007	945.9	27.7	946.6	23.0	−0.7	0.70	33	14.21
2008	1 082.1	14.4	1 087.9	14.9	−5.7	0.70	33	15.59
2009	825.7	−23.7	772.7	−29.0	53.0	0.67	34	−22.71
2010	946.9	14.7	873.6	13.0	73.4	0.63	32	21.06
2011	1 112.2	17.5	1 013.7	16.0	98.5	0.67	28	9.32
2001—2011 年匈牙利年均增速:总贸易为 12.72%;出口为 13.81%;进口为 11.65% 2001—2011 年全球年均增速:总贸易为 10%								

资料来源:根据联合国商品贸易统计数据库中相应数据计算得出。

伴随匈牙利对外贸易的发展,对外贸易对其宏观经济的影响和贡献越来越明显。从匈牙利的对外贸易依存度这一指标来看,从 2001 年的 145.35％上升到 2011 年的 180.69％,其中,服务贸易占其 GDP 的比重仅有 23.86％—27.79％。因此,匈牙利对外贸易依存度的增长主要源于对外货物贸易的增长,详细的情况参见图 5.1。对外贸易依存度的逐年提高,表明匈牙利的宏观经济对国外市场的依赖性及对外开放程度越来越大,同时外国经济对匈牙利经济的影响也越来越大。

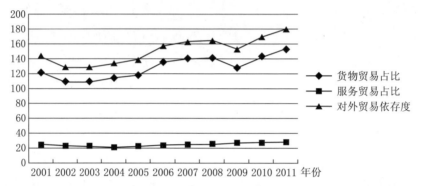

资料来源:根据世界银行数据库(http://data.worldbank.org.cn)及联合国商品贸易统计数据库(UN-comtrade)中相应数据计算得出。

图 5.1　匈牙利对外贸易依存度及变化趋势(％)

5.2　市场结构

为简化说明,这里只列举了匈牙利 2001 年、2006 年及 2011 年的总贸易、进口及出口前十大贸易伙伴国的市场份额构成情况(详见表 5.2),同期的贸易逆差与贸易顺差主要来源地的情况(详见表 5.3),以及对其 2001—2011 年的对外货物贸易市场结构特征的说明。

从表 5.2 中可以看出:不管是从总贸易额,还是单从进口额、出口额上看,匈牙利的贸易集中度都比较高。对总贸易额来说,三个年份中最低的 2011 年也高达 67.0％;对出口来说,最高值在 2001 年,达到 77.5％;从进口来看,大多维持在 70％左右。匈牙利对外贸易市场形成了非常明显的中心结构市场特征,即匈牙利的对外货物贸易市场主要位于以德国为中心的欧洲市场,其中,与中心地德国的贸易市场份额在 2001 年占匈牙利总贸易额的 30％,但是,这一比重有连续的下降趋势,到 2011 年该比重降为 24.3％。

表 5.2　匈牙利前十大贸易伙伴及其占匈牙利对外贸易的比重(％)

2001 年			2006 年			2011 年		
总贸易	出　口	进　口	总贸易	出　口	进　口	总贸易	出　口	进　口
德　国 **30.0**	德　国 35.6	德　国 24.9	德　国 **28.4**	德　国 29.5	德　国 27.3	德　国 **24.3**	德　国 24.8	德　国 23.9
奥地利 **7.6**	奥地利 7.9	意大利 7.9	奥地利 **5.6**	意大利 5.5	俄罗斯 8.0	奥地利 **6.1**	罗马尼亚 6.1	俄罗斯 8.8
意大利 **7.1**	意大利 6.2	奥地利 7.4	俄罗斯 **5.4**	奥地利 4.8	奥地利 6.3	俄罗斯 **5.9**	斯洛伐克 5.9	奥地利 6.6
法　国 **5.3**	法　国 6.0	俄罗斯 7.0	意大利 **5.0**	法　国 4.7	中　国 5.0	斯洛伐克 **5.6**	奥地利 5.7	中　国 6.0
美　国 **4.6**	美　国 5.0	法　国 4.7	法　国 **4.7**	英　国 4.5	法　国 4.8	意大利 **4.8**	意大利 5.0	斯洛伐克 5.4
俄罗斯 **4.4**	荷　兰 4.6	日　本 4.6	波　兰 **4.2**	波　兰 4.1	意大利 4.6	罗马尼亚 **4.7**	法　国 4.7	波　兰 4.6
英　国 **3.6**	英　国 4.3	美　国 4.2	荷　兰 **3.7**	罗马尼亚 4.0	荷　兰 4.4	波　兰 **4.2**	英　国 4.6	意大利 4.5
荷　兰 **3.3**	比利时 3.3	中　国 4.0	英　国 **3.4**	斯洛伐克 3.9	波　兰 4.3	法　国 **4.2**	波　兰 3.8	荷　兰 4.2
比利时 **2.7**	罗马尼亚 2.5	英　国 2.9	斯洛伐克 **3.3**	捷　克 3.4	捷　克 3.1	中　国 **3.7**	捷　克 3.7	法　国 3.6
日　本 **2.7**	西班牙 2.1	波　兰 2.3	捷　克 **3.3**	西班牙 3.4	日　本 2.9	捷　克 **3.6**	俄罗斯 3.2	捷　克 3.4
71.4	77.5	69.9	67.1	67.8	70.7	67.0	67.3	71.0

注:国家下面的数字为这一市场占匈牙利对外贸易额的份额,最后一行为合计。
资料来源:同表 5.1。

从总贸易额来看,德国、奥地利、意大利、法国和俄罗斯这 5 个国家一直位于匈牙利的前十大贸易伙伴国之列,其中,德国和奥地利始终是其第一和第二大贸易伙伴国,贸易份额平均占到了三分之一。其他的几大重要贸易伙伴是:英国、荷兰、斯洛伐克、捷克和波兰,在亚洲主要是日本和中国,美洲市场主要是美国。从这种贸易伙伴的分布结构可以看出,匈牙利的对外贸易与欧洲市场,尤其是欧盟内部的联系非常紧密。

从出口来看,在被研究的三个年份中,排名前十的国家有 6 个未发生变化,这 6 个国家分别是:德国、奥地利、意大利、法国、英国及罗马尼亚等欧盟国家,其他重要的贸易伙伴也多是欧盟国家(如波兰、斯洛伐克、捷克及西班牙)。从表5.2中可以看出,匈牙利在欧盟地区的出口额占总出口额的比重约为70%,说明匈牙利的出口目的地国家比较集中,这样也会带来一定的风险,欧盟经济的巨大波动会给匈牙利的出口带来极大的冲击。

从进口来看,排名前十位的国家有7个未发生变化,其中5个是欧盟国家,分别是:德国、奥地利、意大利、法国及波兰,另两个是俄罗斯和中国,其他重要的进口来源地还包括斯洛伐克、日本、荷兰及捷克。其中,匈牙利超过一半的进口来自欧洲,日本和中国是其在亚洲市场上的主要进口来源地,美国依然是其在美洲市场上的主要进口来源地。从表5.2可以看出,2001年匈牙利从前十位的欧洲国家中的进口就达到了57.1%,2006年为62.8%,2011年为65.0%。来自中国的进口也有上升趋势,从2001年的4.0%增加到2011年的6.0%。

综合以上分析,匈牙利的对外货物贸易结构可以概括为高度集中的中心市场结构,集中表现为多数贸易来自少数几个重要的贸易伙伴国;中心市场特征具体表现为以德国为中心的欧盟市场。

对比匈牙利2001—2011年的贸易逆(顺)差主要来源地(见表5.3),还可以看出匈牙利对外货物贸易市场结构有如下特征。

表5.3　匈牙利贸易顺差和逆差贡献度来源地排序(%)

来源地 \ 排序 \ 年份	1	2	3	4	5	合计
贸易逆差来源地 2001	俄罗斯 20.9	日本 15.2	中国 13.4	意大利 8.2	马来西亚 4.7	**62.3**
贸易逆差来源地 2006	俄罗斯 23.6	中国 17.5	日本 10.3	奥地利 6.9	韩国 6.8	**65.1**
贸易逆差来源地 2011	俄罗斯 28.1	中国 23.3	韩国 9.2	荷兰 7.8	日本 5.2	**73.6**
贸易顺差来源地 2001	德国 41.7	荷兰 11.9	罗马尼亚 6.8	英国 5.4	法国 4.1	**69.9**
贸易顺差来源地 2006	英国 9.7	西班牙 9.6	罗马尼亚 8.4	克罗地亚 6.3	德国 5.3	**39.4**
贸易顺差来源地 2011	罗马尼亚 12.2	德国 11.7	英国 10.4	阿联酋 6.7	西班牙 6.1	**47.2**

注:国家下面的数字表示匈牙利来源于该国的贸易逆差(顺差)占其贸易逆差(顺差)总额的百分比。

资料来源:同表5.1。

　　总体上说,匈牙利的主要贸易逆差来源地所占比重有提高趋势,排名前五的贸易逆差来源地占总贸易逆差的比重从 2001 年的 62.3% 增加到 2011 年的 73.6%;而主要贸易顺差来源地所占份额有分散化发展的趋势,排名前五位的贸易顺差来源地占总顺差的比重从 69.9% 下降到 47.2%。

　　从逆差来源地看,排名前五的国家有三个没有发生变化,分别为俄罗斯、中国和日本,而且俄罗斯和中国的份额在不断上升,其中俄罗斯从 2001 年的 20.9% 增加到 2011 年的 28.3%,中国则增加了 10 个百分点。其他的重要贸易逆差来源地主要是韩国、荷兰、意大利,其中韩国的份额有所上升,而荷兰,意大利份额是下降的。

　　从顺差来源地来看,亦有三个未发生变化,即德国、英国和罗马尼亚,并且罗马尼亚的份额在不断上升,从 2001 年的 6.8% 增加到 12.3%。而德国的份额变化较大,从 2001 年的 41.7% 下降为 2011 年的 11.8%。从表 5.3 还可以看出,匈牙利的贸易顺差来源国主要集中在欧盟国家,贸易逆差来源国主要集中在东亚地区和俄罗斯。

5.3　商品结构

5.3.1　出口商品结构

　　利用《国际贸易标准分类》(SITC.Rev3)分类计算可得 2001—2011 年匈牙利出口商品结构及其变化趋势,如表 5.4 所示。

表 5.4　匈牙利出口商品结构变化趋势(2001—2011 年)(%)

年份	资源密集型产品	劳动密集型产品			资本与技术密集型产品		
	SITC0—4	SITC6+8	SITC6	SITC8	SITC5+7+9	SITC5	SITC7
2001	**10.82**	**23.06**	10.28	12.78	**66.11**	6.11	57.41
2002	**10.14**	**22.98**	10.11	12.87	**66.89**	6.17	58.62
2003	**9.99**	**20.76**	10.20	10.56	**69.25**	6.62	61.01

续表

年份	资源密集型产品	劳动密集型产品			资本与技术密集型产品		
	SITC0—4	SITC6+8	SITC8	SITC6	SITC5+7+9	SITC5	SITC7
2004	**9.89**	**19.65**	10.12	9.53	**70.45**	7.38	62.43
2005	**10.16**	**18.66**	9.94	8.72	**71.19**	7.88	59.71
2006	**9.31**	**17.59**	9.55	8.04	**73.11**	7.75	59.83
2007	**10.43**	**16.86**	9.21	7.65	**72.71**	7.22	58.15
2008	**11.50**	**16.68**	9.40	7.28	**71.82**	7.59	56.89
2009	**11.31**	**16.98**	9.02	7.96	**71.69**	8.41	57.46
2010	**11.61**	**16.82**	9.14	7.68	**71.57**	8.80	57.03
2011	**13.00**	**18.04**	9.82	8.22	**68.96**	9.20	54.38

资料来源:同表 5.1。

总体来看,2001—2011 年匈牙利出口产品中占据主导地位的是工业制成品,与初级产品的比重基本维持在 9∶1 左右,初级产品略显上升趋势;工业制成品中劳动密集型产品和资本与技术密集型产品的比重大致在 2∶7 左右,其中,劳动密集型产品的比重有逐年下降趋势,而资本与技术密集型产品的出口份额则表现为平缓的倒"U"形。这些数据表明匈牙利的工业化程度较高。

从初级产品上看,2001—2011 年匈牙利的初级产品(SITC0—4)贸易份额始终只有 10%—13%,且 80% 以上的出口产品为食品和活动物、饮料及烟草以及不包括燃料的非食用原料(SITC0、SITC1、SITC2)。这同其自然资源禀赋特征是一致的,数据统计表明,匈牙利自然资源比较贫乏,主要矿产资源是铝矾土,蕴藏量居欧洲第三,此外有少量褐煤、石油、天然气、铀、铁、锰等[①]。不过,近年来初级产品的出口份额呈现出逐年增长趋势,2006—2011 年出口份额增长了 3.69 个百分点,增幅约为 30%。

在工业制成品中,劳动密集型产品的比重总体呈下降趋势,从 2001 年的 23.06% 下降到了 2011 年的 18.04%。其中,按原料划分的制成品(SITC6)的份额几乎没变,杂项制品(SITC8)则下降了 4.36 个百分点,下降幅度近三分之一。资

---

① 资料来源:2009 年匈牙利统计年鉴。

本与技术密集型产品的出口比重有所提高,且总体表现为平缓的倒"U"形,在 2006 年的比重达到最高,占到了总出口额的 73.11%,之后有所下降,但是下降幅度不大。资本与技术密集型产品中的机械及运输设备(SITC7)的出口份额始终保持占到了一半以上,最高份额占到了 62.43%(2004 年),最低也有 54.38%(2011 年)。

5.3.2　比较优势

利用《国际贸易标准分类》(SITC.Rev3)分类计算得到的匈牙利的出口产品的巴氏显性比较优势指数(RCA),如表 5.5 所示。

表 5.5　匈牙利出口产品的 RCA 指数

年份	SITC0	SITC1	SITC2	SITC3	SITC4	SITC5	SITC6	SITC7	SITC8
2001	**1.224**	0.351	0.576	0.166	0.413	0.629	0.759	**1.421**	1.016
2002	**1.103**	0.331	0.571	0.161	0.315	0.586	0.742	**1.482**	1.008
2003	**1.083**	0.331	0.589	0.162	0.469	0.623	0.752	**1.548**	0.856
2004	**1.061**	0.323	0.617	0.173	0.453	0.691	0.723	**1.602**	0.807
2005	**1.032**	0.297	0.534	0.211	0.550	0.739	0.717	**1.565**	0.756
2006	**1.010**	0.328	0.456	0.171	0.493	0.751	0.680	**1.603**	0.731
2007	**1.079**	0.352	0.443	0.220	0.421	0.679	0.636	**1.571**	0.695
2008	**1.116**	0.425	0.515	0.189	0.509	0.725	0.683	**1.652**	0.707
2009	**1.050**	0.297	0.495	0.188	0.572	0.730	0.715	**1.675**	0.688
2010	**1.079**	0.359	0.479	0.205	0.572	0.784	0.697	**1.641**	0.698
2011	**1.146**	0.363	0.511	0.273	0.719	0.825	0.721	**1.554**	0.735

资料来源:同表 5.1。

从表 5.5 可以看出以下结论:(1)总体上看,2001—2011 年匈牙利各类出口产品的相对比较优势几乎没有变动,表明匈牙利的出口商品结构总体和全世界的出口结构变动基本一致。(2)在 9 类出口产品中(SITC0—8),只有机械及运输设备(SITC7)具有较强比较优势,且该类产品的 RCA 指数在 2001—2011 年间变化不大,平均保持在 1.57 左右。考虑到该类产品占总出口额的比重较大(平均占到了

58%),可以认为匈牙利出口商品的总体国际竞争力还是比较强的,也可以认为匈牙利的资本与技术密集型产业具有相对较强的国际竞争力;(3)资源密集型产品中的食品和活动物(SITC0)类产品也始终保持了中等比较优势,RCA指数基本稳定在1.1,这与匈牙利相对较好的农业资源禀赋特征相一致。(4)剩下7类产品(SITC1—6、SITC8)总体上都表现为比较劣势,其中,劳动密集型产品在2001年表现为中等比较优势,但2004年后就下降到比较弱势。这表明随匈牙利劳动力成本的提高,其劳动密集型产品的国际竞争力在相对减弱。

5.3.3 进口商品结构

2001—2011年匈牙利的进口商品结构及其变化趋势可用表5.6表示。

表5.6 匈牙利进口结构变化趋势(2001—2011年)(%)

产品 时间	资源密集型 产品	劳动密集型产品			资本与技术密集型产品		
	SITC0—4	SITC6+8	SITC6	SITC8	SITC5+7+9	SITC5	SITC7
2001	**10.02**	**25.72**	16.26	9.46	**64.27**	8.92	51.40
2002	**12.19**	**25.71**	16.30	9.41	**62.10**	9.09	51.60
2003	**10.54**	**25.44**	16.03	9.41	**64.03**	9.55	51.32
2004	**12.68**	**24.18**	15.80	8.38	**63.15**	9.34	52.82
2005	**15.58**	**21.05**	13.79	7.26	**63.39**	9.11	48.90
2006	**12.68**	**20.39**	13.85	6.54	**66.93**	9.09	47.66
2007	**14.72**	**20.69**	14.04	6.65	**64.60**	8.60	48.79
2008	**14.16**	**19.50**	13.23	6.27	**66.34**	9.17	45.72
2009	**13.96**	**18.84**	12.13	6.71	**67.20**	9.98	44.89
2010	**17.02**	**18.11**	12.16	5.95	**64.88**	9.91	45.87
2011	**18.97**	**18.81**	12.90	5.91	**62.22**	10.56	42.30

资料来源:同表5.1。

从表5.6中可以得出以下几个基本结论。

(1)总体上看,2001—2011年匈牙利的进口商品结构变化较大,资源密集型比重从2001年的10.02%逐年提高到2011年的18.97%,劳动密集型产品的比重则从 2001 年的 25.72％逐年下降到 2011 年的 18.81％。而资本与技术密集型产品的比重平均约为 64.5％,变化趋势同其出口一样表现为平缓的倒"U"形:2008 年前基本表现为上升趋势,约提高 2 个百分点;受全球金融危机影响,2008 年后约下降 4 个百分点。

(2) 从年份上看,匈牙利 2004 年加入欧盟以及 2008 年的全球金融危机两件大事对其进口贸易的结构均没有明显的影响。

(3) 在四类制成品中,劳动密集型产品中的杂项制品(SITC8)的进口份额减少幅度最大,下降了 3.57 个百分点;资本与技术密集型产品中的未另列明的化学及其相关制品(SITC5)是四类制成品中进口比重唯一略有增长的一类产品;而比重较大的机械与运输类产品(SITC7)的进口比重则下降了 9.1 个百分点。

为了更好地了解匈牙利的进出口变动情况,根据表 5.4 和表 5.6 可得出匈牙利进出口贸易商品结构变化趋势,见图 5.2。

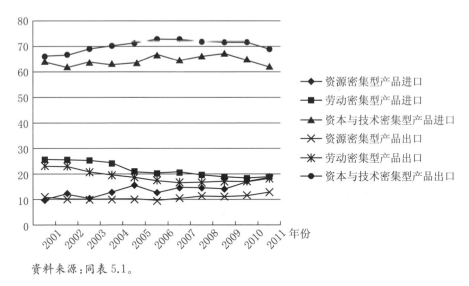

资料来源:同表 5.1。

图 5.2　匈牙利 2001—2011 年进、出口商品结构变化趋势(％)

通过对比可以发现:(1)资源密集型产品、劳动密集型产品和资本与技术密集型产品的进口结构变动趋势同其出口结构变动趋势基本一致。(2)资源密集型产品的进口份额和其出口份额均表现为上升趋势,且进口份额始终高于出口份额,增长速度也大于出口份额的增长速度。这是匈牙利贸易逆差的主要来源,由此类产品带来的贸易逆差逐年增大。(3)劳动密集型产品的进口份额和其出口份额均表现为下降趋势,且进口份额高于出口份额,下降速度也快于出口份额的下降速度。这是匈牙利贸易逆差的另一个来源,但由此类产品带来的贸易逆差在逐年减小,到2011年已基本达到了平衡。(4)资本与技术密集型产品的进口份额和出口份额均表现为平缓的倒"U"形,且出口比重始终远大于进口比重,这构成了匈牙利2001—2011年贸易顺差的主要来源。

5.4 产业内贸易

利用 UN-comtrade 数据库中 SITC 三位数层次上的分类数据,可计算出匈牙利2001—2011年间的 G-L 产业内贸易指数,以及 SITC 一级分类下的各类制成品产业内贸易指数结果,如表5.7所示。同时,为直观地表示2001—2011年间匈牙利的产业内贸易趋势,把表5.7的结果汇总成了图5.3。

表5.7　匈牙利2001—2011年间的产业内贸易指数

年份	SITC0—9	SITC5	SITC6	SITC7	SITC8
2001	**64.63**	66.21	65.74	**68.88**	62.86
2002	**64.11**	64.20	66.04	**68.02**	64.82
2003	**66.03**	66.11	68.21	**67.85**	74.36
2004	**66.87**	72.55	68.86	**68.07**	76.07
2005	**69.39**	73.04	72.94	**71.66**	77.99
2006	**69.82**	73.65	69.91	**72.21**	77.97
2007	**72.52**	74.26	71.00	**73.96**	76.98
2008	**71.24**	76.67	69.33	**72.95**	76.78
2009	**69.03**	80.43	69.94	**70.02**	74.68
2010	**70.00**	80.42	70.74	**71.70**	72.34
2011	**69.37**	79.98	70.49	**71.81**	72.24

资料来源:同表5.1。

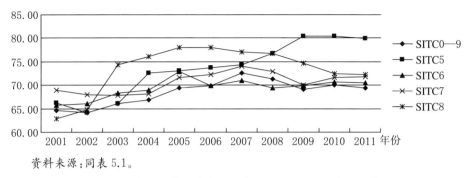

资料来源：同表 5.1。

图 5.3　匈牙利产业内贸易指数 2001—2011 年变化趋势

从表 5.7 和图 5.3 中可以看出以下结论。

（1）总体上，2001—2011 年匈牙利对外贸易指数总体上都超过了 64，表现出以产业内贸易为主的对外贸易模式，说明整体上匈牙利产业的国际化程度较高。产业内贸易指数在中东欧十六国中排名第二，仅低于捷克。在趋势上呈现出平缓的倒"U"形，2001 年匈牙利产业内贸易指数为 64.63，到 2007 年逐步增长到 72.52，到 2011 年又逐步下降到 69.37。这一趋势和其贸易均衡程度的变化趋势是一致的，2007 年之前匈牙利对外贸易表现为贸易逆差逐步缩小的趋势，随后转而呈现出贸易顺差逐步扩大趋势。

（2）产业内贸易指数增长幅度最大的制成品是化学及相关制品（SITC5），G-L 指数从 2001 年的 66.21 增长到 2011 年的 79.98，提高了近 14 个百分点；同时也是这一期间产业内贸易指数平均最高的制成品，G-L 指数平均高达 73.41。这一方面说明匈牙利的化学工业在 2001—2011 年得到了长足的发展，在国际产业链中的分工地位日益提高；另一方面，该类产品贸易逆差不断缩小的变化对其 G-L 指数的提高也有较大的贡献，2001 年化学及相关制品的贸易失衡度高达 23.41%[①]，到了 2011 年这一失衡度逐步下降到了 2.81%。

（3）产业内贸易指数波动幅度最大的制成品是杂项制品（SITC8），该类产品的 G-L 指数 2001 年仅 62.86，到 2005 年就提高到 77.99，随后逐渐下降到 2011 年的 72.24，但仍高于平均水平。这说明匈牙利的杂项制品国际化程度较深，有较强的国际竞争力。实际上，2001—2011 年杂项制品一直是匈牙利贸易顺差的一个重

---

① 贸易失衡度为进出口贸易差的绝对值与进出口贸易和之比。

要来源,而且 2005 年后,该类产品带来的贸易顺差在不断增长,这同时也构成了其 G-L 指数 2005 年后不断下降的一个重要因素。

(4) 机械及运输设备(SITC7)的产业内贸易指数变化趋势同匈牙利总体 G-L 指数的变化趋势基本一致,且略高于总体水平。这一方面表明该类产品变化趋势对总体贸易趋势有很大影响,实际上,在匈牙利贸易总额中机械及运输设备的比重始终保持在 50% 以上,这种影响是必然的;另一方面,也说明匈牙利的制造业国际化程度较高,考虑到该类产品始终表现为贸易顺差,且越来越大的顺差趋势对其 G-L 指数的影响并不大,可以认为匈牙利的机械及运输设备产业具有很强的国际竞争力。

(5) 匈牙利按原料分类的制成品(SITC6)同其总体 G-L 指数的变化趋势基本一致,且 2001—2011 年间该产业内贸易指数波幅很小,2001 年为 65.74,到 2005 年提高到 72.94,随后到 2011 年下降到 70.49;不同的是该类产品始终保持了贸易逆差。考虑到该类产品逐步缩小的贸易逆差对 G-L 指数的正面影响,可以认为,尽管匈牙利按原料分类的制成品产业有较高的国际化水平,但随着其劳动力成本的提高,该产业的国际竞争力有逐渐减弱的趋势。

5.5 基本结论

综上所述,匈牙利对外货物贸易的结构特征可归纳为以下四个方面。

(1) 总体上讲,匈牙利货物贸易增长迅速,2001—2011 年匈牙利对外货物贸易总额平均每年增长 12.72%,其中出口平均每年增长 13.81%,进口平均每年增长 11.65%,略高于同期全球货物贸易总额平均 10% 的增速。2001—2008 年匈牙利保持了逐年相对缩小的贸易逆差,2009—2011 年则保持了逐年扩大的贸易顺差。贸易的快速增长带来的结果是匈牙利对外贸易的依存度在不断地提高,从 2001 年的 145.35% 上升到 2011 年的 180.69%,说明了匈牙利在走向发达国家的进程中,其宏观经济对全球市场的依赖性非常大,且还有进一步扩大的趋势;同时也表明其对外开放程度及参与国际分工的程度都在不断提高。

　　（2）从市场结构上讲,匈牙利的对外货物贸易中心结构明显,约 80% 的贸易量集中在欧洲,其中,仅德国就占据了四分之一贸易份额。此外,在东欧,俄罗斯构成了匈牙利对外贸易的市场中心;在亚洲,中国、日本和韩国构成了匈牙利的对外贸易市场中心;在北美,美国构成了匈牙利的对外贸易市场中心。2001—2011年匈牙利的贸易伙伴国在不断地增加,几乎覆盖了全世界所有的国家与地区。随着贸易伙伴国的增加,匈牙利在各国市场上的贸易份额趋于分散化,有效地降低了匈牙利对外贸易的市场风险。2001—2011 年匈牙利的前十大国家贸易伙伴国集中在德国、奥地利、俄罗斯、斯洛伐克、意大利、罗马尼亚、波兰、法国、中国、捷克、荷兰、英国、比利时、美国和日本等 15 个国家,这些国家的市场份额占据了匈牙利对外贸易总量的三分之二以上比重。匈牙利的贸易顺差来源国主要集中在欧盟国家,而贸易逆差来源国主要集中在东亚和俄罗斯。

　　（3）从商品结构上讲,2001—2011 年资源密集型产品、劳动密集型产品和资本与技术密集型产品对外贸易额比例大致保持在 15∶20∶65。其中,资源密集型产品的进、出口额比重均略有上升,且进口比重远大于出口比重,构成了贸易逆差的一个重要组成部分;劳动密集型产品的进、出口比重均略呈下降趋势,且进口比重略高于出口比重,构成了匈牙利对外贸易逆差的另一个来源,但存在贸易平衡的趋势;资本与技术密集型产品的出口比重明显高于进口比重贸易,构成了匈牙利这一期间贸易顺差的主要来源,该类商品进、出口比重的变化均表现为平缓的倒“U”形。对比全球贸易的出口商品结构还可以发现:2001—2011 年匈牙利只有机械及运输设备(SITC7)具有较强比较优势,资源密集型产品中的食品和活动物(SITC0)类产品有中等比较优势,其他产品则以比较弱势为主。

　　（4）从产业内贸易上讲,2001—2011 年匈牙利产业内贸易指数平均高达68.5,以产业内贸易为主的贸易模式特征明显,表明匈牙利的产业总体上在国际产业链中具有较高的地位。从趋势上讲,多数制成品产业内贸易指数及总体G-L指数都成倒“U”形,处于下降趋势。这一趋势虽受到其贸易不平衡趋势的影响,但也说明其多数产业在 2008 年全球金融危机之后在国际分工的地位有下降趋势。

第6章

斯洛伐克对外货物贸易结构

2011 年斯洛伐克国内生产总值为 960 亿美元,人均国内生产总值为 17 646 美元,经济总量在中东欧十六国中位居第五,在经济水平上属发达国家。按联合国发布的《2011 年人类发展报告》,斯洛伐克的社会发展水平排名第 35 位,属于人类发展水平极高组。1993 年 1 月斯洛伐克独立后,继续推行多党议会制民主政治与市场经济,进入 21 世纪以来经济增长迅速。近年来,斯洛伐克政府大力吸引外资,逐渐形成了以汽车、电子产业为支柱,出口为导向的外向型市场经济。斯洛伐克的主要贸易伙伴国有:德国、捷克、俄罗斯、匈牙利、奥地利和波兰等国家;主要出口商品有:钢材、电子产品、交通工具、机械产品、化工产品、矿物燃料、金属和金属制品、电力设备等;主要进口商品有:石油、天然气、机械设备、原材料、食品、化工产品等。

6.1 斯洛伐克对外货物贸易总况

从贸易规模上看,2001—2011 年间斯洛伐克的对外货物贸易保持了高速发展,货物贸易总额平均每年增长 18.93%,其中,出口平均每年增长 20.04%,进口平均每年增长 17.91%,远远高于全球货物贸易总额 10% 的平均增速。由此,斯洛伐克的贸易总额在全球贸易总额中的比重和排名不断上升,比重由2001年的0.22%提升到2011年的0.49%,排名由2001年的第49位上升到2011年的第35位。从贸易平衡的角度看,2001—2011年斯洛伐克在大多数年份(2001—2008年以及2010年)保持了小幅的贸易逆差;且出口平均增速大于进口平均增速,贸易失衡度在不断地下降,2009年和2011年实现了小幅贸易顺差。

从各年的贸易情况来看,有两个年份的贸易增长出现了异常。第一个是2003年,2003年出口贸易增速高达51.4%,进口贸易增速高达35.9%,进出口增速均是11年最高,尤其是出口增速超过了50%,因此使得2003年的贸易逆差比其他逆差年份都小。第二个是2009年,受困于2008年的全球金融危机,2009年的进出口增速分别为−20.9%和−24.0%,总贸易额的增速为−22.47%,基本和全球贸易的平均负增长幅度一致,说明全球金融危机对斯洛伐克的国际贸易影响一般。斯洛伐克对外货物贸易更详细的发展变化情况参见表6.1。

表6.1 斯洛伐克货物贸易发展趋势(2001—2011年)(亿美元,%)

年份	出口		进口		贸易差额	总贸易在全球中的		全球贸易增速
	金额	增速	金额	增速		比重	排名	
2001	126.4	6.3	147.7	15.6	−21.3	0.22	49	−3.17
2002	144.8	14.6	166.3	12.6	−21.5	0.24	48	4.65
2003	219.2	51.4	226.0	35.9	−6.8	0.30	44	16.38
2004	278.6	27.1	294.6	30.3	−15.9	0.32	45	21.68
2005	318.5	14.3	342.3	16.2	−23.7	0.33	49	13.06
2006	416.7	30.9	447.6	30.8	−30.7	0.36	43	16.27
2007	580.4	39.2	592.1	32.3	−11.7	0.44	38	14.21
2008	701.9	20.9	726.1	22.6	−24.2	0.46	40	15.59
2009	555.5	−20.9	551.6	−24.0	3.9	0.46	39	−22.71
2010	640.0	15.2	643.8	16.7	−3.8	0.44	41	21.06
2011	784.9	22.6	766.9	19.1	18.0	0.49	35	9.32

2001—2011年斯洛伐克年均增速:总贸易为18.93%;出口为20.04%;进口为17.91%
2001—2011年全球年均增速:总贸易为10%

资料来源:根据联合国商品贸易统计数据库中相应数据计算得出。

伴随斯洛伐克对外贸易的发展,对外贸易对斯洛伐克宏观经济的影响和贡献越来越明显。从斯洛伐克的对外贸易依存度这一指标来看,从2002年的104.31%上升到2011年的177.24%,其中,服务贸易占GDP的比重仅有14.21%—14.90%,11年间基本保持不变。因此,斯洛伐克极高的对外贸易依存度主要源于其极高的对外货物贸易依存度,对外贸易依存度的增长同样主要源于对外货物贸易的增长。详细的情况参见图6.1。

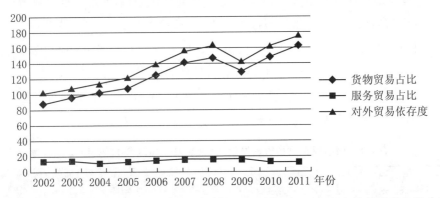

资料来源:根据世界银行数据库(http://data.worldbank.org.cn)及联合国商品贸易统计数据库(UN-comtrade)中相应数据计算得出。

图6.1 斯洛伐克对外贸易依存度及变化趋势(%)

斯洛伐克对外贸易依存度增长快速,表明了其外向型经济特征非常明显。在其经济发展的过程中,对外开放以及参与国际分工的程度不断加深,越来越依赖国际市场;也说明外国经济对斯洛伐克经济的影响作用越来越强。

6.2 市场结构

为简化说明,这里只列举了斯洛伐克2001年、2006年及2011年的总贸易、进口及出口前十大贸易伙伴国的市场份额构成情况(详见表6.2),同期的贸易逆差与贸易顺差主要来源地的情况(详见表6.3),以及对其2001—2011年的对外货物贸易市场结构特征的说明。

表6.2　斯洛伐克前十大贸易伙伴及其占斯洛伐克对外贸易的比重(%)

2001 年			2006 年			2011 年		
总贸易	出　口	进　口	总贸易	出　口	进　口	总贸易	出　口	进　口
德 国 **25.8**	德 国 27.1	德 国 24.7	德 国 **21.2**	德 国 23.1	德 国 19.4	德 国 **18.6**	德 国 20.4	德 国 16.7
捷 克 **15.8**	捷 克 16.6	捷 克 15.1	捷 克 **12.8**	捷 克 14.3	捷 克 11.4	捷 克 **12.4**	捷 克 14.2	俄罗斯 11.2
俄罗斯 **8.4**	意大利 8.8	俄罗斯 14.8	俄罗斯 **6.7**	意大利 6.5	俄罗斯 11.3	俄罗斯 **7.4**	波 兰 7.3	捷 克 10.7
意大利 **7.5**	奥地利 8.1	意大利 6.4	意大利 **5.4**	波 兰 6.2	意大利 4.4	波 兰 **5.7**	匈牙利 7.1	韩 国 6.4
奥地利 **6.0**	波 兰 5.8	奥地利 4.1	波 兰 **5.2**	奥地利 6.1	匈牙利 4.4	匈牙利 **5.6**	奥地利 7.0	中 国 6.1
波 兰 **4.4**	匈牙利 5.4	法 国 3.9	匈牙利 **5.1**	匈牙利 6.0	波 兰 4.2	法 国 **4.9**	法 国 6.4	波 兰 4.1
法 国 **3.9**	法 国 3.9	波 兰 3.2	奥地利 **4.6**	法 国 4.3	韩 国 3.9	奥地利 **4.7**	意大利 5.0	匈牙利 4.0
匈牙利 **3.9**	荷 兰 2.8	匈牙利 2.6	法 国 **3.7**	荷 兰 4.2	中 国 3.7	中 国 **4.3**	俄罗斯 3.7	法 国 3.4
英 国 **2.5**	英 国 2.5	英 国 2.5	荷 兰 **2.7**	英 国 3.9	奥地利 3.2	意大利 **4.2**	英 国 3.6	意大利 3.4
荷 兰 **2.1**	比利时 2.4	西班牙 2.4	英 国 **2.6**	美 国 3.2	法 国 3.1	韩 国 **3.3**	中 国 2.6	奥地利 2.3
80.3	**83.5**	**79.7**	**70.0**	**77.7**	**69.2**	**71.1**	**77.2**	**68.3**

注：国家下面的数字为这一市场占斯洛伐克对外贸易额的比重，最后一行为合计。

资料来源：同表6.1。

从表6.2中可以看出，不管是从总贸易额，还是单从进口或是出口额来看，斯洛伐克的主要贸易伙伴国都没有发生太大变化；不过，前十大贸易伙伴国的市场份额占比均有所降低。这种变化有利于斯洛伐克的贸易发展，可以有效降低外国经济波动带来的贸易风险。

从总体贸易来看，这三个年份里，斯洛伐克前十大贸易伙伴国比较稳定，其中有8个没有发生过变化，这8个国家分别是德国、捷克、俄罗斯、波兰、匈牙利、法国、奥地利、意大利,其市场份额占总贸易额的比重,分别为 75.7%、65.1% 和 63.5%。其中,除了俄罗斯之外全部是欧盟国家,可见斯洛伐克欧盟区域内贸易特征比较显著。另外的一些重要贸易伙伴国包括中国、英国、荷兰和韩国。这种市场结构可以称为"中心突出的区域内贸易结构",即斯洛伐克的对外贸易主要是在欧盟内部进行的,且以德国为中心,同德国间的贸易额平均占到了五分之一的份额。

从出口角度看,斯洛伐克出口目的地亦比较稳定,前十大出口目的地中也有 8 个未发生变化,分别是:德国、捷克、英国、波兰、匈牙利、法国、奥地利、意大利,8 个国家全部是欧盟国,在所研究的三个年份里,这 8 个国家在斯洛伐克的总出口占比分别为 78.3%、70.3% 和 70.9%,其余几个重要的出口目的地包括荷兰、比利时、俄罗斯、美国和中国。出口市场结构和总贸易额的市场结构一样,亦为"中心突出的区域内贸易结构",斯洛伐克出口到欧盟内部的份额占到了其总出口的五分之四以上,单是德国就占据了其五分之一以上的份额。如此集中的出口市场结构不利于斯洛伐克的贸易发展,出口很容易受到欧盟地区经济波动的冲击。

从进口角度看,斯洛伐克的前十大进口来源国也有 8 个未发生变化,分别为:德国、捷克、俄罗斯、波兰、匈牙利、法国、奥地利、意大利,其中除了俄罗斯均为欧盟国家,这种结构和总体贸易及出口市场结构完全一样。在所研究的三个年份里面,这 8 个国家在斯洛伐克的总进口中占比依次为 74.8%、61.6% 和 55.8%,下降比较明显。斯洛伐克的其他几个重要的进口来源地主要是亚洲的韩国和中国,并且这两个国家的总比重在增加,2006 年和 2011 年的比重分别为 7.6% 和 12.5%。

对比斯洛伐克的逆顺差来源地的分布(2001—2011 年),如表 6.3 所示,可以进一步了解其对外贸易市场结构。

总体来看,2001—2011 年斯洛伐克的逆差主要来源于俄罗斯及东亚地区,而贸易顺差则主要来源于欧盟内部,且贸易逆差与顺差来源地都比较集中。其中,2001 年、2006 年和 2011 年斯洛伐克的前五大贸易逆差来源地主要集中在俄罗斯、中国、日本、韩国、马来西亚、德国和西班牙等 7 个国家,来自前五大贸易逆差来源地的贸易逆差总额均占到了斯洛伐克所有贸易逆差来源地总额的一半以上,不过这种逆差的集中程度在不断减小,从 2001 年的 72.7% 下降到 2011 年的 52.8%。

表6.3　斯洛伐克对外贸易顺差和逆差前五大来源地及其比重(%)

来源地 \ 排序 年份	1	2	3	4	5	合计
贸易逆差来源地 2001	俄罗斯 51.1	日 本 5.6	德 国 5.5	中 国 5.5	西班牙 5.0	**72.7**
贸易逆差来源地 2006	俄罗斯 29.8	韩 国 11.4	中 国 9.8	日 本 5.1	马来西亚 1.3	**57.5**
贸易逆差来源地 2011	俄罗斯 20.9	韩 国 17.5	中 国 9.4	日 本 3.9	马来西亚 1.1	**52.8**
贸易顺差来源地 2001	奥地利 22.1	匈牙利 16.1	波 兰 13.7	意大利 9.3	荷 兰 7.4	**68.5**
贸易顺差来源地 2006	荷 兰 10.0	奥地利 9.2	英 国 8.4	德 国 8.2	捷 克 7.3	**43.1**
贸易顺差来源地 2011	奥地利 12.7	德 国 10.9	捷 克 10.1	波 兰 8.9	法 国 8.4	**51.1**

注:国家下面的数字表示斯洛伐克来源于该国的贸易逆差(顺差)占其贸易逆差(顺差)总额的百分比。

资料来源:同表6.1。

同期的前五大贸易顺差来源地主要集中在奥地利、匈牙利、波兰、荷兰、意大利、德国、英国、捷克和法国等9个欧盟国家,其中,德国2001年还是斯洛伐克贸易逆差前五大来源地之一,而到了2006年就成为贸易顺差前五大来源国之一。来自前五大贸易顺差来源地的贸易顺差总和均占到斯洛伐克所有贸易顺差来源地总和的一半以上。不过这种逆差的集中程度也在不断减小,从2001年的68.5%降到2011年的51.1%,而且在2006年这一比重只有43.1%。贸易顺差及贸易逆差市场集中度的下降表明斯洛伐克对外贸易市场结构在不断地优化,有利于贸易平衡的实现。

6.3　商品结构

6.3.1　出口商品

2001—2011年斯洛伐克出口商品结构及其变化趋势如表6.4所示。

表6.4　斯洛伐克出口商品结构变化趋势(2001—2011年)(%)

年份	资源密集型产品	劳动密集型产品			资本与技术密集型产品		
	SITC0—4	SITC6+8	SITC6	SITC8	SITC5+7+9	SITC5	SITC7
2001	**13.21**	**40.91**	27.36	13.55	**45.88**	7.30	38.57
2002	**12.47**	**41.05**	26.76	14.29	**46.49**	6.91	39.54
2003	**10.65**	**36.76**	23.74	13.02	**52.59**	5.18	47.39
2004	**12.81**	**35.92**	24.78	11.14	**51.26**	5.35	45.78
2005	**13.25**	**35.14**	24.56	10.58	**51.61**	5.49	44.21
2006	**11.96**	**32.34**	22.71	9.63	**55.68**	4.89	48.02
2007	**10.38**	**30.19**	20.70	9.49	**59.42**	4.56	52.84
2008	**10.75**	**28.65**	19.73	8.92	**60.59**	4.38	53.96
2009	**11.24**	**29.04**	18.68	10.36	**59.71**	4.47	54.95
2010	**11.45**	**28.96**	19.07	9.89	**59.58**	4.67	54.64
2011	**13.33**	**28.39**	18.64	9.75	**58.27**	4.93	53.17

资料来源:同表6.1。

总体来看,斯洛伐克的出口商品中资源密集型产品的份额一直比较稳定,自2001—2011年仅仅变化了0.12个百分点;与此同时,工业制成品中的劳动密集型产品在总出口中的比重下降12.52个百分点,资本与技术密集型产品的比重上升12.39个百分点,出口商品结构表现出了不断优化的趋势。

资源密集型产品中,第1类(饮料及烟草)和第4类产品(动植物油、脂和蜡)所占的份额不到0.5%,主要是集中在其他三类产品,其中第3类(矿物燃料、润滑油及有关原料)产品占据了本类产品中的五成。在工业制成品中,劳动密集型产品中的两类产品占出口总额的比重都在下降,其中,第6类产品(按原料分类的制成品)下降8.72个百分点,第8类(杂项制品)下降3.80个百分点。资本与技术密集型产品占总出口的比重上升趋势明显,比重最高年份(2008年)达到60.59%,总体上自2001—2011年共上升12.39个百分点。其中,占据主导的是第7类产品(机械及运输设备),占该类产品的90%。近年来,斯洛伐克政府不断加强法制建设,改善企业经营环境,大力吸引外资,逐渐形成以汽车、电子产业为支柱,出口为导向的外向型市场经济。由此,斯洛伐克的机械和运输设备类产品在整个国际贸易中比重得到了不断的提升。

6.3.2 比较优势

为了进一步分析斯洛伐克的出口商品结构,采用巴氏显性比较优势指数(RCA),计算可得斯洛伐克各类产品的 RCA 指数,如表 6.5 所示。

表 6.5 斯洛伐克出口商品 RCA 指数

年份	SITC0	SITC1	SITC2	SITC3	SITC4	SITC5	SITC6	SITC7	SITC8
2001	0.476	0.459	**1.099**	0.689	0.452	0.751	**2.020**	**0.955**	1.077
2002	0.483	0.443	**0.965**	0.654	0.388	0.656	**1.963**	**0.999**	1.119
2003	0.437	0.392	**0.813**	0.542	0.341	0.487	**1.750**	**1.203**	1.055
2004	0.561	0.356	**0.915**	0.616	0.483	0.501	**1.771**	**1.174**	0.944
2005	0.767	0.317	**0.923**	0.472	0.434	0.515	**1.773**	**1.159**	0.918
2006	0.760	0.253	0.730	0.399	0.294	0.474	**1.617**	**1.286**	0.876
2007	0.664	0.244	0.623	0.352	0.166	0.429	**1.430**	**1.428**	0.862
2008	0.586	0.202	0.659	0.309	0.148	0.418	**1.435**	**1.567**	0.865
2009	0.614	0.251	0.675	0.351	0.462	0.388	**1.481**	**1.602**	0.895
2010	0.616	0.192	0.664	0.357	0.291	0.416	**1.456**	**1.572**	0.898
2011	0.678	0.280	0.582	0.504	0.385	0.441	**1.368**	**1.520**	0.872

资料来源:同表 6.1。

总体来看,斯洛伐克多数出口产品在国际贸易中处于相对的比较劣势,只有三类产品(SITC6—8)的 RCA 指数在 2001—2011 年一直维持在 0.8 以上,五类产品在此期间一直处于临界值 0.8 以下,一类产品(SITC—2)由比较优势转变为比较劣势。其中,初级产品的各类产品几乎一直处于比较劣势,只有第 2 类产品(不包括燃料的非食用原料)例外,由比较优势转变为比较劣势(2001 年为 1.099,2011 年为 0.582)。劳动密集型产品在 2001—2011 年间基本具有较强的相对比较优势,但比较优势下降趋势非常明显,第 6 类(按原料分类的制成品)和第 8 类(杂项制品)下降幅度分别为 32% 和 19%。资本与技术密集型产品中的第 7 类产品(机械及运输设备)的相对比较优势得到了大幅的提高,RCA 指数由 2001 年的 0.955 增加到 2011 年的 1.520,增加幅度为 59%。这些变化和表 6.5 反应出的变化趋势具有一致性。

6.3.3 进口商品结构

2001—2011 年斯洛伐克的进口商品结构及其变化趋势可用表 6.6 表示。

表 6.6 斯洛伐克进口商品结构变化趋势(2001—2011 年)(％)

年份	资源密集型产品	劳动密集型产品			资本与技术密集型产品		
	SITC0—4	SITC6＋8	SITC6	SITC8	SITC5＋7＋9	SITC5	SITC7
2001	**24.53**	**27.50**	18.48	9.02	**47.95**	10.31	37.62
2002	**22.34**	**28.79**	19.10	9.69	**48.86**	10.67	38.18
2003	**20.00**	**29.17**	19.03	10.14	**50.84**	9.81	41.02
2004	**21.21**	**29.40**	18.96	10.44	**49.40**	9.80	39.46
2005	**22.61**	**29.02**	17.97	11.05	**48.39**	9.77	37.80
2006	**21.46**	**30.17**	16.95	13.22	**48.36**	8.89	38.86
2007	**18.88**	**27.94**	17.33	10.61	**53.18**	8.76	43.92
2008	**21.11**	**26.79**	16.99	9.80	**52.10**	8.70	42.98
2009	**21.07**	**26.43**	15.07	11.36	**52.49**	9.5	42.64
2010	**22.56**	**25.66**	15.22	10.44	**51.79**	8.46	42.95
2011	**24.49**	**26.48**	15.52	10.96	**49.04**	8.81	39.91

资料来源:同表 6.1。

总的来看,2001—2011 年斯洛伐克的进口结构同出口商品结构一样没有什么变化。其中,资源密集型产品在总进口额中的比重只下降 0.04％,波幅也不过 6％,最低值为 2007 年的 18.88％,最高为 2001 年的 24.53％。劳动密集型产品的比重仅下降 1.02％,波幅不到 5％,最高为 2006 年的 30.17％,最低值为 2009 年的 26.43％。不过,劳动密集型产品中的第 8 类产品(杂项制品)的进口比重略有上升,而第 6 类产品的比重(按原料分类的制成品)则有小幅的下降。资本与技术密集型产品的进口比重仅提高了 1.09％,比重最高时为 2007 年的 53.18％,最低为 2001 年的 47.95％,该类产品中占主导地位的是第 7 类产品,占了其 80％左右的份额。

为了更好地说明斯洛伐克的对外贸易商品结构变化趋势,可把表 6.4 和表 6.6 汇总成图 6.2。

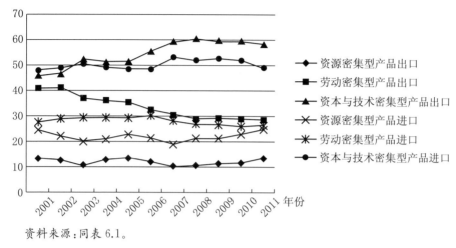

资料来源:同表6.1。

图 6.2　斯洛伐克 2001—2011 年进、出口商品结构变化趋势(%)

　　总体来看,2001—2011 年资源密集型产品的进、出口份额相对稳定;劳动密集型产品的出口份额下降趋势明显、进口份额则相对稳定;而资本与技术密集型产品的进、出口份额总体上都略有上升趋势。其中,资源密集型产品的进口份额始终高于出口份额,构成了该期间斯洛伐克贸易逆差的主要来源;劳动密集型产品的出口份额始终大于进口份额,除 2006 年外,该类产品始终表现为贸易顺差[1],但由此带来的贸易顺差在不断地减小,2006 年后基本为贸易平衡状态;资本与技术密集型产品除 2003 年外的 2001—2005 年间一直处于贸易逆差,而 2006 年开始该类产品一直为贸易顺差[2],且由此带来的贸易顺差在不断地扩大,这构成了斯洛伐克贸易顺差的主要来源。

6.4　产业内贸易

　　利用 UN-comtrade 数据库中 SITC 三位数层次上的分类数据,可计算出斯洛

---

[1]　2006 年斯洛伐克劳动密集型产品贸易逆差为 0.22 亿美元。

[2]　2001—2011 年资本与技术密集型产品贸易顺差为 −12.84、−13.94、0.37、−2.66、−1.27、15.64、30.02、46.97、42.18、47.89、81.28(单位:亿美元)。

伐克 2001—2011 年间的 G-L 产业内贸易指数,以及 SITC 一级分类下的各类制成品产业内贸易指数,结果如表 6.7 所示。同时为了直观地表示 2001—2011 年间斯洛伐克的产业内贸易趋势,把表 6.7 的结果汇总成了图 6.3。

表 6.7　斯洛伐克 2001—2011 年间的产业内贸易指数

年份	SITC0—9	SITC5	SITC6	SITC7	SITC8
2001	**52.73**	58.00	59.09	**59.44**	57.02
2002	**53.61**	57.58	60.75	**57.68**	57.23
2003	**55.73**	55.00	60.51	**60.87**	56.50
2004	**56.93**	52.96	62.10	**62.14**	60.82
2005	**56.44**	56.26	64.08	**60.46**	60.05
2006	**54.44**	55.76	67.97	**55.28**	59.58
2007	**54.55**	54.80	70.95	**50.60**	68.48
2008	**57.03**	57.20	72.16	**56.06**	68.00
2009	**59.31**	54.00	73.23	**57.75**	72.22
2010	**60.87**	60.56	71.81	**59.90**	74.33
2011	**61.89**	62.47	72.23	**62.23**	75.02

资料来源:同表 6.1。

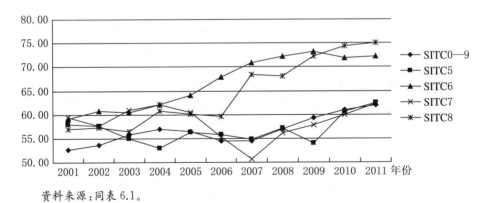

资料来源:同表 6.1。

图 6.3　斯洛伐克产业内贸易指数 2001—2011 年变化趋势

从表 6.7 和图 6.3 中可以看出以下结论。

(1)总体上斯洛伐克的对外贸易以产业内贸易为主。2001—2011 年斯洛伐克对外贸易指数平均达到了 56.7,在中东欧十六国中排名第 6 位,且上升趋势明显:2001 年的斯洛伐克的 G-L 指数为 52.73,到 2011 年提升到 61.89,增加 9.16 个百分点。斯洛伐克产业内贸易指数的提升一方面得益于其参与国际分工的程度不断深入,产业国际竞争力的不断提升,以及由此带来的工业化程度的提高和人民收入水平的提高;另一方面也得益于其贸易逆差的不断缩小:2001 年斯洛伐克的进出口比高达 1.17,随后逐渐降低,2009 年后基本实现了贸易平衡。

(2) 劳动密集型制成品的产业内贸易指数增长幅度最大,且平均指数最高。其中,按原料分类的制成品(SITC6)2001—2011 年的 G-L 指数增长了 13.14 个百分点,平均高达 66.81,是四类制成品中 G-L 指数最高的一类;同时,杂项制品(SITC8)2001—2011 年的 G-L 产业内贸易指数平均高达 64.48,增长了 18 个百分点,是四类制成品中 G-L 指数增长最快的一类。这表明斯洛伐克的劳动密集型产业已较深地融入到了国际产业链中,日益提高了其在国际分工中的地位。需要说明的是,这两类产品的产业内贸易指数的变化趋势和其贸易差的变化趋势并不一致:原料分类的制成品 2001—2011 年始终保持了较大的贸易顺差;而杂项制品先是有贸易顺差,自 2005 年起保持了较大的贸易逆差。贸易失衡为什么对斯洛伐克的劳动密集型产品产业内贸易指数影响不明显,需做进一步的研究。

(3) 技术与资本密集型产品的产业内贸易指数总体变化趋势呈现为先提高后下降、然后再提高的趋势。2001—2004 年这两类产品(SITC5、SITC7)的 G-L 指数表现出明显增长趋势,但 2004 年加入欧盟后,一直到 2007 年机械及运输设备(SITC7)出现了明显的下降趋势,降幅高达 11.54 个百分点;化学及相关制品(SITC5)虽然没出现下降,但增长很慢。这表明加入欧盟对提高斯洛伐克的技术与资本密集型产业的国际竞争力影响并不显著,甚至出现了负面的影响。2007—2011 年斯洛伐克的技术与资本密集型产品的产业内贸易指数有了明显的提高,这表明近年来斯洛伐克政府推行的改善企业经营环境,大力吸引外资,建立以汽车和电子产业为支柱、出口为导向的外向型市场经济政策,对加强其高科技产业(主要集中在 SITC5、SITC7)的国际竞争力产生了非常明显的效果。

6.5　基本结论

综上所述,斯洛伐克对外货物贸易的结构特征可归纳为以下四个方面。

(1)总体上讲,斯洛伐克货物贸易增长迅速,2001—2011年斯洛伐克对外货物贸易总额平均每年增长18.93%,同时大多数年份(除2009年、2011年外)保持了小幅贸易逆差。其中,出口平均每年增长20.04%,进口平均每年增长17.91%,远高于全球同期10%的平均增长速度。由此,其在全球贸易总额中的排名由2001年的第49位上升到2011年的35位。贸易的快速增长带来的结果是斯洛伐克对外贸易的依存度在不断地提高,从2002年的104.31%上升到2011年的177.24%,说明斯洛伐克在走向发达国家的进程中,其宏观经济对全球市场的依赖性非常大,且还有进一步扩大的趋势;同时也表明其对外开放程度及参与国际分工的程度都在不断提高。

(2)在市场结构上,斯洛伐克的对外货物贸易市场表现为明显的"中心突出的区域内贸易"结构,其80%以上的贸易量集中在欧盟内部,其中,仅德国就占据了五分之一贸易份额。2001—2011年斯洛伐克的前十大贸易伙伴国集中在德国、捷克、俄罗斯、波兰、匈牙利、法国、奥地利、意大利、中国、英国、荷兰和韩国等12个国家上,同这些国家的贸易占据了斯洛伐克对外贸易总量70%以上的市场份额。在这一时期,斯洛伐克贸易顺差的主要来源于欧盟内部,而贸易逆差主要来源于俄罗斯和东亚地区。2001—2011年斯洛伐克的贸易伙伴国几乎覆盖了全世界所有的国家与地区,随着贸易伙伴国的增加,斯洛伐克在各国市场上的贸易份额趋于分散化,有效地降低了其对外贸易的市场波动风险。

(3)在商品结构上,2001—2011年资源密集型产品、劳动密集型产品和资本与技术密集型产品对外贸易额比例大致保持在15:30:55。其中,资源密集型产品的进、出口额比重均略有上升,且进口比重远大于出口比重,构成了贸易逆差的一个重要组成部分;劳动密集型产品的进口比重相对稳定,而出口比重出现了大幅下降趋势,构成了斯洛伐克对外贸易顺差的一个来源;资本与技术密集型产品的出口比重 2003 年后明显高于进口比重贸易,构成了斯洛伐克贸易 2003—2011 年顺差的主要来源,且出口份额有明显的扩大趋势,进口份额则基本上没有变化。对比全球贸易的出口商品结构可以发现:2001—2011 年斯洛伐克的劳动密集型产品中原材料划分的制成品(SITC6)和资本与技术密集型产品中机械及运输设备产品(SITC7)始终具有较强的比较优势,属于劳动密集型产品的杂项制品(SITC8)则始终具有中等比较优势,其他产品则以比较弱势为主。

　　(4) 从产业内贸易上讲,2001—2011 年斯洛伐克产业内贸易指数平均达到了56.7,以产业内贸易为主的贸易模式特征比较明显。从趋势上讲,整体产业内贸易指数逐年上升的趋势比较明显,在四类制成品中,劳动密集型的两类产品的产业内贸易指数上升速度都较快;资本与技术密集型的两类产品的产业内贸易指数增幅不大,且表现为先提高后下降、然后再提高的趋势。

第7章

克罗地亚对外货物贸易结构

2011 年克罗地亚国内生产总值(GDP)为 639 亿美元,人均国内生产总值为 14 488 美元,经济总量在中东欧十六国中位居第 6 位,在经济水平上属发达国家。按联合国发布的《2011 年人类发展报告》,克罗地亚的社会发展水平排名第 46 位,属于人类发展水平极高组。1991 年克罗地亚转型后,开始推行多党议会制民主政治与市场经济,进入 21 世纪以来经济增长迅速。但 2009 年后,经济受全球金融危机和欧洲主权债务危机影响较大,2009—2011 年 GDP 均为负增长[①]。克罗地亚的主要贸易伙伴国有:德国、斯洛文尼亚、意大利、俄罗斯、波黑和奥地利等国家;主要出口商品有:轻工产品、化工、农产品等;主要进口商品有:机械、化工、燃料、食品等。

7.1 克罗地亚对外货物贸易总况

从贸易规模上看,2001—2011 年间,克罗地亚货物贸易总额平均每年增长 10.08%,其中,出口平均每年增长 11.10%,进口平均每年增长 9.52%。总体上和全球货物贸易总额 10%的平均增速基本持平,因此,克罗地亚的贸易总额在全球贸易

---

① 资料来源:世界银行数据库,http://data.worldbank.org.cn。

总额中的比重和排名都基本没变,比重在 0.11%—0.14% 这一区间内变化,排名从 2001 年的第 66 位上升到 2011 年的 61 位,大多数年份的排名保持在第 65 位左右。

从贸易平衡的角度看,在 2001—2011 年的 11 年间,克罗地亚一直保持了较大的贸易逆差。其中,2001—2008 年克罗地亚的进口增速基本高于出口增速(除了 2004 年和 2006 年)。由此,其贸易失衡度在不断提高,到 2008 年达到最大。在接下来的三年,随着进口增幅的大幅下降,克罗地亚的贸易失衡有所缓解,在 2009 年之前进口总额基本都是出口总额的 2 倍,而 2010 年与 2011 年这个比例则下降到了 1.6 倍。

从各年的贸易情况来看,可以发现有一个年份的贸易增长出现了异常。2009 年,受困于 2008 年的全球金融危机,克罗地亚的对外贸易出现了大幅下降,2009 年的进、出口分别下降了 25.7% 和 31.0%,总贸易额下降了 29.33%,高于全球贸易 22.71% 的降幅,说明金融危机对克罗地亚的国际贸易影响较大。克罗地亚对外货物贸易更详细的发展变化情况参见表 7.1。

表 7.1　克罗地亚货物贸易发展趋势(2001—2011 年)(亿美元,%)

年份	出　口		进　口		贸易差额	总贸易在全球中的		全球贸易增速
	金额	增速	金额	增速		比重	排名	
2001	46.7	5.3	91.5	16.0	−44.8	0.11	66	−3.17
2002	49.0	5.1	107.2	17.2	−58.2	0.12	64	4.65
2003	61.9	26.2	142.1	32.5	−80.2	0.14	60	16.38
2004	80.2	29.7	165.9	16.8	−85.7	0.14	60	21.68
2005	87.7	9.3	185.6	11.9	−97.9	0.13	64	13.06
2006	103.8	18.3	215.0	15.9	−111.3	0.14	66	16.27
2007	123.6	19.1	258.3	20.1	−134.7	0.14	66	14.21
2008	141.2	14.3	307.3	19.0	−166.0	0.14	66	15.59
2009	104.9	−25.7	212.1	−31.0	−107.1	0.13	66	−22.71
2010	118.1	12.6	200.7	−5.4	−82.6	0.11	67	21.06
2011	133.6	13.2	227.2	13.2	−93.5	0.11	61	9.32
2001—2011 年克罗地亚年均增速:总贸易为 10.08%;出口为 11.10%;进口为 9.52% 2001—2011 年全球年均增速:总贸易为 10%								

资料来源:根据联合国商品贸易统计数据库中相应数据计算得出。

从克罗地亚的对外贸易依存度这一指标来看,2001—2008年基本上保持在90%左右,2009年后出现了大幅下降,2009—2011年基本保持在76%左右,其中,服务贸易占其GDP的比重为25.38%—29.64%。对外贸易依存度的下降主要源于对外货物贸易的减少,尤其是2008年的全球金融危机以后,克罗地亚对外贸易依存度下降趋势明显,详细情况参见图7.1。

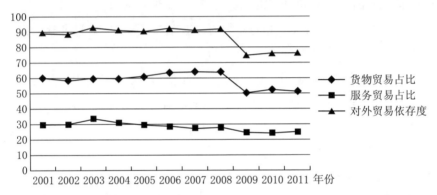

资料来源:根据世界银行数据库(http://data.worldbank.org.cn)及联合国商品贸易统计数据库(UN-comtrade)中相应数据计算得出。

图7.1　克罗地亚对外贸易依存度及变化趋势(%)

克罗地亚对外贸易依存度的下降说明:在2008年全球金融危机后,克罗地亚的对外贸易还没有恢复到2008年的水平,经济对外开放程度有所降低,宏观经济对全球市场的依赖性有所减弱。

7.2　市场结构

为简化说明,这里只列举了克罗地亚2001年、2006年及2011年的总贸易、进口及出口前十大贸易伙伴国的市场份额构成情况(详见表7.2),以及同期的贸易逆差与贸易顺差主要来源地的情况(详见表7.3),对其2001—2011年的对外货物贸易市场结构特征予以说明。

表7.2　克罗地亚前十大贸易伙伴及其占克罗地亚对外贸易的比重（%）

2001 年			2006 年			2011 年		
总贸易	出　口	进　口	总贸易	出　口	进　口	总贸易	出　口	进　口
意大利 20.0	意大利 23.7	意大利 18.1	意大利 18.8	意大利 23.1	意大利 16.7	意大利 16.2	意大利 15.8	意大利 16.4
德　国 16.5	德　国 14.8	德　国 17.3	德　国 13.2	波　黑 12.6	德　国 14.5	德　国 11.7	波　黑 12.3	德　国 12.6
斯洛文尼亚 8.2	波　黑 12.0	斯洛文尼亚 7.8	俄罗斯 7.2	德　国 10.3	俄罗斯 10.1	斯洛文尼亚 7.0	德　国 10.1	俄罗斯 7.2
奥地利 6.5	斯洛文尼亚 9.1	俄罗斯 7.2	斯洛文尼亚 6.9	斯洛文尼亚 8.2	斯洛文尼亚 6.3	波　黑 6.6	斯洛文尼亚 8.3	中　国 7.1
俄罗斯 5.3	奥地利 5.7	奥地利 6.9	波　黑 6.0	奥地利 6.0	奥地利 5.4	俄罗斯 5.4	奥地利 5.7	斯洛文尼亚 6.2
波　黑 5.0	法　国 3.5	法　国 4.4	奥地利 5.6	塞尔维亚 5.3	中　国 5.3	奥地利 4.9	塞尔维亚 3.9	奥地利 4.5
法　国 4.1	塞　黑 3.2	美　国 3.3	中　国 3.6	美　国 3.2	法　国 4.0	中　国 4.6	法　国 2.9	阿塞拜疆 3.5
美　国 3.0	利比里亚 3.0	匈牙利 2.6	法　国 3.3	瑞典 2.2	匈牙利 3.0	法　国 2.9	美　国 2.7	波　黑 3.3
匈牙利 2.1	美　国 2.6	英　国 2.5	匈牙利 2.6	法　国 2.1	波　黑 2.8	匈牙利 2.8	匈牙利 2.5	匈牙利 3.0
英　国 2.1	俄罗斯 1.8	捷　克 2.3	塞尔维亚 2.5	英　国 1.9	捷　克 2.3	塞尔维亚 2.6	卢森堡 2.5	法　国 3.0
72.9	79.4	72.2	69.8	74.9	70.4	64.7	66.5	66.8

　　注：每个国家下面的数字表示这一市场占克罗地亚对外贸易额的份额，最后一行为合计；波黑是波斯尼亚和黑塞哥维那的简称；塞黑是指塞尔维亚和黑山，于2006年解体为两个国家。

　　资料来源：同表7.1。

　　从表7.2中可以看出，克罗地亚的进、出口市场集中度均比较高，且有较明显的分散趋势。在所考察的三个年份里，克罗地亚对外总贸易额、进口和出口总额的排名在前十位的主要贸易伙伴国家变化不大。其中，总贸易额排名前十的国家主要有：意大利、德国、斯洛文尼亚、波黑、奥地利、俄罗斯、法国、匈牙利、中国、塞尔维亚、美国和英国等12个国家，且前8个国家在这三个年份均在克罗地亚前十大贸易伙伴国之列,这 8 个国家除俄罗斯和波黑外其他均为欧盟成员国,这些国家在这三个年份里占克罗地亚对外贸易总额的比重分别为:57.5%、50.4%和45.5%,其中仅意大利和德国两国的市场份额就分别占 36.5%、32%和 27.9%。可见,克罗地亚对外贸易的市场结构表现为明显地以意大利和德国为中心的欧盟区域内贸易特征。虽然说克罗地亚还不是欧盟成员国,但地处欧盟成员国周边,在贸易上受欧盟的影响与欧盟内部成员差不多。

从出口目的地看,所考察的三个年份中,克罗地亚前十大出口目的地国家中也有 8 个始终在其中,这 8 个国家分别是:意大利、德国、斯洛文尼亚、波黑、奥地利、法国、塞尔维亚和美国,除美国、塞尔维亚和波黑外,其他国家均为欧盟成员国。这 8 个国家在克罗地亚的出口总额中所占比重分别为:74.6%、70.8%和61.5%,所占比重虽有明显下降趋势但依然较大;其他重要的出口目的地包括:利比里亚、俄罗斯、瑞典、英国、匈牙利和卢森堡等 6 个国家。出口目的地表现出的市场结构和其贸易总额的市场结构一致,同样表现为以意大利和德国为中心的欧盟区域内贸易特征。

从进口来源地看,在这三个年份中,克罗地亚前十大进口来源地中有 7 个国家始终在列,这 7 个国家分别是:意大利、德国、俄罗斯、斯洛文尼亚、奥地利、匈牙利和法国,这 7 个国家的市场份额在这三年分别占到了 64.3%、60%及 52.9%,所占比重虽有明显下降趋势但依然较大;其他重要的进口来源地包括:美国、英国、捷克、中国、波黑和阿塞拜疆等 6 个国家。进口来源地表现出的市场结构和其总的对外贸易及出口市场结构一致,同样表现为以意大利和德国为中心的欧盟区域内贸易特征。

对比克罗地亚的贸易逆差与贸易顺差来源地的分布(2001—2011 年),如表 7.3 所示,可以进一步了解其对外贸易市场结构。

从表 7.3 可以看出,克罗地亚贸易逆差与贸易顺差主要来源地都比较集中,且顺差的市场集中度远远高于逆差的市场集中度。贸易逆差主要来源地所占的市场集中度在不断增加,而贸易顺差来源地的市场集中度在 2001—2011 年间下降较为明显。这种贸易逆差集中度不断提高、贸易顺差集中度不断下降的市场结构变化趋势,不利于克罗地亚改善其长期的贸易失衡状况的现状,这也从市场结构的角度解释了克罗地亚贸易失衡长期得不到改善的原因。

表 7.3　克罗地亚贸易顺差和逆差贡献度来源地排序(%)

来源地 \ 排序 年份	1	2	3	4	5	合计
贸易逆差来源地 2001	德 国 16.5	俄罗斯 10.5	意大利 10.2	奥地利 6.7	斯洛文尼亚 5.3	**49.2**
2006	德 国 15.8	俄罗斯 15.7	意大利 9.3	中 国 8.7	法 国 4.9	**54.4**
2011	意大利 13.2	中 国 12.6	德 国 12.3	俄罗斯 10.7	阿塞拜疆 6.4	**55.3**
贸易顺差来源地 2001	波 黑 46.5	利比里亚 14.3	塞 黑 11.8	开曼群岛 7.5	马耳他 5.8	**85.9**
2006	波 黑 38.1	塞尔维亚 16.5	阿联酋 9.0	马绍尔群岛 8.5	利比里亚 5.6	**77.7**
2011	波 黑 30.0	卢森堡 10.9	马耳他 6.9	利比里亚 6.8	挪威 5.1	**59.6**

　　注:国家下面的数字表示克罗地亚来源于该国的贸易逆差(顺差)占其贸易逆差(顺差)总额的百分比;塞黑是指塞尔维亚和黑山,于 2006 年解体。

　　资料来源:同表 7.1。

　　从逆差主要来源地来看,2001 年、2006 年和 2011 年三个年份中,克罗地亚前五大贸易逆差来源地带来的贸易逆差占所有贸易逆差来源地的比重分别为:49.2%、54.4%和 55.3%,贸易逆差的集中度略有上升。这些国家主要包括:德国、俄罗斯、意大利、中国、奥地利、斯洛文尼亚、法国和阿塞拜疆等 8 个国家,其中前三个国家这三个年份均在前五位之列。可以认为,克罗地亚的贸易逆差来源地主要集中于欧盟内部、俄罗斯及中国三个地区。

　　从贸易顺差主要来源地来看,在所研究的三个年份中,克罗地亚前五大贸易顺差来源地带来的贸易顺差占所有贸易顺差来源地的比重分别为:85.9%、77.7%和 59.6%,贸易顺差集中度明显呈下降趋势。这些国家主要包括:波黑、利比里亚、塞尔维亚、卢森堡、阿联酋、马耳他、开曼群岛、马绍尔群岛和挪威等 9 个国家。这些国家在地理上比较分散,但是,波黑和利比里亚始终在克罗地亚前五大贸易顺差来源地之列,而且这两个国家带来的贸易顺差比重分别占所有贸易顺差来源地形成的顺差总额的 60.8%、43.7%和 36.8%,其中,波黑约占这些份额的 80%。由此可以认为,克罗地亚的贸易顺差来源地主要集中于其周边非欧盟国家。

7.3　商品结构

7.3.1　出口结构

2001—2011 年克罗地亚出口商品结构及其变化趋势如表 7.4 所示。

表 7.4　克罗地亚出口商品结构(2001—2011 年)(%)

年份	资源密集型产品	劳动密集型产品			资本与技术密集型产品		
	SITC0—4	SITC6+8	SITC6	SITC8	SITC5+7+9	SITC5	SITC7
2001	**25.07**	**34.99**	14.24	20.75	**39.93**	10.59	29.33
2002	**25.92**	**35.30**	14.72	20.58	**38.78**	10.31	28.45
2003	**27.18**	**33.63**	14.05	19.58	**39.19**	9.59	29.47
2004	**25.76**	**32.58**	14.82	17.76	**41.63**	9.37	32.25
2005	**29.72**	**31.38**	14.71	16.67	**38.88**	9.94	28.93
2006	**32.23**	**29.77**	14.89	14.88	**38.00**	9.17	28.82
2007	**29.56**	**29.91**	15.39	14.52	**40.53**	9.42	31.07
2008	**28.48**	**28.16**	15.30	12.86	**43.36**	9.88	33.46
2009	**31.42**	**29.32**	15.06	14.26	**39.23**	9.66	29.53
2010	**30.14**	**26.71**	14.13	12.58	**43.16**	11.35	31.73
2011	**30.72**	**27.55**	14.96	12.59	**41.72**	11.45	29.76

资料来源:同表 7.1。

总体来看,2001—2011 年克罗地亚的出口产品中初级产品(资源密集型产品)与工业制成品比例约为 3∶7,其中,资源密集型产品的出口占出口总额的比重增加 5.65%;工业制成品中,劳动密集型产品的出口份额下降 7.44 个百分点,资本与技术密集型产品的份额增加约 2 个百分点。

资源密集型产品的出口额平均占总出口的 30%,有较明显的增幅。其中,大部分是食品和活动物、非食用原料(不包括燃料)和矿物燃料、润滑油及有关原料

（SITC0、SITC2、SITC3），这和其自然资源禀赋特征是一致的。事实上，克罗地亚温和的气候和肥沃的土壤为其农业的发展提供了非常有利的自然条件，农业已经成为克罗地亚收益最好的出口型产业①。克罗地亚的农业产品出口占比之高及其出口增速之快在中东欧十六国中是很少见到的。劳动密集型产品的出口额平均占总出口的 30%，出现较明显的降幅。其中，按原料分类的制成品（SITC6）占出口总额的比重几乎没有发生变化，仅增加 0.72%，但杂项制品（SITC8）比重在此期间大幅下降 8.16 个百分点。这表明克罗地亚的劳动力成本提高较快，劳动密集型产品的出口竞争力在逐渐下降。资本与技术密集型产品的出口额平均占总出口的 40%，2001—2011 年增加不到 2%，其中，各类产品的出口份额也基本稳定，没有太大变化。

7.3.2 相对比较优势

2001—2011 年克罗地亚出口商品结构表现出的巴氏显性比较优势指数（RCA）如表 7.5 所示。

表 7.5 克罗地亚出口商品巴氏显性比较优势指数（RCA）（2001—2011 年）

年份	SITC0	SITC1	SITC2	SITC3	SITC4	SITC5	SITC6	SITC7	SITC8
2001	1.202	2.743	1.724	1.067	0.547	1.090	1.052	0.726	1.650
2002	1.376	2.838	1.784	1.010	0.658	0.979	1.080	0.719	1.612
2003	1.594	2.791	1.868	1.003	0.522	0.902	1.036	0.748	1.586
2004	1.179	2.741	1.770	1.089	0.396	0.878	1.059	0.827	1.504
2005	1.509	2.689	1.730	1.117	0.565	0.933	1.062	0.758	1.447
2006	1.859	2.437	1.742	1.105	0.483	0.889	1.061	0.772	1.353
2007	1.597	2.289	1.780	1.019	0.434	0.886	1.064	0.839	1.319
2008	1.393	2.317	1.721	0.790	0.445	0.943	1.113	0.972	1.248
2009	1.575	2.441	1.769	0.994	0.460	0.839	1.194	0.861	1.232
2010	1.474	2.683	1.633	0.922	0.433	1.012	1.078	0.913	1.143
2011	1.559	2.438	1.721	0.950	0.349	1.027	1.098	0.851	1.125

资料来源：同表 7.1。

① 资料来源：中国—克罗地亚业务合作组织，Sinagate.com。

　　总体来看,克罗地亚多数类别的出口产品具有中等以上的比较优势,只有动植物油、脂和蜡(第4类)始终表现为比较劣势。但这并不表示克罗地亚的出口结构合理,或者说有较强的国际竞争力,因为占比高达40%的资本与技术密集型产品(SITC5、SITC7)的比较优势仅为中等比较优势中较弱的一类。事实上,2001—2011年克罗地亚各类商品的进口额几乎在所有的年份中都远高于其出口额。

　　资源密集型产品中,除了动植物油、脂和蜡外,其他类产品的比较优势均较强,特别是不包括燃料的非食用原料(第2类)产品的出口始终具有极强的比较优势。劳动密集型产品中,按原料分类的制成品(第6类)的RCA指数2001—2011年间均稳定维持在1.1左右,而杂项制品(第8类)的RCA指数则从1.65下降到1.125,降幅约为47%。资本与技术密集型产品中,未另列明的化学品和有关产品(第5类)的RCA相对稳定,而机械及运输设备(第7类)则从比较劣势转变为中等比较优势。

7.3.3　进口商品结构

　　2001—2011年克罗地亚进口商品结构及其变化趋势如表7.6所示。

表7.6　克罗地亚进口商品结构(2001—2011年)(%)

年份	资源密集型产品	劳动密集型产品			资本与技术密集型产品		
	SITC0—4	SITC6+8	SITC6	SITC8	SITC5+7+9	SITC5	SITC7
2001	**23.78**	**30.93**	19.53	11.40	**45.29**	11.35	33.94
2002	**23.19**	**31.07**	19.42	11.65	**45.75**	11.33	34.34
2003	**21.38**	**30.32**	18.73	11.59	**48.29**	10.98	37.06
2004	**22.33**	**31.54**	19.65	11.89	**46.13**	11.16	34.92
2005	**25.31**	**30.59**	19.04	11.55	**44.10**	11.10	32.95
2006	**25.80**	**31.09**	19.50	11.59	**43.11**	10.84	32.22
2007	**24.82**	**31.56**	19.74	11.82	**43.62**	10.95	32.60
2008	**27.73**	**29.17**	18.59	10.58	**43.09**	10.56	32.50
2009	**28.60**	**30.40**	18.12	12.28	**40.99**	12.35	28.53
2010	**30.80**	**29.43**	17.99	11.44	**39.77**	14.08	25.66
2011	**34.34**	**29.58**	18.01	11.57	**36.09**	13.78	22.31

资料来源:同表7.1。

　　总的来看,2007 年之前,克罗地亚的资源密集型产品、劳动密集型产品和资本
与技术密集型产品的进口比重比例约为 25∶30∶45,基本上没有明显的趋势性变
化。但 2008 年后,该比例大致变为 30∶30∶40,且资源密集型产品进口比重明显
上升,而资本与技术密集型产品进口比重则出现明显的下降。

　　分类来看,初级产品的进口比重上升趋势明显,2001—2011 年提高了 10.56 个
百分点,且主要是 2008 年之后提高的(上升了近 10 个百分点),其中,食品和活动物
(第 0 类)和矿物燃料、润滑油及有关原料(第 3 类)的进口额约占到初级进口产品的
90%①。劳动密集型产品的进口比重变化不大,始终保持在 30% 左右,2001—2011
年仅下降 1.35 个百分点,其包含的两大类产品:主要按原料分类的制成品(第 6 类)
和杂项制品(第 8 类)的进口比重也均基本没什么变化。资本与技术密集型产品的
进口比重 2001—2011 年则下降 9.2 个百分点,且主要是 2008 年之后下降的(下降
了约 7 个百分点),其中,未另列明的化学品和有关产品(第 5 类)的进口份额有所上
升,从 2001 年的 11.35% 上升到 2011 年的 13.78%;而机械及运输设备(第 7 类)进
口比重则下降 11.63%。这种变化同样主要是在 2008 年之后产生的。这些进口商
品结构的变化表明:2008 年的全球金融危机对克罗地亚进口商品结构影响巨大。

　　为了更好地了解克罗地亚的进、出口贸易结构的变化趋势特征,将表 7.4
表 7.6 中分别体现出来的出口商品结构和进口商品结构可汇总为图 7.2。

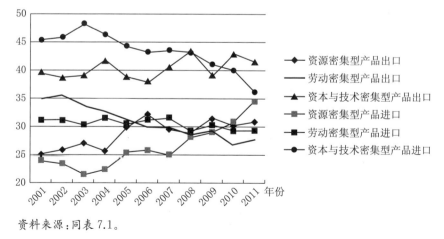

资料来源:同表 7.1。

图 7.2　克罗地亚 2001—2011 年进、出口商品结构变化趋势(%)

---

① 其中,2001 年、2006 年、2011 年份额分别为 86%、90%、91%。

从图 7.2 中可以看出:(1)2001—2011 年,资源密集型产品的进、出口比重均有上升趋势,且进口比重的增速高于出口比重的增速,2009 年之前,其出口比重一直高于进口比重。虽然如此,由于克罗地亚的贸易严重失衡,该类产品始终带来的是贸易逆差,且有进一步扩大的趋势。(2)劳动密集型产品的进、出口比重均有下降,但进口比重下降趋势不显著,而出口比重下降明显,且 2005年之后出口比重一直低于进口比重。该类产品带来的依然是贸易逆差,而且,由此产生的贸易逆差在快速地增加。(3)资本与技术密集型产品的出口比重2001—2011 年略有上升,而进口比重则出现了大幅下降。期间该类产品产生的也都是贸易逆差,不过随着进口比重的大幅下降,由该类产品产生的贸易失衡在不断地减小。

7.4 产业内贸易

利用 UN-comtrade 数据库中 SITC 三位数层次上的分类数据,可计算出克罗地亚 2001—2011 年间的 G-L 产业内贸易指数,以及 SITC 一级分类下的各类制成品产业内贸易指数,结果如表 7.7 所示。同时,为了直观地表示 2001—2011 年间克罗地亚的产业内贸易趋势,把表 7.7 的结果汇总成了图 7.3。

表 7.7 克罗地亚 2001—2011 年间的产业内贸易指数

年份	SITC0—9	SITC5	SITC6	SITC7	SITC8
2001	**45.19**	47.46	48.83	**40.81**	63.41
2002	**44.28**	43.65	46.97	**36.20**	61.01
2003	**45.72**	42.81	45.34	**40.12**	62.58
2004	**47.59**	43.43	47.00	**44.05**	67.57
2005	**49.83**	43.63	47.63	**45.42**	70.85
2006	**51.11**	42.92	48.57	**43.83**	72.54
2007	**49.95**	42.35	49.25	**47.11**	71.40

续表

年份	SITC0—9	SITC5	SITC6	SITC7	SITC8
2008	**51.54**	43.79	49.14	**51.20**	68.50
2009	**49.66**	43.16	51.74	**46.65**	70.01
2010	**51.86**	50.58	53.90	**48.33**	74.29
2011	**52.73**	54.91	54.51	**46.29**	74.22

资料来源：同表 7.1。

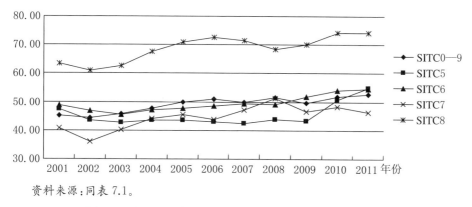

资料来源：同表 7.1。

图 7.3　克罗地亚产业内贸易指数 2001—2011 年变化趋势

从表 7.7 和图 7.3 中可以看出以下结论。

（1）总体上，2005 年之前克罗地亚的对外贸易模式以产业间贸易为主，2006 年之后，则是以产业内贸易为主，且各类产品的产业内贸易指数均呈现出较平稳的增长趋势。总体产业内贸易指数从 2001 年的 45.19 提高到 2011 年的 52.73，提高 7.54 个百分点。考虑到 2001—2011 年克罗地亚始终处于严重的贸易失衡状态，表 7.7 中的产业内贸易指数计算结果低估了其产业内贸易水平。在 2008 年之前克罗地亚的贸易失衡度在不断增加，因而可认为产业内贸易指数的提升，主要得益于其工业化程度的不断提高及其参与国际分工的程度不断加深；而 2009 年后则主要得益于其贸易逆差的大幅缩小。

（2）劳动密集型产品的产业内贸易指数在制成品中最高，尤其是杂项制品（SITC8），其产业内贸易指数在 2001—2011 年平均接近了 70，远远高于其他制成品的产业内贸易指数,始终高出总体产业内贸易指数 20 多个百分点。这在中东欧十六国中也是不多见的。另一类劳动密集型产品,即按原料分类的制成品(SITC6)的产业内贸易指数平均来讲略高出总体水平约 2 个百分点。这些表明克罗地亚的劳动密集型产业已深深融入到了国际产业链中,国际分工地位也得到了逐年的提高。

(3) 技术与资本密集型产品中的两类产品(SITC5、SITC7)产业内贸易指数总体上均明显低于克罗地亚的整体产业内贸易指数。其中,化学及相关制品(SITC5)在 2009 年之前表现为平缓下降的趋势,下降了 4.3 个百分点,近两年才出现了大幅的提高,2011 年较 2009 年提高 11.75 个百分点。这主要是该类产品的贸易失衡度下降的原因,并不代表其产业内贸易水平的真正提高。机械及运输设备(SITC7)的产业内贸易指数 2001—2011 年提高 5.48 个百分点,总体上表现为倒“U”形变化趋势,于 2008 年达到最大(51.20),近三年来则有比较明显的下降趋势。考虑到该类产品 2009—2011 年的贸易失衡度较之前有大幅的减小,贸易失衡的缓解本应使其产业内贸易指数增加,但实际却正好相反。这表明 2008 年的全球金融危机及其后的欧洲主权债务危机对克罗地亚资本与技术密集型产业产生了较大的负面影响,大大降低了其产业内贸易的水平,降低了其在国际分工中的地位。

7.5　基本结论

综上所述,克罗地亚对外货物贸易的结构特征可归纳为以下四个方面。

(1) 总体上讲,2001—2011 年克罗地亚对外货物贸易平均每年增长 10.08%,其中,出口平均每年增长 11.10%,进口平均每年增长 9.52%,和全球货物贸易总额 10% 的平均增速基本相等。但是,其对外贸易始终处于严重失衡状态,进口总额约是出口总额的两倍,只在近两年这一比例才降低到 1.6 倍。克罗地亚对外贸易的依存度在 2001—2008 年基本上保持在 90% 左右,2009—2011 年则下降到76% 左右。这表明克罗地亚的宏观经济对全球市场的依赖性还是比较大,但 2008

年的全球金融危机和其后的欧洲主权债务危机对其对外贸易产生较大的负面影响,其对外贸易依存度也随之出现了较大幅度的下降。

(2) 在市场结构上,克罗地亚的对外货物贸易呈现较明显的区域内贸易结构,其70%的贸易量集中在欧盟,其中,仅意大利和德国就占据了三分之一贸易份额。此外,俄罗斯、中国、美国三国分别构成了克罗地亚在东欧、亚洲、北美地区对外贸易的市场中心。2001—2011年克罗地亚的贸易伙伴国在不断增加,几乎覆盖了全世界所有的国家与地区。随着贸易伙伴国的增加,克罗地亚在各国市场上的贸易份额趋于分散化,这有效地降低了克罗地亚对外贸易的市场风险。2001—2011年克罗地亚的前十大贸易伙伴国集中在意大利、德国、斯洛文尼亚、波黑、奥地利、俄罗斯、法国、匈牙利、中国、塞尔维亚、美国和英国等12个国家,这些国家市场份额占据了克罗地亚对外贸易总量的三分之二以上。克罗地亚贸易顺差主要来源于波黑、利比里亚、塞尔维亚、卢森堡、阿联酋、马耳他、开曼群岛、马绍尔群岛和挪威等9个国家和地区,且贸易顺差的集中度明显下降;而贸易逆差主要来源于德国、俄罗斯、意大利、中国、奥地利、斯洛文尼亚、法国和阿塞拜疆等8个国家,且贸易逆差的集中度有上升趋势。这种市场结构的变化不利于其贸易失衡的改善。

(3) 从商品结构上讲,2001—2011年资源密集型产品、劳动密集型产品和资本与技术密集型产品对外贸易总额比例大致保持在30∶30∶40。其中,初级产品的进、出口比重均有上升趋势,且进口比重的增速高于出口比重的增速。虽然出口比重一直高于进口比重,但是该类产品始终构成了贸易逆差的一个来源,且有进一步扩大的趋势。劳动密集型产品的进、出口比重均有下降,该类产品带来的依然是贸易逆差,而且,由此产生的贸易逆差在快速地增加。资本与技术密集型产品的出口比重在2001—2011年略有上升,而进口比重则出现了大幅下降,这一期间该类产品产生的也都是贸易逆差,不过贸易失衡度在不断下降。对比全球贸易的出口商品结构可以发现:2001—2011年克罗地亚多数类别的出口产品具有中等以上的比较优势(只有SITC4例外),但占比高达40%的资本与技术密集型产品(SITC5、SITC7)的比较优势仅为中等比较优势中较弱的一类。而且,2001—2011年克罗地亚各类商品几乎在所有的年份都表现为严重的贸易逆差。

(4) 从产业内贸易上讲,2001—2011年克罗地亚实现了从以产业间贸易为主到以产业内贸易为主的贸易模式的转变,整体产业内贸易指数从2001年的

45.19,提高到 2011 年的 52.73,各类制成品的产业内贸易水平也均有所提高,尤其是其杂项制成品的产业内贸易水平特别高,平均高出了整体的 G-L 指数约 20 个百分点,在中东欧十六国中也算是比较高的。考虑到 2001—2011 年克罗地亚始终处于严重的贸易失衡状态对 G-L 指数的负面影响,其真实的产业内贸易水平要比此数据高一些。在 2008 年之前,克罗地亚的贸易失衡度在不断增加,因而可认为产业内贸易指数的提升,主要得益于其工业化程度的不断提高,以及其参与国际分工程度的不断加深;而 2009 年后,则主要得益于其贸易逆差的大幅缩小。

第 8 章

保加利亚对外货物贸易结构

2011 年保加利亚国内生产总值为 535.14 亿美元,人均国内生产总值为 7 158.12 美元,经济总量在中东欧十六国中位居第七,在经济水平上属发展中国家①。按联合国发布的《2011 年人类发展报告》,保加利亚的社会发展水平排名第 55 位,属于人类高发展水平组。1989 年保加利亚转型后,开始推行多党议会制民主政治与市场经济,进入 21 世纪以来经济增长迅速,但 2009 年以来,经济受全球金融危机和欧洲主权债务危机影响较大。保加利亚的主要贸易伙伴国有:德国、希腊、意大利、俄罗斯、罗马尼亚和土耳其等国家;主要出口商品有:轻工产品、化工、农产品等;主要进口商品有:机械、化工、燃料、食品等。

8.1 保加利亚对外货物贸易总况

从贸易规模上看,2001—2011 年间保加利亚的对外货物贸易保持了高速发展,货物贸易总额平均每年增长 17.21%,其中,出口平均每年增长 18.60%,进口平均每年增长 16.14%,均远高于此间全球货物贸易总额 10% 的平均增速。因此保加利亚

---

① 资料来源:世界银行数据库。

的贸易总额在全球贸易总额中的比重和排名不断上升,比重由 2001 年的 0.10% 提升到 2011 年的 0.19%,排名由 2001 年的第 68 位上升到 2011 年的第 52 位。

从贸易平衡的角度看,2001—2011 年保加利亚一直存在较大的贸易逆差。在 2001—2008 年保加利亚的进口增速基本都高于出口增速(除了 2002 年和 2006 年),因此贸易逆差不断扩大,并在 2008 年达到最大,对外贸易严重失衡。受全球金融危机的影响,2009 年保加利亚大幅减少了进口总额,2009—2011 年贸易逆差有所减少,贸易失衡有所缓解。

从各年的贸易情况来看,可以发现保加利亚有两个年份的贸易增长出现了异常。第一个是 2009 年,受困于 2008 年的全球金融危机,2009 年的进出口增速分别为 -26.6% 和 -36.9%,总贸易额的增速为 -33.0%,远低于全球贸易 -22.71% 的增速,说明金融危机对保加利亚的国际贸易影响较大。第二个是 2010 年,这一年的出口增速高达 36.7%,为 11 年间最高,进口增速也高达 28.1%,进出口增速远大于当年全球贸易 9.32% 的增速,总贸易额在全球中的比重和排名提升程度在各年中最多。这说明全球金融危机后其对外贸易迅速得到了恢复性增长。保加利亚对外货物贸易更详细的发展变化情况参见表 8.1。

表 8.1 保加利亚货物贸易发展趋势(2001—2011 年)(亿美元,%)

年份	出口		进口		贸易差额	总贸易在全球中的		全球贸易增速
	金额	增速	金额	增速		比重	排名	
2001	51.1	6.1	72.8	11.9	-21.6	0.10	68	-3.17
2002	57.5	12.4	79.9	9.7	-22.4	0.11	67	4.65
2003	75.4	31.2	109.0	36.5	-33.6	0.13	63	16.38
2004	99.3	31.7	144.7	32.7	-45.4	0.14	61	21.68
2005	117.4	18.2	181.6	25.6	-64.2	0.15	60	13.06
2006	151.0	28.6	232.7	28.1	-81.7	0.16	60	16.27
2007	185.8	23.0	300.9	29.3	-115.1	0.18	57	14.21
2008	224.9	21.1	370.2	23.0	-145.3	0.19	62	15.59
2009	165.0	-26.6	233.4	-36.9	-68.4	0.17	63	-22.71
2010	206.1	24.9	253.6	8.7	-47.5	0.16	61	21.06
2011	281.7	36.7	324.9	28.1	-43.3	0.19	52	9.32
2001—2011 年保加利亚年均增速:总贸易为 17.21%;出口为 18.60%;进口为 16.14% 2001—2011 年全球年均增速:总贸易为 10%								

资料来源:根据联合国商品贸易统计数据库中相应数据计算得出。

伴随着保加利亚对外货物贸易的迅速发展,对外货物贸易对保加利亚宏观经济的贡献和影响缓慢加强,这可以从贸易依存度这一指标中得到体现。2001—2011 年保加利亚的贸易依存度略有提高,从 2001 年的 118.76％提高到 2011 年的 134.58％。其中,保加利亚的服务贸易占 GDP 的比重为 29.37％—22.30％,呈缓慢下降趋势。因而对外贸易依存度的提高主要来源于货物贸易的增长,详细的情况参见图 8.1。

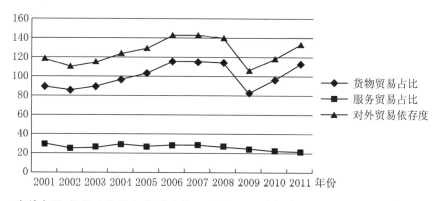

资料来源:根据世界银行数据库(http://data.worldbank.org.cn)及联合国商品贸易统计数据库(UN-comtrade)中相应数据计算得出。

图 8.1　保加利亚对外贸易依存度及变化趋势(％)

保加利亚极高的对外贸易依存度说明了其经济发展属于外向型经济,其宏观经济对全球市场有很大的依赖性,或者说外国经济对保加利亚经济影响很大,且这种依赖性和影响力在 2001—2011 年呈现出逐年增强趋势。

8.2　市场结构

保加利亚 2001 年、2006 年和 2011 年三个年份的主要贸易伙伴国如表 8.2 所示。表 8.2 列出了这三个年份保加利亚在进口、出口和总贸易额三个方面排名前十的国家和地区及其双边贸易额的比重,这基本上反映了保加利亚 2001—2011

年间的对外贸易市场结构。

表 8.2　保加利亚前十大贸易伙伴及其占保加利亚对外贸易的比重(％)

2001 年			2006 年			2011 年		
总贸易	出口	进口	总贸易	出口	进口	总贸易	出口	进口
德国 12.9	意大利 15.0	俄罗斯 20.0	德国 11.4	土耳其 11.6	俄罗斯 17.2	德国 11.4	德国 11.9	俄罗斯 17.7
俄罗斯 12.7	德国 9.5	德国 15.3	俄罗斯 11.0	意大利 10.1	德国 12.5	俄罗斯 10.7	罗马尼亚 9.6	德国 11.0
意大利 11.8	希腊 8.8	意大利 9.6	意大利 9.3	德国 9.7	意大利 8.8	罗马尼亚 8.1	土耳其 8.5	意大利 7.1
希腊 6.9	土耳其 8.1	法国 6.0	土耳其 8.2	希腊 8.9	土耳其 6.0	意大利 7.8	意大利 8.5	罗马尼亚 6.9
法国 5.9	乌克兰 5.9	希腊 5.7	希腊 6.7	比利时 6.6	希腊 5.2	土耳其 6.5	希腊 7.0	希腊 5.6
土耳其 5.5	法国 5.6	乌克兰 4.4	法国 4.1	罗马尼亚 4.2	中国 4.2	希腊 6.3	比利时 5.1	西班牙 5.0
乌克兰 5.0	美国 5.6	土耳其 3.8	罗马尼亚 3.9	法国 4.2	法国 4.1	西班牙 3.9	法国 4.2	土耳其 4.8
美国 3.8	比利时 4.9	美国 2.6	比利时 3.3	塞尔维亚 3.9	罗马尼亚 3.8	法国 3.7	直布罗陀 3.1	乌克兰 4.0
比利时 2.9	塞黑 4.1	英国 2.5	中国 2.7	西班牙 3.2	乌克兰 3.1	比利时 3.3	西班牙 2.7	奥地利 3.3
英国 2.6	西班牙 3.3	罗马尼亚 2.4	美国 2.3	美国 2.8	奥地利 2.1	乌克兰 2.8	俄罗斯 2.6	法国 3.2
70.1	70.7	72.3	63.0	65.2	67.0	64.5	63.3	68.7

注:每个国家和地区下面的数字为这一市场占保加利亚对外贸易额的份额,最后一行为合计;塞黑是指塞尔维亚和黑山,于 2006 年解体。

资料来源:同表 8.1。

总体来看,在研究的三个年份里保加利亚的对外贸易市场集中度均较高,与其前十大主要贸易伙伴的贸易额,不管是从总贸易额还是分别从进口、出口额来看,均占其贸易总额约三分之二的份额。且其主要贸易伙伴分布比较集中,基本集中在欧洲,特别是欧盟区内。以欧洲,尤其是欧盟为主的区域内贸易特征非常明显。

从总贸易额来看,2001—2011 年保加利亚的贸易集中度略有下降,排名前十位的国家和地区的市场份额从 2001 年的 70.1％下降到 2011 年的 64.5％。其中,有 7 个国家始终位于保加利亚的前十大贸易伙伴国之列,这 7 个国家分别是:德

国、俄罗斯、意大利、希腊、法国、比利时和土耳其,除了俄罗斯和土耳其均为欧盟
成员国。保加利亚其他主要贸易伙伴国包括:乌克兰、美国、英国、罗马尼亚、中国
和西班牙等 6 个国家。

从出口总额角度来看,保加利亚的前十大出口目的地总体所占的份额在
2001—2011 年间亦有所下降(下降 7.4 个百分点)。在被研究的三个年份里,其前十
大出口目的地也有 7 个未发生变化,分别是:德国、意大利、希腊、土耳其、法国、西班
牙和比利时,其中,除土耳其外均为欧盟成员国。其他主要出口目的地包括:乌克兰、
美国、塞黑(2006 年为塞尔维亚)、罗马尼亚、直布罗陀和俄罗斯等 6 个国家和地区。

从进口总额角度来看,保加利亚的前十大进口来源地总体所占份额在 2001—
2011 年亦有所下降(下降 3.6 个百分点)。在 2001 年、2006 年和 2011 年,其前
大十进口来源地中有 8 个未发生变化,分别是:俄罗斯、德国、意大利、罗马尼亚、希
腊、土耳其、法国和乌克兰,除了俄罗斯、土耳其和乌克兰之外全部是欧盟国家。
其他主要进口来源地包括:美国、英国、中国、奥地利和西班牙等 5 个国家。

对比保加利亚的贸易逆差与贸易顺差来源地的分布(2001—2011 年),如
表 8.3 所示,可以进一步了解其对外贸易市场结构。

表 8.3　保加利亚贸易顺差和逆差贡献度来源地排序(%)

来源地	排序 年份	1	2	3	4	5	合计
贸易逆差来源地	2001	俄罗斯 40.1	德国 18.7	法国 4.5	印度尼西亚 3.1	捷克 2.8	**69.3**
	2006	俄罗斯 32.4	德国 12.4	中国 7.7	乌克兰 5.3	意大利 4.5	**62.2**
	2011	俄罗斯 45.9	乌克兰 8.3	西班牙 8.0	匈牙利 5.8	奥地利 5.0	**73.1**
贸易顺差来源地	2001	塞黑 16.1	比利时 12.2	土耳其 11.9	美国 8.1	马其顿 8.0	**56.3**
	2006	比利时 20.8	塞尔维亚 10.7	土耳其 10.4	新加坡 8.0	克罗地亚 5.8	**55.7**
	2011	比利时 13.5	直布罗陀 13.2	土耳其 13.0	罗马尼亚 6.8	塞尔维亚 5.7	**52.2**

注:国家和地区下面的数字表示保加利亚来源于该国(地区)的贸易逆差(顺差)占其
贸易逆差(顺差)总额的百分比。
资料来源:同表 8.1。

总体上说,保加利亚的贸易逆差、顺差的集中度均比较集中。2001—2011 年其前五大贸易逆差来源地形成的贸易逆差占 60%以上的比重,且有进一步上升趋势。与此相比,前五大贸易顺差来源地形成的贸易顺差平均也占一半以上,不过有下降趋势。其中,贸易逆差主要集中在俄罗斯,在考察的三个年份给保加利亚带来的贸易逆差比重分别高达 40.1%、32.4%和 45.9%。其他主要贸易逆差来源地包括:德国、法国、中国、印度尼西亚、乌克兰、捷克、意大利、西班牙、匈牙利和奥地利等。贸易顺差主要来源于塞尔维亚、比利时和土耳其三国,这三个国家在考察的三个年份给保加利亚带来的贸易顺差占其所有贸易顺差来源地的比重分别高达 40.2%、41.9%和 32.2%。其他主要贸易顺差来源地包括:美国、马其顿、新加坡、克罗地亚、罗马尼亚和直布罗陀等。

据此可以认为,总体上保加利亚的贸易顺差主要来源于其周边经济发展较差的国家,而贸易逆差则主要来源于能源大国俄罗斯、乌克兰和欧盟内部。

8.3　商品结构

8.3.1　出口商品结构

保加利亚 2001—2011 年出口商品结构及其变化趋势可用表 8.4 表示。

表 8.4　保加利亚出口产品结构及其变化(2001—2011 年)(%)

年份	资源密集型产品	劳动密集型产品			资本与技术密集型产品		
	SITC0—4	SITC6+8	SITC6	SITC8	SITC5+7+9	SITC5	SITC7
2001	**23.26**	**49.07**	23.37	25.70	**27.67**	9.06	11.00
2002	**22.85**	**49.37**	22.15	27.22	**27.79**	7.75	12.45
2003	**20.67**	**53.09**	24.46	28.63	**26.23**	7.54	13.04
2004	**23.33**	**52.99**	27.41	25.58	**23.67**	6.56	12.36
2005	**25.75**	**48.58**	26.33	22.25	**25.67**	7.58	14.22

续表

年份	资源密集型产品	劳动密集型产品			资本与技术密集型产品		
	SITC0—4	SITC6+8	SITC6	SITC8	SITC5+7+9	SITC5	SITC7
2006	**27.87**	**49.33**	30.23	19.10	**22.80**	6.34	13.47
2007	**28.91**	**46.83**	29.00	17.83	**24.26**	7.52	14.90
2008	**33.04**	**41.30**	26.32	14.98	**25.67**	7.91	15.36
2009	**33.73**	**39.72**	22.78	16.94	**26.55**	7.59	16.87
2010	**35.20**	**37.38**	22.96	14.42	**27.42**	7.82	16.46
2011	**35.08**	**37.63**	24.69	12.94	**27.30**	7.75	16.57

资料来源:同表 8.1。

总体上,2001—2011 年保加利亚的出口结构表现为:资源密集型产品、劳动密集型产品和资本与技术密集型产品的出口额比例平均约为 30:45:25。从变化趋势上看,资源密集型产品的出口比重增长明显,增加 11.82%;劳动密集型产品的出口比重明显下降,降低 11.44%;而资本与技术密集型产品的出口份额几乎没有发生变化。

其中,资源密集型产品出口份额的增幅主要来自于非食用原料(SITC2)和矿物燃料、润滑油及有关原料(SITC3)出口比重的增长,2001—2011 年这两类产品的出口比重共增长 8.75 个百分点,且始终占资源密集型产品出口额的 60%左右。劳动密集型产品出口比重的下降主要是杂项制品(SITC8)的出口比重下降导致的,该类产品的出口比重下降 12.76 个百分点;而按原料分类的制成品(SITC6)的出口比重在此期间还略有上升,上升 1.32 个百分点。资本与技术密集型产品的出口比重虽然总体上几乎没有变化,但其中包含的三类商品的出口比重变化不一,化学品和有关产品(SITC5)的出口比重下降 1.31 个百分点,机械及运输设备(SITC7)出口比重上升 5.57 个百分点,未分类的产品(SITC9)出口比重下降 4.63 个百分点。

8.3.2　比较优势

保加利亚的出口结构反映了其出口产品的竞争力情况,这可用巴氏显性比较优势指数(RCA)表示,各类产品的比较优势见表 8.5 所示。

表8.5 保加利亚出口产品的 RCA 指数(2001—2011 年)

年份	SITC0	SITC1	SITC2	SITC3	SITC4	SITC5	SITC6	SITC7	SITC8
2001	0.746	0.627	**1.824**	0.524	**1.163**	**1.040**	**1.467**	0.682	0.702
2002	0.778	0.637	**1.423**	0.365	**1.631**	0.976	**1.500**	0.697	0.770
2003	0.781	0.452	**1.829**	0.410	**0.980**	0.939	**1.546**	0.728	0.811
2004	0.829	0.575	**1.893**	0.379	**0.826**	0.971	**1.541**	0.757	0.762
2005	0.753	0.422	**1.906**	0.431	**0.813**	0.890	**1.451**	0.790	0.660
2006	0.791	0.480	**2.236**	0.386	**0.676**	0.854	**1.429**	0.769	0.641
2007	**0.871**	**1.041**	2.059	1.550	0.715	0.814	1.403	0.776	0.630
2008	**0.994**	**1.275**	1.878	1.336	0.674	0.820	1.368	0.813	0.641
2009	1.267	1.621	1.776	1.538	0.781	0.960	1.331	0.723	0.659
2010	1.293	1.666	2.027	1.640	0.844	1.018	1.256	0.634	0.633
2011	1.307	1.632	2.168	1.811	0.734	0.987	1.211	0.624	0.540

资料来源:同表8.1。

从表8.5中可以看出:(1)2001—2011 年保加利亚的出口产品中,初级产品的比较优势得到了明显的提升,而工业制成品的比较优势则出现了明显下降趋势;(2)资源密集型产品总体上始终具有较强的比较优势,其中,非食用原料(SITC2)保持了较强的比较优势,而动植物油、脂和蜡(SITC4)则从较强的比较优势下降成了中等比较优势,其他三类初级产品则均是从比较弱势逐年上升到了中等比较优势;(3)劳动密集型产品中按原料分类的制成品(SITC6)始终保持了较强比较优势,而杂项制成品(SITC8)则始终表现为比较弱势,两类产品的比较优势均有明显下降趋势;(4)资本与技术密集型产品中的化学品和有关产品(SITC5)始终具有中等比较优势,而机械及运输设备(SITC7)则始终表现为比较弱势,且两类产品的比较优势均略显下降趋势。

8.3.3 进口商品结构

保加利亚2001—2011 年的进口产品结构及其变化如表8.6 所示。

表8.6 保加利亚进口产品结构及其变化(2001—2011年)(%)

年份	资源密集型产品	劳动密集型产品			资本与技术密集型产品		
	SITC0—4	SITC6+8	SITC6	SITC8	SITC5+7+9	SITC5	SITC7
2001	15.76	28.70	19.87	8.83	55.55	10.11	27.53
2002	13.59	30.27	20.44	9.83	56.13	10.28	27.56
2003	14.75	30.99	20.97	10.02	54.28	9.98	28.68
2004	15.19	30.57	21.57	9.00	54.23	10.37	29.51
2005	16.06	27.71	20.10	7.61	56.22	9.48	30.15
2006	17.35	27.11	20.06	7.05	55.53	8.81	28.71
2007	32.68	27.25	20.31	6.94	40.07	8.65	28.74
2008	35.16	25.41	18.81	6.60	39.42	8.59	28.00
2009	36.08	24.42	16.79	7.63	39.50	11.06	24.80
2010	39.82	23.43	16.46	6.97	36.74	11.42	22.03
2011	41.91	22.54	16.50	6.04	35.55	11.01	21.83

资料来源:同表8.1。

总体上,保加利亚的进口商品结构表现为明显的两阶段特征。第一个阶段为2001—2006年,这是其加入欧盟之前的一个阶段,在这一期间进口商品中的资源密集型产品、劳动密集型产品和资本与技术密集型产品的进口额比重平均约为15∶30∶55,变化趋势同出口商品结构的变化趋势一样:资源密集型产品进口比重略有上升,劳动密集型产品进口比重略有下降,资本与技术密集型产品进口比重基本没有变化。第二个阶段是2007—2011年,这是其加入欧盟成员国之后的一个时期,受欧盟成员国地位的影响,其资源密集型产品的进口比重大幅提高,与2006年相比提高了24.56个百分点;而劳动密集型产品和资本与技术密集型产品的进口比重则出现了较大幅度的下降,与2006年相比到2011分别下降4.57个百分点和19.98个百分点。到2011年保加利亚的资源密集型产品、劳动密集型产品和资本与技术密集型产品的比例约为42∶22∶36,可见加入欧盟对其进口结构的影响相当大。

分类来讲,2001—2011年资源密集型产品的进口比重增加26.15个百分点。

其中,增长最多的是矿物燃料、润滑油及有关原料(SITC3),进口比重从 2001 年的 5.02% 上升至 2011 年的 23.03%;其次是非食用原料(SITC2),增加 4.33%。劳动密集型产品的进口比重则下降 6.16 个百分点,其中,按原料分类的制成品 (SITC6)和杂项制品(SITC8)进口比重分别下降 3.37 个百分点和 2.79 个百分点。资本与技术密集型产品进口比重下降 20 个百分点,其中,化学品和有关产品 (SITC5)份额几乎未发生变化,机械及运输设备(SITC7)下降 5.7 个百分点,其余为未分类产品(SITC9)进口比重的下降所致。

对比保加利亚进、出口商品的变化趋势可以更好地了解其商品结构,具体的比较如图 8.2 所示。

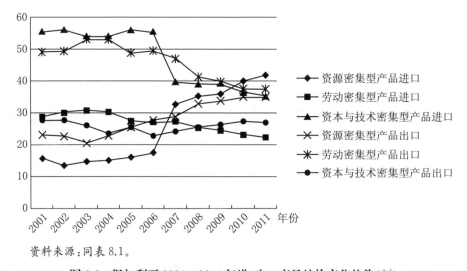

资料来源:同表 8.1。

图 8.2　保加利亚 2001—2011 年进、出口商品结构变化趋势(%)

从图 8.2 可以看出以下结论:(1)资源密集型产品的进、出口比重 2001—2011 年均有显著的提高;且进口增速远高于出口增速,在 2007 年之前该类产品主要表现为贸易顺差,之后则带来了大幅的贸易逆差[1];(2)劳动密集型产品的进、出口比重均有所下降,且出口比重及其下降的速度均高于进口比重及其下降速度,由此该类产品 2001—2011 年(2008 年除外)带来的是逐年缩小的贸易顺差;(3)资本与

---

① 2001—2011 年初级产品的进、出口总额差分别为:−0.43、−2.3、0.48、−1.2、−1.1、−1.7、44.6、55.9、28.5、28.5、37.4(单位:亿美元)。

技术密集型产品的进口比重出现了明显下降趋势,但出口比重比较稳定,几乎没有什么变化,且进口比重始终远远大于出口比重,始终构成了保加利亚该期间的贸易逆差主要来源;(4)保加利亚 2007 年加入欧盟的事件对其出口结构影响不大,但对进口结构有显著的影响:资源密集型产品的进口比重出现了大幅提升,而资本与技术密集型产品的进口比重则出现了大幅下降。

8.4　产业内贸易

利用 UN-comtrade 数据库中 SITC 三位数层次上的分类数据,可计算出保加利亚 2001—2011 年间的 G-L 产业内贸易指数,以及 SITC 一级分类下的各类制成品产业内贸易指数结果,如下表 8.7。为了直观地表示 2001—2011 年间保加利亚的产业内贸易趋势,把表 8.7 的结果汇总成了图 8.3。

表 8.7　保加利亚 2001—2011 年间的产业内贸易指数

年份	SITC0—9	SITC5	SITC6	SITC7	SITC8
2001	**42.30**	51.65	39.07	**37.26**	43.15
2002	**43.12**	54.16	38.93	**40.45**	46.62
2003	**44.02**	51.66	41.59	**42.69**	47.78
2004	**43.84**	48.72	47.54	**39.55**	47.89
2005	**41.79**	45.58	45.27	**41.21**	50.55
2006	**41.41**	45.93	44.53	**41.20**	54.25
2007	**43.99**	50.48	47.21	**44.52**	58.00
2008	**43.94**	51.19	49.32	**46.39**	62.15
2009	**49.46**	57.15	46.86	**60.26**	61.39
2010	**52.08**	61.64	47.13	**66.68**	62.08
2011	**51.48**	65.07	46.70	**67.39**	61.48

资料来源:同表 8.1。

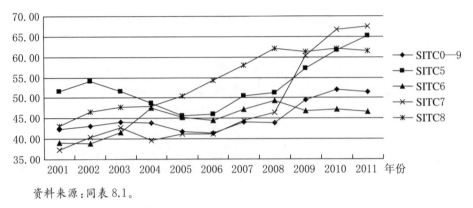

资料来源:同表8.1。

图8.3　保加利亚产业内贸易指数2001—2011年变化趋势

从表8.7和图8.3中可以看出以下结论。

(1)总体上,2001—2011年保加利亚实现了从以产业间贸易为主的贸易模式向以产业内贸易为主的贸易模式的转变。总体及多数制成品产业内贸易指数的提高是在2007年之后实现的,可见2007年保加利亚加入欧盟对提高其各产业的国际化水平起到了关键性作用,极大地促进了其各产业参与国际分工的程度。考虑到在这一期间保加利亚始终存在较大的贸易逆差,表8.7反映出的产业内贸易指数在一定程度上低估了其真实的产业内贸易水平。

(2)劳动密集型制成品中,按原料分类的制成品(SITC6)在2001—2011年间的产业内贸易指数虽有小幅提升(提高7.63个百分点),但依然表现为以产业内贸易为主的贸易模式;而杂项制品(SITC8)的产业内贸易指数在这一期间不但得到了大幅提升(提高18.33个百分点),而且2005年之后该类产品的贸易模式即转变为以产业内贸易为主,平均来讲,该类产品在四类制成品中的产业内贸易指数最高。

(3)技术与资本密集型产品中,化学品和有关产品(SITC5)的产业内贸易指数在2001—2011年总体上提高13.42个百分点,但在2005年之前表现为下降趋势(下降了6.07个百分点),2006年之后得到了大幅的提高(提高19.14个百分点),这种变化趋势主要是受到了该类产品贸易失衡度的变化趋势的影响①。不

---

① 2001—2011年保加利亚化学及相关制品(SITC5)的贸易失衡度分别为:0.23、0.30、0.31、0.39、0.32、0.36、0.30、0.28、0.35、0.29、0.24。一般来讲贸易失衡度对该类产品的产业内贸易指数产生的是负面影响。

过,2007 年后该产品的产业内贸易指数的提高受保加利亚加入欧盟的正面影响也很大。机械及运输设备(SITC7)的产品内贸易指数在 2001—2011 年大幅提高30.13 个百分点,在四类制成品中提升幅度最大,但这一增幅主要是在 2007—2011年实现的(2007—2011 年提高 26.19 个百分点),这种变化趋势同样受到了其贸易失衡度和欧盟的影响①,2007 年之后该类产品的贸易失衡水平得到了显著的改善。

8.5　基本结论

综上所述,保加利亚对外货物贸易的结构特征可归纳为以下四个方面。

(1) 总体上,保加利亚货物贸易增长迅速,2001—2011 年保加利亚对外货物贸易平均增长速度高达 17.21%。其中,出口平均每年增长 18.60%,进口平均每年增长 16.14%,均远高于全球同期 10%的平均增长速度。在此期间保加利亚一直存在较大的贸易逆差,不过经历 2008 年全球金融危机之后,贸易失衡有所缓解。贸易的快速增长带来的结果是保加利亚对外贸易依存度在不断地提高,从2001 年的 118.76%提高到 2011 年的 134.58%,说明保加利亚在走向发达国家的进程中,其宏观经济对全球市场的依赖性非常大,且还有进一步扩大的趋势;同时也表明其对外开放程度及参与国际分工的程度都在不断提高。

(2) 在市场结构上,保加利亚对外货物贸易的区域内贸易特征明显,平均70%以上的贸易量集中在欧洲,60%以上属于欧盟内部贸易。2001—2011 年保加利亚的贸易伙伴国在不断增加,目前几乎覆盖了全世界所有的国家与地区。随着贸易伙伴国的增加,保加利亚在各国市场上的贸易份额趋于分散化,这有效地降低了保加利亚对外贸易的市场风险。2001—2011 年保加利亚的前十大贸易伙伴国集中在德国、俄罗斯、意大利、希腊、法国、比利时、土耳其、乌克兰、美国、英国、罗马尼亚、中国和西班牙等 13 个国家,这些国家占据了保加利亚对外贸易总量三分之二的市场份额。保加利亚的贸易顺差主要来源于塞尔维亚、比利时和土耳其

---

① 2001—2011 年保加利亚机械及运输制品(SITC7)的贸易失衡度分别为:0.56、0.51、0.52、0.55、0.53、0.53、0.52、0.50、0.35、0.24、0.21。

三国,而贸易逆差主要来源于俄罗斯。

(3)在商品结构上,2001—2011年保加利亚的资源密集型产品、劳动密集型产品和资本与技术密集型产品对外贸易额比例大致保持在30：34：36,但是变化幅度较大。其中,资源密集型产品的进、出口比重2001—2011年均有显著的提高,2007年之前该类产品主要表现为贸易顺差,之后则带来了大幅的贸易逆差;劳动密集型产品的进、出口比重均有所下降,带来的是逐年缩小的贸易顺差;资本与技术密集型产品的进口比重出现了明显下降趋势,但出口比重几乎没有什么变化,构成了保加利亚该期间的贸易逆差主要来源。对比全球贸易的出口商品结构可以发现:2001—2011年保加利亚的资源密集型产品、劳动密集型产品中的按原料分类的制成品和资本与技术密集型产品中的化学品和有关产品总体上始终具有较强的比较优势,其他产品则以比较弱势为主。

(4)在产业内贸易上,2001—2011年保加利亚总体上实现了从以产业间贸易为主向产业内贸易为主的贸易模式的转变,加入欧盟对提高其各产业的国际化水平起到了关键性的作用,极大地促进了其各产业参与国际分工的程度。长期存在的贸易失衡对其产业内贸易指数的估计有显著的负面影响。四类制成品的产业内贸易指数在这一期间均有显著的提高,其中,杂项制品的产业内贸易指数最高,而机械及运输类产品的产品内贸易指数增长幅度最大。

第9章
斯洛文尼亚对外货物贸易结构

    2011 年斯洛文尼亚国内生产总值为 495.39 亿美元,人均国内生产总值为 24 141.94 美元[①],是中东欧十六国中人均收入最高的国家,经济总量在 16 国中位居第八,在经济水平上属高度发达国家。按联合国发布的《2011 年人类发展报告》,斯洛文尼亚的社会发展水平排名第 21 位,属极高人类发展水平组。1991 年斯洛文尼亚转型后,开始推行多党议会制民主政治与市场经济,进入 21 世纪以来经济平稳增长,但 2009 年以来,经济受全球金融危机和欧洲主权债务危机影响较大。斯洛文尼亚的主要贸易伙伴国有:德国、意大利、奥地利、克罗地亚、法国、匈牙利、俄罗斯等国家;主要出口商品有:机械设备、光学仪器、化学制品、医药、人造纤维、汽车和运输设备等;主要进口商品有:汽车和运输设备、金属制品、化学制品、医药、人造纤维等。

9.1 斯洛文尼亚对外货物贸易总况

    从贸易规模上看,2001—2011 年间斯洛文尼亚的对外货物贸易保持了较快发

---

① 资料来源:世界银行数据库。

展,货物贸易总额平均每年增长 12.00%,其中出口平均每年增长 12.10%,进口平均每年增长 11.90%,略高于这一期间全球货物贸易总额 10% 的平均增速。由此,斯洛文尼亚的对外货物贸易总额在全球贸易总额中的比重和排名在逐年上升,比重由 2001 年的 0.16% 提升到 2011 年的 0.19%,排名由 2001 年的第 57 位上升到 2011 年的第 53 位。

从贸易平衡的角度看,2001—2011 年斯洛文尼亚一直存在小幅贸易逆差,总体上贸易失衡度略有下降。但是,2001—2008 年斯洛文尼亚的进口平均增速为 18.85%,略高于 17.87% 的出口平均增速,因此失衡程度略有扩大的趋势,并在 2008 年达到最大。但在全球金融危机及欧洲主权债务危机的影响下,2009 年斯洛文尼亚大幅削减了进口,由此贸易失衡度有所缓解,但近两年又有进一步扩大的趋势。

从各年的贸易情况来看,可以发现有两个年份的贸易增长出现了异常。第一个是 2007 年,2007 年的出口增速高达 26.5%,进口增速高达 28.1%,进出口增速均是 11 年间最高,总贸易额在全球中的比重也是 11 年间最高。这可能是受到了欧盟进一步东扩的影响——2007 年保加利亚和罗马尼亚正式成为了欧盟成员国,这一年保加利亚和罗马尼亚的对外贸易增长速度都有显著提高,而这两个国家和斯洛文尼亚的贸易关系都很密切。第二个是 2009 年,受困于 2008 年的全球金融危机,2009 年的进出口增速分别为 −23.4% 和 −29.7%,总贸易额的增速为 −26.8%,低于全球贸易 −22.71% 的增长速度,说明 2008 年的全球金融危机对斯洛文尼亚的国际贸易负面影响程度较大。斯洛文尼亚对外货物贸易更详细的发展与变化趋势情况参见表 9.1。

表 9.1　斯洛文尼亚货物贸易发展趋势(2001—2011 年)(亿美元,%)

年份	出　口		进　口		贸易差额	总贸易在全球中的		全球贸易增速
	金额	增速	金额	增速		比重	排名	
2001	92.5	6.0	101.5	0.3	−8.9	0.16	57	−3.17
2002	103.6	11.9	109.3	7.7	−5.8	0.17	55	4.65
2003	127.7	23.3	138.5	26.7	−10.9	0.18	54	16.38
2004	158.8	24.3	175.7	26.8	−16.9	0.19	53	21.68

续表

年份	出　口		进　口		贸易差额	总贸易在全球中的		全球贸易增速
	金额	增速	金额	增速		比重	排名	
2005	179.0	12.7	196.3	11.7	-17.3	0.19	54	13.06
2006	210.0	17.2	230.1	17.3	-20.3	0.19	57	16.27
2007	265.5	26.5	294.8	28.1	-29.3	0.21	54	14.21
2008	292.5	10.2	339.9	15.3	-47.3	0.20	57	15.59
2009	224.1	-23.4	239.0	-29.7	-15.0	0.19	60	-22.71
2010	244.4	9.1	265.9	11.3	-21.6	0.18	60	21.06
2011	289.8	18.6	312.3	17.5	-22.5	0.19	53	9.32
2001—2011年斯洛文尼亚年均增速:总贸易为12.00%;出口为12.10%;进口为11.90% 2001—2011年全球年均增速:总贸易为10%								

资料来源:根据联合国商品贸易统计数据库中相应数据计算得出。

随着对外贸易的快速增长,其对斯洛文尼亚宏观经济的影响和贡献也越来越大,从斯洛文尼亚的对外贸易依存度这一指标来看,从2001年的111.31%上升到2011年的144.71%,其中,服务贸易占其GDP的比重仅有16.68%—23.14%,11年间基本保持不变,因此斯洛文尼亚极高的对外贸易依存度主要源于其极高的对外货物贸易依存度,对外贸易依存度的增长同样主要源于对外货物贸易的增长,详细的情况参见图9.1。

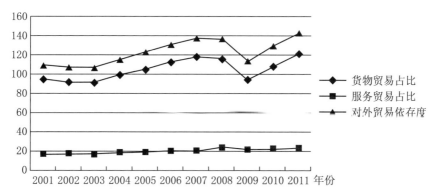

资料来源:根据世界银行数据库(http://data.worldbank.org.cn)及联合国商品贸易统计数据库中相应数据计算得出。

图9.1　斯洛文尼亚对外贸易依存度及变化趋势(%)

图 9.1 表明:(1)斯洛文尼亚斯对外贸易依存度极高(平均超过了 120%),这说明其宏观经济的外向型特征非常明显,经济发展严重依赖于对外贸易尤其是对外货物贸易的发展。(2)斯洛文尼亚对外贸易依存度在逐年提高,2009 年的突然下降表明全球金融危机对其贸易的负面影响远远超出了对其宏观经济的影响。对外贸易依存度的提高说明斯洛文尼亚对外开放和国际分工的程度不断提高,对全球市场的依赖程度增大;也说明外国经济,尤其是欧盟的经济情况对其宏观经济的影响在不断地加强。

9.2 市场结构

为简化说明,这里只列举了斯洛文尼亚 2001 年、2006 年及 2011 年的总贸易、进口及出口前十大贸易伙伴国的市场份额构成情况(详见表 9.2),同期的贸易逆差与贸易顺差主要来源地的情况(详见表 9.3),以及对其 2001—2011 年的对外货物贸易市场结构特征的说明。

表 9.2 斯洛文尼亚前十大贸易伙伴国及其市场份额(%)

2001 年			2006 年			2011 年		
总贸易	出 口	进 口	总贸易	出 口	进 口	总贸易	出 口	进 口
德 国 22.2	德 国 26.2	德 国 18.5	德 国 18.8	德 国 19.7	德 国 18.0	德 国 18.5	德 国 21.1	意大利 16.5
意大利 15.1	意大利 12.5	意大利 17.5	意大利 15.1	意大利 12.9	意大利 17.0	意大利 14.3	意大利 11.9	德 国 16.2
法 国 8.7	克罗地亚 8.6	法 国 10.5	奥地利 8.5	克罗地亚 8.7	奥地利 8.2	奥地利 7.8	克罗地亚 7.7	奥地利 7.8
奥地利 7.9	奥地利 7.5	奥地利 8.2	法 国 6.5	奥地利 8.7	法 国 6.2	法 国 5.6	奥地利 6.7	中 国 5.1
克罗地亚 6.3	法 国 6.8	克罗地亚 4.1	克罗地亚 6.2	法 国 6.8	克罗地亚 4.0	克罗地亚 5.4	法 国 6.7	法 国 4.5
俄罗斯 2.9	波 黑 4.3	匈牙利 3.7	俄罗斯 2.8	俄罗斯 3.6	中 国 3.2	匈牙利 3.0	俄罗斯 3.6	克罗地亚 4.1

续表

2001 年			2006 年			2011 年		
总贸易	出　口	进　口	**总贸易**	出　口	进　口	**总贸易**	出　口	进　口
美　国 **2.8**	俄罗斯 3.0	美　国 2.9	**匈牙利** **2.6**	塞尔维亚 3.5	西班牙 3.1	**中　国** **2.9**	塞尔维亚 3.4	美　国 3.1
匈牙利 **2.8**	英　国 2.8	俄罗斯 2.8	**西班牙** **2.5**	波　兰 2.9	匈牙利 2.8	**俄罗斯** **2.8**	波　兰 3.1	匈牙利 2.9
英　国 **2.5**	美　国 2.7	捷　克 2.6	**塞尔维亚** **2.4**	波　黑 2.9	荷　兰 2.3	**塞尔维亚** **2.6**	匈牙利 3.0	捷　克 2.5
波　黑 **2.4**	波　兰 2.6	西班牙 2.5	**英　国** **2.3**	英　国 2.8	美　国 2.1	**波　兰** **2.6**	波　黑 2.7	西班牙 2.4
73.5	77.0	73.3	67.6	72.4	67.1	65.4	70.0	65.2

注:每个国家下面的数字为这一市场占斯洛文尼亚对外贸易额的份额,最后一行为合计。

资料来源:同表 9.1。

总的来讲在这三年中,不管是总贸易额,还是进口或出口总额,斯洛文尼亚的对外贸易市场都非常集中,排名前十的国家除中国和美国外全部集中于欧洲,且欧盟国家占了绝大多数。其中,德国和意大利维持在第一和第二的位置,斯洛文尼亚同这两个国家的贸易总额占到了其贸易总额的三分之一,与前十大贸易伙伴国间的贸易总额平均占到了其贸易总额的三分之二。由此,可以认为2001—2011年斯洛文尼亚对外货物贸易的市场结构主要特征表现为:以德国和意大利为贸易中心的欧盟区域内贸易。

从总贸易额来看,德国、意大利、奥地利、法国、克罗地亚、匈牙利和俄罗斯7个国家始终位于斯洛文尼亚前十大贸易伙伴国之列,且除俄罗斯外均为欧盟成员国。其他重要的贸易伙伴国中同属欧洲的还有英国、波黑、西班牙、塞尔维亚和波兰;欧洲之外的只有中国和美国。从贸易集中程度的变化趋势来看,斯洛文尼亚的贸易集中度有明显的下降趋势:前十大贸易伙伴国的市场份额在 2001 年占73.5%,到 2011 年就下降到 65.4%。贸易集中度的下降表明斯洛文尼亚的贸易市场出现了多元化趋势,有利于其对外贸易的健康发展。

从出口目的地来看,在这三个被研究年份中,排名前十的国家大体上变化不大,基本上都是欧洲大国及地理位置同其非常接近的原南斯拉夫联邦国家。出口目的地的前五大国家没有变化,依次为:德国、意大利、克罗地亚、奥地利和法国,5国市场份额之和在这三年分别占到了 61.6%、56.8% 和 54.1%。此外,俄罗斯、波兰和波黑三国在这三年中也始终位于斯洛文尼亚前十大出口目的地之列。其他重要的出口目的地包括美国、英国、塞尔维亚和匈牙利。出口市场的集中度也表现为明显的下降趋势:前十大出口目的地市场份额从 2001 年的 77%,减少到 2011 年的70%,下降 7 个百分点,这种变化有利于化解出口市场波动的不确定性风险。

从进口来源地看,在所研究的三个年份中,德国、意大利、奥地利、法国、克罗地亚、美国、匈牙利和西班牙等 8 个国家均在斯洛文尼亚的前十大进口来源地之列,其他主要进口来源地包括:捷克、俄罗斯、中国和荷兰。进口市场的集中度也有明显的下降趋势:前十大进口来源地的市场份额从 2001 年的 73.3%,下降到2011 年的 65.2%,这一变化表明其进口来源地的多元化趋势明显,呈现出良性的发展态势。

对比斯洛文尼亚 2001—2011 年的贸易逆(顺)差主要来源地(见表 9.3),还可以看出斯洛文尼亚对外货物贸易市场结构有如下特征。

表 9.3　斯洛文尼亚贸易顺差和逆差贡献度来源地排序(%)

来源地 ＼ 排序 ＼ 年份	1	2	3	4	5	合计
贸易逆差来源地 2001	意大利 21.9	法 国 15.1	匈牙利 7.8	西班牙 5.7	中 国 5.2	**55.6**
贸易逆差来源地 2006	意大利 22.5	中 国 12.2	西班牙 5.7	荷 兰 4.4	日 本 4.4	**49.1**
贸易逆差来源地 2011	意大利 21.5	中 国 18.5	美 国 6.7	西班牙 5.3	韩 国 4.2	**56.1**
贸易顺差来源地 2001	德 国 28.2	克罗地亚 19.7	波 黑 17.1	塞 黑 9.6	马其顿 5.4	**79.9**
贸易顺差来源地 2006	克罗地亚 26.6	塞尔维亚 12.4	俄罗斯 8.0	波 黑 6.4	波 兰 6.2	**59.6**
贸易顺差来源地 2011	德 国 18.6	克罗地亚 11.9	法 国 9.8	俄罗斯 7.2	塞尔维亚 6.8	**54.2**

注:国家下面的数字表示斯洛文尼亚来源于该国市场的贸易逆差(顺)差占其贸易逆差(顺)差总额的百分比。

资料来源:同表 9.1。

　　(1) 2001—2011 年,斯洛文尼亚的贸易逆差主要来源于:意大利、中国、法国、匈牙利、西班牙、美国、荷兰、日本和韩国等国家,其中,来自意大利的贸易逆差平均占其所有贸易逆差来源地逆差总额的五分之一以上。前五大贸易逆差来源地产生的贸易逆差平均占到了一半以上的比例,从数量上来讲,可以说贸易逆差来源地还是比较集中的,市场集中度变化也不大;从地理位置上讲,主要集中于欧盟的几个国家和亚洲的中国、日本、韩国三国。

　　(2) 斯洛文尼亚同期的贸易顺差主要来源地为:德国、克罗地亚、波黑、塞尔维亚、马其顿、俄罗斯、波兰和法国等,这些国家均为欧洲国家,其中克罗地亚、波黑、塞尔维亚和马其顿同斯洛文尼亚同属原南斯拉夫联邦国家。从贸易顺差比重的变化趋势来看,前五大贸易顺差来源地对其贸易顺差的贡献度在不断下降,从2001 年的 79.9% 下降到 2011 年的 54.2%。这表明斯洛文尼亚的出口产品竞争力在不断地提高,在越来越多的国家表现为贸易顺差。

9.3　商品结构

9.3.1　出口商品结构

　　总体上来看,2001—2011 年斯洛文尼亚的出口商品中,资源密集型产品、劳动密集型产品和资本与技术密集型产品的出口额比例平均约为 10:40:50。具体的出口商品结构及其变化如表 9.4 所示。

　　从表 9.4 中可以看出:(1)资源密集型产品占总出口的比重在逐年稳步地提高,从 2001 年的 6.4% 提高到 2011 年的 13.29%,提高 5.89 个百分点,增加了近一倍。其中,矿物燃料、润滑油及有关原料(SITC3)的出口比重增长最快,其次是非食用原料(SITC2),两类产品对资源密集型产品出口比重的提高分别贡献了 4.79个百分点和 2.09 个百分点。(2)劳动密集型产品的出口比重在逐年下降,从 2001年的 45.87% 下降到 2011 年的 33.38%,下降 12.49 个百分点。其中,按原料分类的制成品(SITC6)的出口比重下降仅 3.74 个百分点,而杂项制品(SITC8)的出口比重降幅高达 8.75 个百分点。这说明这一期间斯洛文尼亚劳动力成本的提高对其劳动密集型产品出口竞争力的负面影响较大。(3)资本与技术密集型产品的出口比重有所上升,从 2001 年的 47.74% 提高到 2011 年的 53.33%,提高 5.59 个百分点。但其比重的提高基本全部来自化学品和有关产品(SITC5)出口比重的提高,该类产品的出口比重提高 5.09 个百分点,而机械及运输设备(SITC7)的出口比重变化不大。这表明 2001—2011 年斯洛伐克的化学工业得到长足的发展,化学制品的出口竞争力得到大幅提高,这一点从比较优势中可以看得更清楚。

表 9.4　斯洛文尼亚出口商品结构(2001—2011 年)(%)

年份	资源密集型产品	劳动密集型产品			资本与技术密集型产品		
	SITC0—4	SITC6＋8	SITC6	SITC8	SITC5＋7＋9	SITC5	SITC7
2001	**6.40**	**45.87**	26.77	19.10	**47.74**	11.40	36.14
2002	**6.46**	**44.05**	26.08	17.97	**49.50**	12.25	37.01
2003	**6.55**	**43.07**	25.58	17.49	**50.37**	13.58	36.56
2004	**6.16**	**42.54**	25.64	16.90	**51.31**	13.22	37.87
2005	**7.13**	**40.54**	25.16	15.38	**52.34**	12.93	39.25
2006	**8.39**	**39.68**	25.75	13.93	**51.93**	13.58	38.18
2007	**8.20**	**37.45**	24.99	12.46	**54.34**	13.66	40.51
2008	**9.67**	**35.92**	23.79	12.13	**54.41**	14.31	39.87
2009	**10.53**	**32.59**	20.72	11.87	**56.88**	16.45	40.21
2010	**11.89**	**32.77**	22.02	10.75	**55.34**	16.42	38.72
2011	**13.29**	**33.38**	23.03	10.35	**53.33**	16.49	36.60

资料来源:同表 9.1。

9.3.2　比较优势

用巴氏显性比较优势(RCA)指数,可以更好地说明斯洛文尼亚出口商品结构表现出的国际竞争力,详细的 RCA 指数如表 9.5 所示。

表 9.5　斯洛文尼亚出口商品巴氏显性比较优势指数（RCA）（2001—2011 年）

年份	SITC0	SITC1	SITC2	SITC3	SITC4	SITC5	SITC6	SITC7	SITC8
2001	0.416	**1.240**	0.603	0.100	0.206	**1.173**	**1.976**	0.895	**1.518**
2002	0.385	**1.370**	0.552	0.117	0.232	**1.163**	**1.913**	0.935	**1.407**
2003	0.378	**1.347**	0.565	0.141	0.156	**1.278**	**1.886**	0.928	**1.417**
2004	0.371	0.773	0.584	0.153	0.122	**1.237**	**1.832**	0.972	**1.431**
2005	0.442	0.536	0.699	0.167	0.151	**1.213**	**1.816**	1.029	**1.334**
2006	0.522	0.496	0.797	0.196	0.124	**1.316**	**1.834**	1.023	**1.267**
2007	0.545	0.435	**0.851**	0.152	0.158	**1.284**	**1.727**	1.094	**1.132**
2008	0.588	0.483	**0.865**	0.184	0.135	**1.366**	**1.730**	1.158	**1.177**
2009	0.592	0.505	**0.884**	0.248	0.121	**1.428**	**1.642**	1.172	1.025
2010	0.557	0.504	**0.960**	0.313	0.108	**1.463**	**1.681**	1.114	0.977
2011	0.565	0.526	**0.862**	0.451	0.101	**1.478**	**1.691**	1.046	0.925

注：粗体部分为相对比较优势，其余为相对比较劣势。
资料来源：同表 9.1。

总的来看，斯洛文尼亚 2001—2011 年的出口商品中，初级产品（资源密集型产品）中的各类商品均始终处于相对比较劣势，而工业制成品中的各类商品则始终处于相对比较优势地位。其中，初级产品（资源密集型产品）中的饮料及烟草（SITC1）由中等比较优势下降到了相对比较劣势，而非食用原料（SITC2）则逐年提升到了中等比较优势，这和其自然资源禀赋特征是一致的，斯洛文尼亚的森林和水利资源丰富，森林覆盖率为 66％；而矿产资源相对贫乏，主要有汞、煤、铅、锌等[1]。劳动密集型产品中的按原料分类的制成品（SITC6）始终保持了较强的相对比较优势，但有下降趋势，而杂项制品（SITC8）则从较强比较优势下降到中等比较优势，其 RCA 值从 2001 年的 1.518 下降到 2011 年的 0.925。这和表 9.4 的结果是一致的，也表明斯洛文尼亚的劳动密集型产品出口竞争力在不断地下降。资本与技术密集型产品中，机械及运输设备（SITC7）始终具有中等比较优势，且有缓慢

---

[1] 资料来源：中华人民共和国外交部网站：http://www.fmprc.gov.cn/chn/pds/gjhdq/gj/oz/1206_38/，2012 年 10 月 17 日。

增长的趋势;而化学品和有关产品(SITC5)则从中等比较优势大幅提高到了较强比较优势,同表9.4一样表明其化学工业增长迅速,出口竞争力得到了大幅提高。

9.3.3　进口商品结构

2001—2011年斯洛文尼亚的进口商品结构及其变化,可用表9.6表示。

表9.6　斯洛文尼亚进口商品结构(2001—2011年)(%)

年份	资源密集型产品	劳动密集型产品			资本与技术密集型产品		
	SITC0—4	SITC6+8	SITC6	SITC8	SITC5+7+9	SITC5	SITC7
2001	**19.23**	**34.05**	22.90	11.15	**46.72**	12.72	33.63
2002	**18.15**	**34.25**	23.00	11.25	**47.60**	13.38	34.00
2003	**18.54**	**33.54**	22.86	10.68	**47.93**	13.32	34.45
2004	**19.26**	**33.33**	23.27	10.06	**47.41**	13.07	34.16
2005	**21.97**	**32.46**	22.62	9.84	**45.57**	12.85	32.62
2006	**22.82**	**32.32**	22.98	9.34	**44.86**	12.15	32.51
2007	**21.52**	**31.80**	22.51	9.29	**46.68**	12.02	34.41
2008	**24.73**	**29.66**	20.40	9.26	**45.61**	11.79	33.52
2009	**24.93**	**29.25**	18.33	10.92	**45.82**	13.50	32.08
2010	**26.74**	**29.02**	19.20	9.82	**44.24**	13.67	30.15
2011	**29.09**	**28.67**	19.18	9.49	**42.24**	13.47	28.31

资料来源:同表9.1。

总体上,斯洛文尼亚2001—2011年进口产品中的资源密集型产品、劳动密集型产品和资本与技术密集型产品的比例大致为23:32:45。其中,资源密集型产品比重上升趋势明显,劳动密集型产品和资本与技术密集型产品的进口比重则呈下降趋势。具体来讲,资源密集型产品的进口比重从2001年的19.23%增加到2011年的29.09%,增长9.86个百分点。其中,矿物燃料、润滑油及有关原料(SITC3)的进口额占总进口额的比重增幅高达7.17%,食品和活动物(SITC0)和非食用原料(SITC2)的进口比重合计增加2.45%,而其他资源密集型产品的进口比重几乎没有变化,这基本上和出口结构的变化趋势一致。劳动密集型产品的进口比重在此期间下降 5.39 个百分点,其中,按原料分类的制成品(SITC6)的进口比重下降 3.72%,杂项制品(SITC8)的进口比重下降 1.67%。资本与技术密集型产品在此期间下降 4.48 个百分点,其中,化学品和有关产品(SITC5)的进口比重上升 0.75%,而机械及运输设备(SITC7)的进口比重则下降 5.32%。

为了对比说明进、出口商品结构的变化,表 9.4 的出口商品结构和表 9.6 的进口商品结构可汇总为图 9.2。

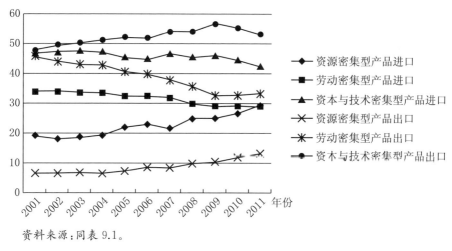

资料来源:同表 9.1。

图 9.2　斯洛文尼亚 2001—2011 年进、出口商品结构变化趋势(%)

从图 9.2 中可以看出以下三个结论:(1)资源密集型产品的进、出口比重均有明显上升趋势,且进口比重远大于出口比重,增长速度也快于出口比重。考虑到斯洛文尼亚 2001—2011 年始终存在的贸易逆差,其资源密集型产品的进出口表现为严重的贸易失衡,由此带来的贸易逆差在不断地扩大,构成了斯洛文尼亚这一期间贸易逆差的主要来源。这一结构是其矿产资源相对缺乏的资源禀赋特征所决定的。(2)劳动密集型产品的进、出口比重均呈现出下降趋势,其中,出口比重始终远高于其进口比重,下降幅度也快于进口比重的下降。由此,该类产品这一期间带来都是贸易顺差,但处于不断下降的趋势①。(3)资本与技术密集型产品

---

① 2001 年、2006 年、2011 年劳动密集型产品顺差分别为:7.89、8.89、7.22(单位:亿美元)。

的出口额占总出口额的比重在 2001—2011 年始终高于进口比重,且出口比重表现为平缓上升趋势,而进口比重则为平缓下降趋势。由此,该类产品对斯洛文尼亚的贸易顺差贡献越来越大,2001—2004 年资本与技术密集型产品处于贸易逆差的地位,但是之后是逐年扩大的贸易顺差[①]。

9.4 产业内贸易

利用 UN-comtrade 数据库中 SITC 三位数层次上的分类数据,可计算出斯洛文尼亚 2001—2011 年间的 G-L 产业内贸易指数,以及 SITC 一级分类下的各类制成品产业内贸易指数结果,如表 9.7 所示。同时为了直观地表示产业内贸易的变化趋势,把表 9.7 的结果汇总成了图 9.3。

表 9.7 斯洛文尼亚 2001—2011 年间的产业内贸易指数

年份	SITC0—9	SITC5	SITC6	SITC7	SITC8
2001	**62.14**	59.19	71.19	**65.59**	69.83
2002	**61.54**	58.07	69.89	**64.55**	68.65
2003	**62.75**	56.54	69.87	**68.36**	67.23
2004	**62.86**	58.43	69.27	**68.52**	65.94
2005	**62.28**	60.29	70.58	**64.67**	66.36
2006	**64.89**	60.75	71.94	**68.62**	68.53
2007	**66.32**	61.29	71.35	**70.83**	71.60
2008	**65.93**	61.52	72.64	**71.14**	72.88
2009	**65.43**	61.84	72.33	**67.70**	74.61
2010	**64.98**	61.72	72.29	**66.73**	74.82
2011	**65.42**	61.61	70.68	**70.06**	74.58

资料来源:同表 9.1。

[①] 2001—2011 年间资本密集型产品的贸易顺差:−3.23、−0.76、−2.07、−1.82、4.22、5.72、6.67、4.14、17.91、17.58、22.62(单位:亿美元)。

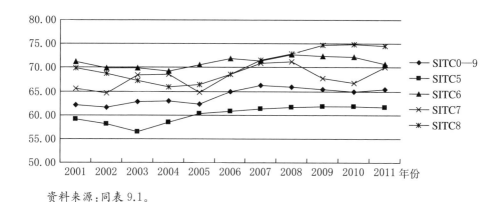

资料来源：同表 9.1。

图 9.3　斯洛文尼亚产业内贸易指数 2001—2011 年变化趋势

从表 9.7 和图 9.3 中可以看出以下结论。

（1）整体上，斯洛文尼亚 2001—2011 年的对外贸易均表现为以产业内贸易为主的贸易模式。斯洛文尼亚总体产业内贸易指数平均达到了 64，产业内贸易水平在中东欧十六国中排名第三，仅次于捷克和匈牙利，且有平缓的上升趋势：2001 年斯洛文尼亚的 G-L 指数为 62.14，到 2011 年提升到 65.42，增加 3.28 个百分点。考虑到斯洛文尼亚在这一时期始终处于贸易逆差，以及贸易逆差对 G-L 指数的负面影响，表 9.7 中的数据可能低估了其真实的产业内贸易水平。据此可以认为其产业内贸易指数的提升主要得益于其工业化程度的不断提高和收入水平的提高，表明在此期间其参与国际分工的程度在不断深化，产业的国际竞争力也在不断地提高。

（2）在制成品中，劳动密集型制成品的产业内贸易指数平均最高。其中，按原料分类的制成品（SITC6）2001—2011 年的 G-L 指数平均高达 71.1，是四类制成品中产业内贸易指数最高的一类，且几乎没有什么变化趋势。同时，杂项制品（SITC8）2001—2011 年的 G-L 产业内贸易指数平均高达 70.5，增长 4.5 个百分点，表现为平缓的"U"形结构；在 2004 年达到最低值（65.94），表明 2004 年斯洛文尼亚加入欧盟对该类产品的产业内贸易水平产生了负面影响。总的来讲，斯洛文尼亚的劳动密集型产业已较深地融入到国际产业链中，在国际分工中的地位还在不断提高。

（3）技术与资本密集型产品中，化学及相关制品（SITC5）的产业内贸易指数增长缓慢,从 2001 年的 59.19 增长到 2011 年的 61.61,仅增长 2.42 个百分点。但考虑到该类产品的贸易失衡度在不断加剧,对产业内贸易指数的负面影响也越来越大,其真实的产业内贸易水平的提升要比上述结果高得多。可以认为斯洛文尼亚加入欧盟对其化学工业国际竞争力的提高还是产生了积极的影响。机械及运输设备(SITC7)的产业内贸易指数从 2001 年的 65.59,提升到 2011 年的 70.06,提高 4.47 个百分点,但其变化趋势比较复杂,表现出较大的波动性。这可能与该类产业在国际产业链中的地位变化有关,但具体原因需进一步研究,该类产品 2001—2011 年的表现同样为贸易失衡,因而真实的产业内贸易水平同样被低估了。

9.5 基本结论

综上所述,斯洛文尼亚对外货物贸易的结构特征可归纳为以下四个方面。

(1)总体上,斯洛文尼亚货物贸易增长速度较快,2001—2011 年斯洛文尼亚对外货物贸易平均增长速度高达 12.00%,其中出口增速 12.10%,进口增速 11.90%,略高于全球同期 10% 的平均增长速度。在这期间,斯洛文尼亚一直存在小幅贸易逆差,贸易失衡度总体略有下降。从贸易依存度上看,斯洛文尼亚的外向型经济特征明显,贸易依存度在不断地提高,从 2001 年的 111.31% 提高到 2011 年的 144.71%。这表明斯洛文尼亚在走向发达国家的进程中,其宏观经济对全球市场的依赖性非常大,且有进一步扩大的趋势;也表明其对外开放程度及参与国际分工的程度都在不断提高。

(2)在市场结构上,斯洛文尼亚的对外货物贸易市场结构主要特征表现为:以德国和意大利为中心的欧盟区域内贸易,平均 70% 以上的对外贸易额是在欧盟内部实现的。2001—2011 年斯洛文尼亚的贸易伙伴国几乎覆盖了全世界所有的国家与地区,随着贸易伙伴国的增加,斯洛文尼亚在各国市场上的贸易份额趋于分散化。这一期间斯洛文尼亚的前十大贸易伙伴国集中在德国、意大利、奥地利、法国、克罗地亚、匈牙利、俄罗斯、英国、波黑、西班牙、塞尔维亚、波兰、中国和美国等

14个国家,这些国家占据了斯洛文尼亚对外贸易总量三分之二以上市场份额。斯洛义尼亚的贸易逆差主要来源于:意大利、中国、法国、匈牙利、西班牙、美国、荷兰、日本和韩国等9个国家,贸易顺差主要来源地为:德国、克罗地亚、波黑、塞尔维亚、马其顿、俄罗斯、波兰和法国等8个国家①。

(3) 在商品结构上,2001—2011年资源密集型产品、劳动密集型产品和资本与技术密集型产品对外贸易额比例大致平均在 16∶31∶53。其中,资源密集型产品的进、出口额比重均略有上升,且进口比重远大于出口比重,构成了贸易逆差的一个重要组成部分;劳动密集型产品的进、出口比重均略呈下降趋势,且出口比重略高于进口比重,构成了斯洛文尼亚对外贸易顺差的一个来源(但有贸易平衡的趋势);资本与技术密集型产品的出口比重明显高于进口比重贸易,构成了斯洛文尼亚贸易 2001—2011年顺差的主要来源,且出口份额有明显的扩大趋势,进口份额则有平缓下降趋势。对比全球贸易的出口商品结构,可以发现:2001—2011年斯洛文尼亚的四类制成品均有较强的比较优势,其中化学制品和按原材料划分的制成品(SITC5、SITC6)有较高比较优势,机械及运输设备产品和杂项制品(SITC7、SITC8)有中等比较优势,其他产品则以比较弱势为主。

(4) 在产业内贸易上,2001—2011年斯洛文尼亚产业内贸易指数平均达到64,在中东欧十六国中仅次于捷克和匈牙利,以产业内贸易为主的贸易模式特征明显,受对外贸易失衡对 G-L 指数估计的不利影响,表 9.7 中的数据可能低估了其真实的产业内贸易水平。从趋势上讲,四类制成品的产业内贸易指数除按原材料划分的制成品变化不大外,其他三类均有上升趋势,且劳动密集型制成品的产业内贸易指数高于资本与技术密集型产品。这些变化表明在这一期间斯洛文尼亚的工业化程度,及其参与国际分工的程度都得到了进一步的提高和深化。

---

① 法国在 2001 年是斯洛文尼亚的贸易逆差前五大来源地之一,但到了 2011 年就转变为其贸易顺差的前五大贸易顺差来源地之一了,详见表 9.3。

第 10 章

立陶宛对外货物贸易结构

2011 年立陶宛国内生产总值为 427 亿美元,人均国内生产总值为 13 339 美元,经济总量在中东欧十六国中位居第十,在经济水平上属中等发达国家。按联合国发布的《2011 年人类发展报告》,立陶宛的社会发展水平排名第 40 位,属于极高人类发展水平组。1990 年 1 月立陶宛独立后,开始推行多党议会制民主政治与市场经济,进入 21 世纪以来经济增长迅速。立陶宛的主要贸易伙伴国有:德国、俄罗斯、拉脱维亚、波兰、荷兰和爱沙尼亚等国家;主要出口商品有:矿产品、机电设备、电气设备、木材等;主要进口商品有:矿产品、机电设备、电气设备、化工产品、蔬菜及水果等。

10.1 立陶宛对外货物贸易总况

从贸易规模上看,2001—2011 年间立陶宛的对外货物贸易保持了高速发展,货物贸易总额平均每年增长 18.53％,其中出口平均每年增长 19.87％,进口平均每年增长 17.48％,远远高于期间全球货物贸易总额 10％的平均增速。由此,其贸易总额在全球贸易总额中的比重和排名逐年稳步上升,比重由 2001 年的 0.09％提升到 2011 年的 0.19％,排名由 2001 年的第 70 位上升到 2011 年的第 54 位。

从贸易平衡的角度看,2001—2011 年立陶宛虽然一直处于贸易逆差状态,对外贸易严重失衡。但由于出口增速平均高于进口增速,贸易失衡度有逐渐缩小的趋势,进、出口之比从 2001 年的 1.39 下降到 2011 年的 1.13。

从各年的贸易情况来看,可以发现有两个年份的贸易增长出现了异常。第一个年份是 2009 年,受困于 2008 年的全球金融危机,2009 年的进出口增速分别为 −30.6％和−41.4％,总贸易额的增速为−36.7％,远大于全球贸易的负增长幅度,说明金融危机对立陶宛的国际贸易负面影响非常大。第二个年份是 2011 年,2011 年的出口增速高达 34.9％,进口增速高达 36.0％,进出口增速均保持在 35％左右,约是当年全球贸易增速 9.32％的 4 倍,总贸易额在全球中的比重和排名是11 年最高,说明其对外贸易在 2011 年的贸易得到了恢复性的增长。立陶宛对外货物贸易更详细的发展变化情况参见表10.1。

表 10.1　立陶宛货物贸易发展趋势(2001—2011 年)(亿美元,％)

年份	出　口		进　口		贸易差额	总贸易在全球中的		全球贸易增速
	金额	增速	金额	增速		比重	排名	
2001	45.8	20.3	63.5	16.4	−17.7	0.09	70	−3.17
2002	54.8	19.5	77.1	21.3	−22.3	0.10	68	4.65
2003	71.6	30.8	98.0	27.2	−26.4	0.12	67	16.38
2004	93.0	29.9	123.8	26.3	−30.8	0.12	65	21.68
2005	120.7	29.8	157.0	26.9	−36.3	0.14	62	13.06
2006	141.4	17.1	193.9	23.5	−52.5	0.14	64	16.27
2007	171.6	21.4	244.5	26.1	−72.8	0.15	62	14.21
2008	237.7	38.5	313.0	28.0	−75.2	0.18	64	15.59
2009	165.0	−30.6	183.4	−41.4	−18.4	0.15	64	−22.71
2010	208.1	26.2	233.8	27.4	−25.6	0.15	62	21.06
2011	280.7	34.9	318.0	36.0	−37.3	0.19	54	9.32

2001—2011 年立陶宛年均增速:总贸易为 18.53％;出口为 19.87％;进口为 17.48％
2001—2011 年全球年均增速:总贸易为 10％

资料来源:根据联合国商品贸易统计数据库中相应数据计算得出。

伴随立陶宛对外贸易的发展,其对外贸易对宏观经济的影响和贡献也越来越大,其对外贸易依存度从 2001 年的 105.23% 上升到 2011 年的 160.33%。其中,服务贸易占 GDP 的比重仅有 15.28%—20.85%,11 年间基本保持不变。因而,立陶宛极高的对外贸易依存度主要源于其极高的对外货物贸易依存度,对外贸易依存度的增长同样主要源于对外货物贸易的增长。其中,2001—2008 年呈稳步缓慢增长趋势,2009 年又下降到 2004 年的水平,此后,迅速上升 50%,详细的情况参见图 10.1。

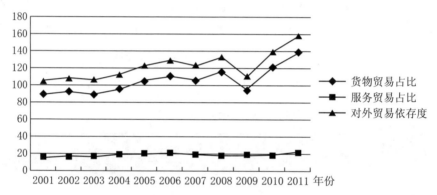

资料来源:根据世界银行数据库(http://data.worldbank.org.cn)及联合国商品贸易统计数据库(UN-comtrade)中相应数据计算得出。

图 10.1　立陶宛对外贸易依存度及变化趋势(%)

2001—2011 年立陶宛的对外贸易依存度非常高且增长迅速,这说明其外向型的经济特征非常明显,参与国际分工和国际经济合作的程度越来越高,对全球市场的依赖性不断提高;同时也说明外国经济对其宏观经济的影响在不断增强。

10.2　市场结构

随着经济全球化和欧洲经济一体化的发展,立陶宛 2001—2011 年对外贸易市场迅速扩大。为了简化市场结构的分析,这里只选取了其 2001 年、2006 年和

2011 年三个年份的前十大贸易伙伴国,来代表性地说明其 2001—2011 年间对外贸易市场结构的特点,具体的市场结构如表 10.2 所示。

表 10.2　立陶宛前十大贸易伙伴及其占立陶宛对外贸易的比重(%)

2001 年			2006 年			2011 年		
总贸易	出　口	进　口	总贸易	出　口	进　口	总贸易	出　口	进　口
俄罗斯	英　国	俄罗斯	俄罗斯	俄罗斯	俄罗斯	俄罗斯	俄罗斯	俄罗斯
19.3	13.8	25.3	19.4	12.8	24.2	24.8	16.6	32.0
德　国	拉脱维亚	德　国	德　国	拉脱维亚	德　国	德　国	拉脱维亚	德　国
15.3	12.6	17.2	12.2	11.1	14.9	9.4	9.8	9.6
英　国	德　国	波　兰	波　兰	德　国	波　兰	拉脱维亚	德　国	波　兰
7.7	12.6	4.9	8.1	8.6	9.5	8.0	9.2	8.6
拉脱维亚	俄罗斯	意大利	拉脱维亚	爱沙尼亚	拉脱维亚	波　兰	波　兰	拉脱维亚
6.2	11.0	4.2	7.4	6.5	4.8	7.8	6.8	6.4
波　兰	波　兰	法　国	爱沙尼亚	波　兰	荷　兰	荷　兰	爱沙尼亚	荷　兰
5.4	6.3	3.8	4.5	6.1	3.7	5.4	6.5	4.9
丹　麦	丹　麦	英　国	荷　兰	荷　兰	意大利	爱沙尼亚	荷　兰	意大利
3.6	4.5	3.4	4.2	4.8	3.4	4.5	6.1	3.3
法　国	白俄罗斯	美　国	瑞　典	瑞　典	瑞　典	白俄罗斯	白俄罗斯	瑞　典
3.6	3.9	3.1	3.8	4.5	3.3	3.7	5.2	3.2
美　国	美　国	瑞　典	法　国	英　国	法　国	瑞　典	法　国	比利时
3.4	3.8	3.0	3.6	4.4	3.2	3.4	4.1	3.1
瑞　典	瑞　典	丹　麦	丹　麦	美　国	爱沙尼亚	法　国	英　国	爱沙尼亚
3.3	3.7	2.9	3.4	4.3	3.1	3.1	3.9	2.7
意大利	乌克兰	荷　兰	英　国	丹　麦	芬　兰	英　国	瑞　典	白俄罗斯
3.3	3.4	2.4	3.4	4.2	2.9	2.7	3.5	2.4
71.1	75.5	70.1	70.1	67.3	73.0	72.7	71.6	76.2

注:国家下面的数字为这一市场占立陶宛对外贸易额的比重,最后一行为合计。

资料来源:同表 10.1。

从表10.2中可看出,在所研究的三个年份中,不管是从总的对外贸易还是单从进口或出口上看,立陶宛的市场结构特征都表现为明显的以区域内贸易为主的特征。前十大主要贸易伙伴国除个别国家外均为欧洲国家,而且基本上都是欧盟成员国,前十大贸易伙伴国的市场份额均占到70%以上,其中,俄罗斯和德国总的市场份额平均占到三分之一以上。

从贸易总额上看,在所研究的三个年份中,德国、俄罗斯、拉脱维亚、波兰、瑞典、法国和英国等7个国家始终在立陶宛的前十大贸易伙伴国之列,其中2006年和2011年的前十大贸易伙伴国有9个是相同的。这说明其主要贸易伙伴国非常稳定,立陶宛已经和这些国家建立起长期稳定的贸易合作关系,其中,俄罗斯是其最大的贸易伙伴国,双边的贸易总量占立陶宛对外贸易总额的五分之一以上,且有进一步上升趋势。其他几个进入过其前十大贸易伙伴的国家为:爱沙尼亚、荷兰、白俄罗斯、丹麦、美国和意大利等6国。从市场集中度来看,立陶宛前十大贸易市场所占份额平均水平在71%以上,贸易集中度非常高且基本没有什么变化。

从出口目的地看,2001—2011年立陶宛的主要出口目的地亦比较集中,在所研究的三个年份中,德国、俄罗斯、拉脱维亚、波兰、英国和瑞典等6个国家始终位于其前十大出口目的地之中,其中,2006年和2011年的前十大出口目的地有8个是相同的,说明其主要出口目的地比较稳定,在这些市场上立陶宛的产品长期具备较强的竞争力。在所研究的三个年份中,其他几个进入过其前十大出口目的地的国家为:爱沙尼亚、荷兰、白俄罗斯、法国、丹麦、美国和乌克兰等7国。从出口市场集中度来看,立陶宛前十大出口目的地所占出口市场份额平均水平在71%以上,出口市场集中度非常高,且略显下降趋势。

从进口来源地来看,2001—2011年立陶宛的主要进口来源地亦比较集中,在所研究的三个年份中,德国、俄罗斯、意大利、波兰、瑞典和荷兰等6个国家始终在立陶宛的前十大进口来源地之列,其中,2006年和2011年的前十大贸易伙伴国有8个是相同的。在所研究的三个年份中,其他几个进入过其前十大进口来源地的国家为:英国、法国、美国、丹麦、拉脱维亚、爱沙尼亚、芬兰、白俄罗斯和比利时等9个国家。从进口市场集中度来看,立陶宛前十大进口来源地所占进口市场份额平均水平在73%以上,进口市场集中度非常高,且有明显逐年上升趋势。

对比立陶宛2001—2011年的贸易逆(顺)差的前五大来源地(见表10.3),可以从市场结构的角度解释其贸易失衡的原因。

表 10.3　立陶宛贸易顺差和逆差贡献度来源地排序(%)

来源地 \ 排序 年份	1	2	3	4	5	合计
贸易逆差来源地 2001	俄罗斯 37.3	德 国 17.5	意大利 6.0	中 国 4.2	日 本 3.5	68.4
贸易逆差来源地 2006	俄罗斯 35.0	德 国 20.1	波 兰 11.9	中 国 5.4	芬 兰 5.3	77.8
贸易逆差来源地 2011	俄罗斯 52.7	波 兰 7.7	比利时 6.4	中 国 5.2	意大利 5.2	77.2
贸易顺差来源地 2001	拉脱维亚 40.6	英 国 35.4	爱沙尼亚 6.8	白俄罗斯 4.9	乌克兰 4.3	91.9
贸易顺差来源地 2006	拉脱维亚 21.3	新加坡 10.8	爱沙尼亚 10.5	美 国 9.7	加拿大 8.7	60.8
贸易顺差来源地 2011	爱沙尼亚 14.2	拉脱维亚 10.5	白俄罗斯 10.1	乌克兰 9.1	英 国 9.1	53.0

注:国家下面的数字表示立陶宛来源于该国市场的贸易逆差(顺差)占其贸易逆差(顺差)总额的百分比。

资料来源:同表 10.1。

从贸易逆差来源地来看,主要表现为以下两个特点:(1)贸易逆差来源地相对集中。2001 年、2006 年和 2011 年立陶宛的前五大贸易逆差来源地集中在俄罗斯、德国、意大利、中国、日本、波兰、芬兰和比利时这 8 个国家。(2)贸易逆差市场集中度非常高,且有上升趋势。2001—2011 年立陶宛的前五大贸易逆差来源地形成的贸易逆差,平均占到了所有贸易逆差来源地形成的总逆差的 70%以上。其中,单是来自俄罗斯的贸易逆差就平均占其总逆差的 40%以上,且上升趋势非常明显;到 2011 年来自俄罗斯的贸易逆差已经占总逆差的一半以上,说明立陶宛的经济发展对俄罗斯的依赖度非常高。

从贸易顺差来源国看,亦有两个特点:(1)贸易顺差来源地比较集中。2001 年、2006 年和 2011 年立陶宛的前五大贸易顺差来源地集中在拉脱维亚、英国、爱沙尼亚、白俄罗斯、乌克兰、新加坡、美国、加拿大等 8 个国家。（2）贸易顺差市场集中度较高,且有非常明显的下降趋势。2001 年立陶宛的前五大贸易顺差来源地形成的贸易顺差占所有贸易顺差来源地形成的顺差总和的 91.9%,而到 2011 年,这一比例就锐减到 53.0%,但依然较高。一般来讲,贸易顺差市场集中度的下降,有利于缓解贸易失衡,非常高的贸易顺差市场集中度不利于贸易失衡问题的解决。

10.3 商品结构

10.3.1 出口商品结构

2001—2011 年的立陶宛的出口商品结构及其变化趋势如表 10.4 所示。

表 10.4 立陶宛的各类出口商品比重(2001—2011 年)(%)

年份	资源密集型产品			劳动密集型产品			资本与技术密集型产品		
	SITC0—4	SITC0	SITC3	SITC6+8	SITC6	SITC8	SITC5 +7+9	SITC5	SITC7
2001	**41.25**	10.90	23.14	**31.16**	12.03	19.13	**27.59**	7.45	19.89
2002	**35.33**	9.34	18.62	**31.08**	12.29	18.79	**33.59**	7.39	25.97
2003	**36.68**	10.36	19.43	**29.14**	10.42	18.72	**34.17**	7.55	26.39
2004	**41.92**	10.09	25.07	**28.17**	10.75	17.42	**29.92**	7.95	21.61
2005	**43.59**	10.50	26.63	**25.68**	10.45	15.23	**30.73**	8.43	21.51
2006	**41.57**	11.69	23.50	**26.29**	10.82	15.47	**32.14**	9.07	22.35
2007	**34.87**	13.99	13.33	**27.79**	11.74	16.05	**37.34**	13.36	22.99
2008	**43.73**	13.26	24.83	**22.91**	9.56	13.35	**33.37**	13.57	18.71
2009	**43.20**	15.92	21.32	**24.83**	9.93	14.90	**31.96**	13.47	16.78
2010	**44.28**	14.35	23.35	**23.60**	9.99	13.61	**32.12**	12.86	17.70
2011	**44.93**	12.90	25.29	**22.34**	9.64	12.70	**32.74**	13.53	17.61

资料来源:同表 10.1。

　　总的来看,2001—2011 年立陶宛的资源密集型产品、劳动密集型产品和资本与技术密集型产品的出口额比重平均约为 41∶27∶32,且资源密集型产品和资本与技术密集型产品的出口比重变化不大,而劳动密集型产品的出口额比重呈明显的逐年下降趋势。资源密集型产品的出口额,长期远高于劳动密集型产品出口额和资本与技术密集型产品出口额的现象,这在欧盟成员国是很少见的,表明立陶宛相对丰富的自然资源为其资源密集型产品提供了强大的出口竞争力。

　　具体来讲,在资源密集型产品中,食品和活动物(SITC0)和矿物、润滑油及有关原料(SITC3)产品的出口额占 80% 以上,这和立陶宛具有较丰富的森林、水和矿产资源的自然资源禀赋特征是相一致的,这两类产品的出口比重在 2001—2011 年均变化不大。在劳动密集型产品中,按原料分类的制成品(SITC6)的出口比重略低于杂项制品(SITC8)的出口比重,平均低 4—5 个百分点,且这两类产品的出口比重均呈逐年下降趋势,这表明其劳动力成本的不断上升导致劳动密集型产品出口竞争力相对不断下降。在资本与技术密集型产品中,机械及运输设备产品(SITC7)的出口额平均约占该类产品的 60%,但出口比重略有下降趋势;而未另列明的化学品和有关产品(SITC5)的出口比重表现出明显的两阶段特征,2006 年之前约占出口总额的 8%,之后约占 13.5%;未分类产品(SITC9)的出口比重略有上升。

10.3.2　相对比较优势

　　通过和全球出口产品结构的对比,可以得出立陶宛的出口商品结构所反映出的相对比较优势,这一比较优势即为巴氏显性比较优势指数(RCA)。2001—2011 年立陶宛各类产品的 RCA 指数如表 10.5 所示。

表 10.5　立陶宛各类出口商品巴氏显性比较优势指数(RCA)(2001—2011 年)

年份	SITC0	SITC1	SITC2	SITC3	SITC4	SITC5	SITC6	SITC7	SITC8
2001	**1.896**	**0.819**	**2.099**	**2.418**	0.421	0.767	0.888	0.492	**1.521**
2002	**1.606**	**0.765**	**2.063**	**2.011**	0.509	0.701	0.901	0.656	**1.471**
2003	**1.824**	**0.637**	**2.030**	**2.026**	0.365	0.710	0.768	0.670	**1.517**

续表

年份	SITC0	SITC1	SITC2	SITC3	SITC4	SITC5	SITC6	SITC7	SITC8
2004	**1.888**	**0.811**	**1.863**	**2.410**	0.412	0.744	0.768	0.554	**1.475**
2005	**2.016**	**1.502**	**1.578**	**2.142**	0.436	0.791	0.754	0.564	**1.321**
2006	**2.367**	**2.111**	**1.343**	**1.719**	0.585	**0.879**	0.770	0.599	**1.406**
2007	**2.708**	**2.362**	**1.513**	**1.050**	0.598	**1.256**	0.811	0.621	**1.458**
2008	**2.481**	**1.795**	**1.094**	**1.521**	0.669	**1.295**	0.695	0.543	**1.295**
2009	**2.545**	**2.129**	**1.072**	**1.629**	0.641	**1.169**	0.787	0.489	**1.287**
2010	**2.469**	**2.554**	**1.064**	**1.728**	0.316	**1.147**	0.762	0.509	**1.236**
2011	**2.279**	**3.006**	0.958	**1.989**	0.281	**1.213**	0.707	0.503	**1.135**

资料来源:同表10.1。

从表10.5中可以看出以下结论:(1)立陶宛资源密集型产品总体上来讲具有很强的比较优势。其中,食品和活动物(SITC0)和矿物燃料、润滑油及有关原料(SITC3)在2001—2011年始终具有极强比较优势,饮料及烟草(SITC1)从中等比较优势上升到极强比较优势,而非食用原料(SITC2)则从极强比较优势下降到中等比较优势,动植物油、脂和蜡(SITC4)则始终为比较弱势,这些特征基本上是由立陶宛的自然资源特征所决定的。(2)劳动密集型产品中,杂项制品(SITC8)始终具有较强的相对比较优势,而按原料分类的制成品(SITC6)则基本上表现为相对比较弱势。(3)资本与技术密集型产品中,未另列明的化学品和有关产品(SITC5)则从比较弱势提升到较强比较优势,表明了2001—2011年立陶宛的化学制品的工业技术及其出口产品的国际竞争力都得到了较高的提升,而机械及运输设备(SITC7)在这一期间始终为比较劣势。这些比较优势的变化和表10.4反映出来的各类产品的变化趋势基本一致。

10.3.3 进口商品结构

2001—2011年立陶宛的进口商品结构及其变化如表10.6所示。

表 10.6　立陶宛的各类进口商品比重(2001—2011 年)(%)

年份	资源密集型产品			劳动密集型产品			资本与技术密集型产品		
	SITC0—4	SITC0	SITC3	SITC6+8	SITC6	SITC8	SITC5+7+9	SITC5	SITC7
2001	**33.31**	7.31	20.31	**24.27**	16.61	7.66	**42.43**	12.16	28.21
2002	**28.26**	6.28	16.43	**24.81**	17.64	7.17	**46.92**	11.46	33.49
2003	**28.48**	6.53	16.78	**24.14**	16.73	7.41	**47.38**	11.56	34.25
2004	**30.45**	6.49	18.74	**24.77**	17.47	7.30	**44.78**	11.62	32.02
2005	**35.46**	6.44	24.15	**22.27**	15.45	6.82	**42.28**	11.01	29.74
2006	**34.19**	6.98	22.37	**22.46**	15.24	7.22	**43.36**	11.51	31.19
2007	**28.61**	7.51	16.21	**23.80**	16.05	7.75	**47.58**	12.60	33.75
2008	**41.72**	8.44	27.70	**19.22**	12.31	6.91	**39.06**	11.29	26.13
2009	**44.75**	10.97	27.68	**19.46**	11.86	7.60	**35.81**	14.71	18.97
2010	**47.50**	9.94	32.04	**17.36**	11.22	6.14	**35.14**	13.39	19.44
2011	**47.69**	9.14	32.92	**16.77**	11.02	5.75	**35.55**	12.64	20.65

资料来源:同表 10.1。

总的来看,2001—2011 年立陶宛的资源密集型产品、劳动密集型产品和资本与技术密集型产品的进口额比重平均约为 36:22:42。其中,资源密集型产品的进口比重总体上表现为上升趋势,约提高 14 个百分点,但上升幅度主要是 2008年以后实现的;劳动密集型产品的进口额比重呈明显逐年下降趋势,约下降 8.5 个百分点;资本与技术密集型产品的进口额比重 2001—2011 年下降约 7 个百分点。劳动密集型产品和资本与技术密集型产品的下降幅度,主要都是 2008 年以后形成的。由此可以看出,2008 年的全球金融危机对立陶宛的进口商品结构产生了很大的影响,2008 年之前资源密集型产品、劳动密集型产品和资本与技术密集型产品的进口额比重平均约为 30:24:46,2008 年后则约为 46:18:36。

具体来讲,在资源密集型产品中,食品和活动物(SITC0)和润滑油及有关原料(SITC3)产品的进口额占 80%以上,且这两类产品的进口额占进口总额的比重均呈上升趋势,特别是润滑油及有关原料,其进口比重从 2001 年的 20.31%提高到2011 年的 32.92%,资源密集型产品进口比重的提升主要来自这类产品进口的增长;在劳动密集型产品中,按原料分类的制成品(SITC6)的进口比重远高于杂项制品(SITC8)的进口比重,平均高出约 8 个百分点,且这两类产品的进口比重均呈逐年下降趋势;在资本与技术密集型产品中,机械及运输设备产品(SITC7)的进口额平均约占三分之二,且进口额比重有明显下降趋势,但下降幅度主要是 2008 年以后形成的;未另列明的化学品和有关产品(SITC5)的进口比重基本没有变化,始终占进口总额的 12% 左右。

为了对比说明立陶宛进、出口商品结构的变化,表 10.4 的出口商品结构和表 10.6 的进口商品结构可汇总为图 10.2。

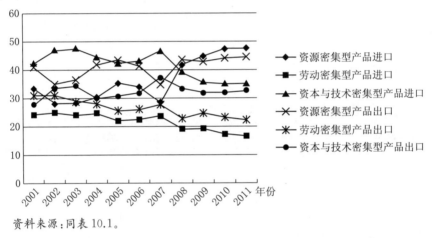

资料来源:同表 10.1。

图 10.2 立陶宛 2001—2011 年进、出口商品结构变化趋势(%)

从图 10.2 中可以看出以下三个结论:(1)资源密集型产品的进、出口比重变化趋势一致,2001—2007 年进出口比重均略有下降,2008—2011 年均有上升趋势。尤其是进口比重出现了大幅提升,该类产品 2001—2011 年间除 2004 年外,带来的均是贸易逆差①,而且贸易逆差呈明显的上升趋势,是这一期间立陶宛贸易逆差的主要来源之一。(2)劳动密集型产品的进、出口比重变化趋势也基本一致,均表现为明显下降趋势,且出口比重均高于进口比重。结合表 10.1 的结果还可以看出,2001—2008 年该类产品带来的均是贸易逆差,2009—2011 年为贸易顺差②。

---

① 2001—2011 年立陶宛的初级产品的进出口额之差分别为:2.25、2.44、1.64、−1.31、3.06、7.52、10.12、26.62、10.80、18.86、25.53(单位:亿美元)。

② 2001—2011 年立陶宛劳动密集型产品的进出口额之差分别为:1.14、2.12、2.79、4.46、3.97、6.40、10.48、5.71、−5.29、−8.52、−9.37(单位:亿美元)。

不过,该类产品中的杂项制品(SITC8)带来的始终是贸易顺差,逆差主要是按原料分类的制成品(SITC6)产生的。(3)资本与技术密集型产品的进、出口比重在 2001—2011 年总体变化幅度不大。其中,进口比重略有下降,而出口比重略有上升,且进口比重始终高于出口比重,构成了立陶宛这一期间贸易逆差的另一主要来源①。

10.4　产业内贸易

利用 UN-comtrade 数据库中 SITC 三位数层次上的分类数据,可计算出立陶宛 2001—2011 年间的 G-L 产业内贸易指数,以及 SITC 一级分类下的各类制成品产业内贸易指数,结果如表 10.7 所示。同时,为了直观地表示 2001—2011 年间立陶宛的产业内贸易趋势,把表 10.7 的结果汇总成了图 10.3。

表 10.7　立陶宛 2001—2011 年间的产业内贸易指数

年份	SITC0—9	SITC5	SITC6	SITC7	SITC8
2001	**41.42**	36.02	55.03	**55.37**	43.50
2002	**43.28**	33.77	55.75	**61.96**	41.20
2003	**42.67**	34.28	51.37	**60.51**	43.01
2004	**41.09**	37.07	53.47	**56.93**	47.05
2005	**42.61**	42.47	58.31	**60.46**	52.28
2006	**47.56**	43.65	58.45	**64.17**	57.30
2007	**52.85**	37.44	58.59	**61.48**	61.78
2008	**46.84**	40.72	63.56	**67.38**	62.91
2009	**49.40**	45.52	66.59	**76.75**	62.18
2010	**49.52**	48.05	68.06	**78.53**	60.17
2011	**51.20**	48.47	67.66	**83.21**	60.93

资料来源:同表 10.1。

---

① 2001—2011 年立陶宛资本与技术密集型产品的进出口额之差分别为:14.31、17.78、21.97、27.61、29.31、38.62、52.22、42.91、12.93、15.30、21.17(单位:亿美元)。

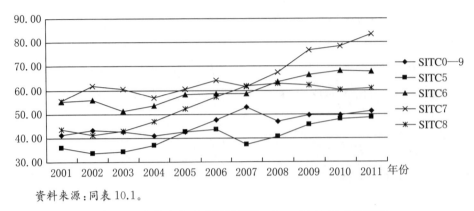

资料来源:同表10.1。

图10.3　立陶宛产业内贸易指数2001—2011年变化趋势

从表10.7和图10.3中可以看出以下结论。

(1) 总体上,立陶宛2001—2011年的对外贸易模式以产业间贸易为主,这一期间除2007年和2011年外,立陶宛整体产业内贸易指数均低于50%。但考虑到其长期存在的贸易逆差,表10.7中的数据可能低估了立陶宛真实的产业内贸易水平。从趋势上讲,2001—2011年立陶宛的整体产业内贸易指数增长了近10个百分点,表明在这一期间,立陶宛各产业总体参与国际分工的程度还是提高了很多。尤其是制成品,参与国际分工的程度远远高于整体水平,产业内贸易指数提高的幅度也大于整体水平。

(2) 劳动密集型制成品中,按原料分类的制成品(SITC6)在2001—2011年始终表现为以产业内贸易为主的贸易模式,产业内贸易水平逐年提高,其产业内贸易指数从2001年的55.03提高到2011年的67.66。杂项制品(SITC8)在2001—2011年实现了以产业间贸易为主到以产业内贸易为主的贸易模式的转变,其产业内贸易指数从2001年的43.50提高到2011年的60.93。由此,可以认为立陶宛的劳动密集型产业在2001—2011年间已较深入地渗透到了国际产业链中,国际分工中的地位也得到了较大的提高。

(3) 技术与资本密集型产品中,化学及相关制品(SITC5)在2001—2011年始终表现为以产业间贸易为主的贸易模式,表明立陶宛的化学工业参与国际分工的程度较低,化学工业相对比较落后。不过,其产业内贸易水平还是得到了较大程度的提高,其产业内贸易指数提高12.45个百分点。机械及运输设备(SITC7)在

2001—2011 年间不但始终表现为以产业内贸易为主的贸易模式,而且产业内贸易水平得到了飞速的发展,其产业内贸易指数从 2001 年的 55.37 快速提高到 2011 年的 83.21,在四类制成品中不但指数最高而且增长最快。

10.5　基本结论

综上所述,立陶宛对外货物贸易的结构特征可归纳为以下四个方面。

(1) 总体上讲,立陶宛货物贸易增长迅速,2001—2011 年立陶宛对外货物贸易平均增长速度高达 18.53%,其中出口平均每年增长 19.87%,进口平均每年增长 17.48%,远远高于期间全球货物贸易总额 10% 的平均增速。贸易总额在全球贸易总额中的排名由 2001 年的第 70 位上升到 2011 年的 54 位。2001—2011 年立陶宛一直处于贸易逆差状态,但贸易失衡度有逐渐缩小的趋势。对外贸易的快速增长使立陶宛的外向型经济特征更加明显,其对外贸易的依存度从 2001 年的 105.23% 上升到 2011 年的 160.33%,其宏观经济对全球市场的依赖性非常大,且还有进一步扩大的趋势。

(2) 在市场结构上,立陶宛的对外货物贸易的区域内(欧盟及俄罗斯区域)贸易特征显著,75% 的贸易量集中在欧洲,50% 以上的贸易集中在欧盟内部。2001—2011 年,立陶宛主要的贸易伙伴国包括:德国、俄罗斯、拉脱维亚、波兰、瑞典、法国、英国、爱沙尼亚、荷兰、白俄罗斯、丹麦、美国和意大利等 13 国,前十大主要贸易伙伴国形成的市场稳定占据立陶宛对外贸易总量 70% 以上的市场份额。在所研究的三个年份中,贸易逆差主要来源地集中在俄罗斯、德国、意大利、中国、日本、波兰、芬兰和比利时这 8 个国家,前五大贸易逆差来源地形成的贸易逆差,平均占到所有贸易逆差来源地形成的总逆差的 70% 以上;贸易顺差主要来源地包括拉脱维亚、英国、爱沙尼亚、白俄罗斯、乌克兰、新加坡、美国和加拿大等 8 个国家,贸易顺差的集中度较高,但有非常明显的下降趋势。

(3) 从商品结构上讲,资源密集型产品、劳动密集型产品和资本与技术密集型产品的出口额比例平均约为 41∶27∶32,而进口比例约为 36∶22∶42。其中,资源密集型产品的进、出口比重变化趋势一致,2001—2007 年进出口比重均略有下降,2008—2011 年均有上升趋势,是这一期间立陶宛贸易逆差的主要来源之一。劳动密集型产品的出口比重和进口比重均呈现出明显的下降趋势,2001—2008 年该类产品带来的均是贸易逆差,2009—2011 年为贸易顺差。资本与技术密集型产品的进、出口比重总体变化幅度不大,构成了立陶宛贸易逆差的另一主要来源。对比全球贸易的出口商品结构可以发现:立陶宛的资源密集型产品总体上具有很强的相对比较优势;劳动密集型产品中的杂项制品(SITC8)也始终具有较强的相对比较优势,而按原料分类的制成品(SITC6)则基本上表现为相对比较弱势;资本与技术密集型产品中化学品和有关产品(SITC5)则从比较弱势提升到了较强比较优势,而机械及运输设备(SITC7)在这一期间始终为比较劣势。

(4) 在产业内贸易上,立陶宛 2001—2011 年的对外贸易模式以产业间贸易为主,除 2007 年和 2011 年外,整体产业内贸易指数均低于 50%。总的来讲,立陶宛各产业参与国际分工的程度还是提高了很多,整体产业内贸易指数增长近 10 个百分点。劳动密集型制成品中,按原料分类的制成品(SITC6)在 2001—2011 年始终表现为以产业内贸易为主的贸易模式,产业内贸易水平在逐年提高;杂项制品(SITC8)在 2001—2011 年实现了以产业间贸易为主到以产业内贸易为主的贸易模式的转变。技术与资本密集型产品中,化学及相关制品(SITC5)始终表现为以产业间贸易为主的贸易模式;机械及运输设备(SITC7)始终表现为以产业内贸易为主的贸易模式,而且产业内贸易水平发展迅速。

第11章

拉脱维亚对外货物贸易结构

2011年拉脱维亚国内生产总值为280.2亿美元,人均国内生产总值约为12 690美元,经济总量在中东欧十六国中位居第十一,在经济水平上属中等发达国家。按联合国发布的《2011年人类发展报告》,拉脱维亚的社会发展水平排名第43位,属于极高人类发展水平组。1991年拉脱维亚宣布从原苏联恢复独立后,开始推行多党议会制民主政治与自由市场经济,进入21世纪以来经济增长迅速,但受到2008年全球金融危机重创,2009年GDP下降达20%,2010年拉脱维亚经济缓慢复苏。拉脱维亚的主要贸易伙伴国有:立陶宛、俄罗斯、爱沙尼亚、德国、瑞典和波兰等国家;主要出口商品有:木材及木制品、木炭、电机、电气设备及零配件、钢铁、矿物燃料、矿物油及其产品、机械器具及零配件等;主要进口商品有:矿物燃料、矿物油及其产品、机械器具及零配件、电机、电气设备及零配件、车辆及零配件等。

11.1 拉脱维亚对外货物贸易总况

从贸易规模上看,2001—2011年间,拉脱维亚的对外货物贸易总量相对于全球货物贸易来说虽然不大,但是保持了高速发展,在全球贸易总额中的比重和排名稳步上升,比重由2001年的0.05%提升到2011年的0.09%,排名由2001年的第 87 位上升到 2011 年的第 66 位。货物贸易总额平均每年增长 17.41%,其中,出口平均每年增长 19.61%,进口平均每年增长 15.98%,远高于期间全球货物贸易总额 10% 的平均增速。从贸易平衡的角度看,在 2001—2007 年拉脱维亚始终处于较严重的贸易失衡状态,贸易逆差平均占出口总额的 70% 以上;但贸易失衡水平自 2008 年以来有了明显的下降趋势,贸易逆差下降到出口总额的 30% 以下。

从各年的贸易情况来看,可以发现有两个年份的贸易增长出现了异常。第一个是 2004 年,2004 年拉脱维亚的出口增速高达 51.3%,进口增速高达 39.4%,进出口增速都远高于平均增速的 2 倍,为 11 年最高。而且接下来的 4 年(2005—2008 年)出口平均增速为 20.5%,进口平均增速为 21.6%,说明 2004 年拉脱维亚加入欧盟极大地促进了其对外贸易的发展。第二个是 2009 年,受困于 2008 年的全球金融危机,2009 年的进出口增速分别为 -22.7% 和 -40.8%,总贸易额的增速为 -34.1%,远高于全球贸易的负增长幅度,说明金融危机对拉脱维亚的国际贸易影响很大。拉脱维亚对外货物贸易更详细的发展变化情况参见表 11.1。

表 11.1　拉脱维亚货物贸易发展趋势(2001—2011 年)(亿美元,%)

年份	出　口		进　口		贸易差额	总贸易在全球中的		全球贸易增速
	金额	增速	金额	增速		比重	排名	
2001	20.0	7.0	35.0	9.8	-15.0	0.05	87	-3.17
2002	22.8	14.2	40.5	15.7	-17.7	0.05	84	4.65
2003	28.9	26.7	52.4	29.4	-23.5	0.06	82	16.38
2004	43.8	51.3	73.1	39.4	-29.3	0.07	77	21.68
2005	53.0	21.1	87.7	20.0	-34.7	0.07	78	13.06
2006	58.9	11.1	114.3	30.3	-55.4	0.07	78	16.27
2007	78.9	34.0	151.9	32.9	-72.9	0.09	74	14.21
2008	92.8	17.6	157.8	3.9	-64.9	0.08	77	15.59
2009	71.7	-22.7	93.4	-40.8	-21.7	0.07	82	-22.71
2010	88.5	23.4	111.4	19.3	-22.9	0.07	79	21.06
2011	119.9	35.4	154.3	38.5	-34.4	0.09	66	9.32

2001—2011 年拉脱维亚年均增速:总贸易为 17.41%;出口为 19.61%;进口为 15.98%
2001—2011 年全球年均增速:总贸易为 10%

资料来源:根据联合国商品贸易统计数据库中相应数据计算得出。

随着拉脱维亚对外贸易的快速发展,对外贸易对拉脱维亚宏观经济的影响和贡献越来越明显。从拉脱维亚的对外贸易依存度这一指标来看,从 2001 年的 88.48% 上升到 2011 年的 121.96%,其中,服务贸易占 GDP 的比重仅有 22.26%—24.91%,基本没有变化。因此拉脱维亚的对外贸易依存度的变化主要源于其对外货物贸易依存度的变化,其中,2001—2008 年呈明显的倒"U"形结构,2009 年后迅速上升,详细的情况参见图 11.1。

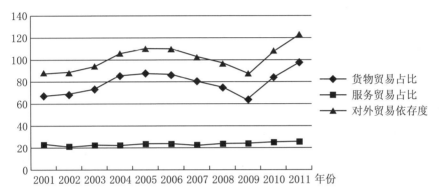

资料来源:根据世界银行数据库(http://data.worldbank.org.cn)及联合国商品贸易统计数据库(UN-comtrade)中相应数据计算得出。

图 11.1　拉脱维亚对外贸易依存度及变化趋势(%)

拉脱维亚对外贸易依存度较高,说明其外向型的经济特征比较明显。经济危机后对外贸易依存度的迅速提高,说明对外贸易对其宏观经济的影响越来越大,宏观经济对全球市场的依赖性进一步增强,受外国经济的影响也就更大了。

11.2　市场结构

为简化说明,这里只列举了拉脱维亚 2001 年、2006 年及 2011 年的总贸易、进口及出口前十大贸易伙伴国的市场份额构成情况(详见表 11.2),同期的贸易逆差与贸易顺差主要来源地的情况(详见表 11.3),以及对其 2001—2011 年的对外货物贸易市场结构特征的说明。

表11.2 拉脱维亚前十大贸易伙伴及其占拉脱维亚对外贸易的比重（%）

2001 年			2006 年			2011 年		
总贸易	出 口	进 口	总贸易	出 口	进 口	总贸易	出 口	进 口
德 国 16.9	德 国 16.7	德 国 17.0	德 国 13.7	立陶宛 14.7	德 国 15.5	立陶宛 18.5	立陶宛 18.1	立陶宛 18.8
立陶宛 8.3	英 国 15.6	俄罗斯 9.2	立陶宛 13.6	爱沙尼亚 12.7	立陶宛 13.0	德 国 10.4	爱沙尼亚 13.6	德 国 12.1
俄罗斯 8.0	瑞 典 9.6	立陶宛 8.5	爱沙尼亚 9.4	德 国 10.1	俄罗斯 7.8	爱沙尼亚 10.2	俄罗斯 10.6	俄罗斯 8.5
瑞 典 7.6	立陶宛 8.1	芬 兰 8.0	俄罗斯 8.2	俄罗斯 8.9	爱沙尼亚 7.7	俄罗斯 9.4	德 国 8.3	波 兰 8.1
英 国 7.2	俄罗斯 5.8	瑞 典 6.5	波 兰 5.6	英 国 7.8	波 兰 7.2	波 兰 7.1	瑞 典 6.3	爱沙尼亚 7.4
爱沙尼亚 6.1	丹 麦 5.8	爱沙尼亚 6.3	瑞 典 5.5	瑞 典 6.5	芬 兰 5.7	瑞 典 4.9	波 兰 5.9	芬 兰 4.6
芬 兰 5.9	爱沙尼亚 5.7	波 兰 5.0	芬 兰 4.7	丹 麦 5.0	瑞 典 5.0	芬 兰 3.9	丹 麦 3.4	白俄罗斯 4.4
丹 麦 4.5	荷 兰 3.7	意大利 4.1	英 国 3.9	芬 兰 2.9	白俄罗斯 4.7	白俄罗斯 3.3	芬 兰 3.1	瑞 典 3.8
波 兰 3.9	美 国 2.9	白俄罗斯 3.9	白俄罗斯 3.9	波 兰 2.4	意大利 3.4	荷 兰 3.0	英 国 3.1	荷 兰 3.6
荷 兰 3.4	芬 兰 2.3	丹 麦 3.7	丹 麦 3.5	挪 威 2.4	荷 兰 3.2	丹 麦 2.7	挪 威 2.4	意大利 3.2
71.8	76.2	72.2	72.0	73.3	73.3	73.5	74.7	74.7

注：国家下面的数字为这一市场占拉脱维亚对外贸易额的份额，最后一行为合计。
资料来源：同表11.1。

从上表中可看出，在所研究的三个年份中，不管是从总的对外贸易还是单从进口或出口的前十大市场来看，拉脱维亚的市场结构比较单一，排名前十的国家基本都是欧洲国家，且绝大部分属于欧盟国家。市场集中度也非常高，前十的国家所占的贸易份额均在70%以上，且有进一步提高的趋势。因而，可以认为拉脱维亚的对外贸易市场结构表现为非常明显的区域内（欧盟内）贸易。

从总贸易额来看,拉脱维亚的主要贸易伙伴国(前十大)比较稳定,在所研究的三个年份中,有 8 个国家始终在其中,分别为:德国、立陶宛、爱沙尼亚、俄罗斯、瑞典、波兰、丹麦和芬兰,除俄罗斯外均为欧盟成员国。其他重要的贸易伙伴还有英国、荷兰和白俄罗斯。拉脱维亚前十大贸易伙伴国的市场份额占其总贸易额的比重略显上升趋势,从 2001 年的 71.8％上升到 2011 年的 73.5％。从单个国家的角度看,拉脱维亚同立陶宛、爱沙尼亚、波兰、俄罗斯的贸易比重是上升的,尤其是立陶宛,到 2011 年已经超越了德国,成为其最大的贸易伙伴国,所占比重达到 18.5％。而同时,德国、瑞典、英国、芬兰、丹麦的贸易份额呈下降趋势。

从出口目的地看,拉脱维亚的主要出口目的地(前十大)非常稳定,在所研究的三个年份中,亦有 8 个国家始终位于其前十大出口目的地,分别为:德国、立陶宛、爱沙尼亚、俄罗斯、瑞典、丹麦、英国和芬兰,除俄罗斯外均为欧盟成员国。特别是 2006 年和 2011 年的前十大出口目的地完全相同,只是国家排名顺序有所变化。其他重要的(前十大)出口目的地还有美国和荷兰。拉脱维亚出口市场的集中度非常高,在所研究的三个年份前十大市场的份额都占到 72％以上,尽管期间其出口目的地从 2001 年的 130 个增加至 2006 年的 170 个,但主要市场的份额并没因此而减少。其中,出口到立陶宛的市场份额增长最快,从 2001 年的 8.1％增长至 2011 年的 18.1％,上升 10 个百分点。前十大主要出口目的地市场总份额 2006—2011 年也略有增长,从 2006 年的 73.3％增加至 2011 年的 74.7％,提升 1.4 个百分点,这种高度集中的出口市场很容易受到国际市场波动的影响。

从进口来源地看,拉脱维亚的主要进口来源地(前十大)也非常稳定,在所研究的三个年份中,有 9 个国家始终位于其前十大进口来源地之列,分别为:德国、立陶宛、波兰、爱沙尼亚、俄罗斯、芬兰、白俄罗斯、瑞典和意大利,除俄罗斯和白俄罗斯外均为欧盟成员国。特别是 2006 年和 2011 年的前十大进口来源地完全相同,只是国家排名顺序有所变化。其他重要的(前十大)进口来源地还有丹麦和荷兰。拉脱维亚进口来源地的集中度非常高,在所研究的三个年份前十大市场的份额都占到了 72％以上,且 2001—2011 年略显增长趋势,从 2001 年的 72.2％增加至 2011 年的 74.7％,提升了 1.5 个百分点。

对比拉脱维亚的贸易逆差与贸易顺差来源地的分布(2001—2011 年),如表 11.3 所示,可以进一步了解拉脱维亚的对外贸易市场结构。

表 11.3　拉脱维亚贸易顺差和逆差的前五大来源地及其比重(%)

来源地 \ 排序年份	1	2	3	4	5	合计
贸易逆差来源地　2001	德国 14.3	芬兰 12.8	俄罗斯 11.1	波兰 7.5	立陶宛 7.3	53.0
贸易逆差来源地　2006	德国 19.5	波兰 11.3	立陶宛 10.3	芬兰 7.9	白俄罗斯 6.6	55.6
贸易逆差来源地　2011	德国 16.5	立陶宛 13.6	波兰 10.2	白俄罗斯 8.8	中国 6.7	55.8
贸易顺差来源地　2001	英国 68.2	阿尔及利亚 6.2	伊朗 4.8	埃及 3.7	日本 2.5	85.4
贸易顺差来源地　2006	英国 48.2	爱尔兰 11.6	冰岛 8.2	阿尔及利亚 6.6	日本 2.1	77.0
贸易顺差来源地　2011	爱沙尼亚 25.7	阿富汗 9.8	瑞典 9.0	挪威 8.2	英国 5.0	57.7

　　注:国家下面的数字表示拉脱维亚来源于该国市场的贸易逆差(顺差)占其贸易逆差(顺差)总额的百分比。

　　资料来源:同表 11.1。

　　从表 11.3 可以得出以下结论:(1)贸易逆差主要来源地比较集中,且贸易逆差主要来源地占总逆差的比例比较稳定。在所研究的三个年份中,拉脱维亚前五大贸易逆差来源地主要集中于:德国、芬兰、波兰、立陶宛、俄罗斯、白俄罗斯和中国等 7 个国家,前五大贸易逆差来源地占总逆差的比重基本保持在 55% 左右,贸易逆差主要来源地的稳定性表明了拉脱维亚对这些国家出口产品有较强的依赖性。(2)贸易顺差主要来源地相对比较分散,且贸易顺差主要来源地占总顺差的比重呈明显下降趋势。在所研究的三个年份中,拉脱维亚前五大贸易顺差来源地主要集中于:英国、爱沙尼亚、阿尔及利亚、爱尔兰、阿富汗、伊朗、埃及、日本、冰岛、挪威和瑞典等 11 个国家,前五大贸易顺差来源地占总顺差的比重从 2001 年的 85.4% 下降到 2011 年的 57.7%。贸易顺差的分散化趋势有利于拉脱维亚贸易平衡的实现,也表明其出口产品在更多的国家有了较强竞争力。

11.3　商品结构

11.3.1　出口商品结构

2001—2011 年拉脱维亚出口商品中,资源密集型产品、劳动密集型产品和资本与技术密集型产品的出口额比例平均约为 38∶39∶23。其中,资源密集型产品的出口比重基本没有明显变化趋势;而劳动密集型产品的出口比重呈现出明显下降趋势,下降了 16.86 个百分点;资本与技术密集型产品的出口比重则表现为明显上升趋势,上升了 16.6 个百分点。各类产品的各年度出口比重及其变化趋势情况如表 11.4 所示。

表 11.4　拉脱维亚各类出口商品比重及其变化趋势(2001—2011 年)(%)

年份	资源密集型产品				劳动密集型产品			资本与技术密集型产品		
	SITC 0—4	SITC0	SITC2	SITC3	SITC 6+8	SITC6	SITC8	SITC5+ 7+9	SITC5	SITC7
2001	**37.68**	7.02	27.74	1.38	**47.29**	28.11	19.18	**15.02**	6.43	8.30
2002	**38.06**	6.82	26.77	1.47	**47.44**	29.39	18.05	**14.50**	5.92	8.30
2003	**38.38**	6.74	28.29	1.38	**46.05**	28.56	17.49	**15.56**	6.14	9.11
2004	**35.94**	6.52	22.36	4.63	**45.78**	29.58	16.20	**18.30**	6.01	10.15
2005	**39.22**	8.16	19.66	8.89	**38.62**	25.77	12.85	**22.14**	6.02	12.38
2006	**35.51**	9.20	18.42	5.18	**38.28**	25.80	12.48	**26.21**	7.44	15.00
2007	**34.76**	8.81	18.31	3.66	**36.28**	25.65	10.63	**28.97**	8.09	17.15
2008	**32.59**	10.89	14.36	3.43	**35.23**	25.37	9.86	**32.18**	9.12	19.02
2009	**35.07**	12.84	13.65	5.06	**31.27**	21.16	10.11	**33.66**	9.04	20.46
2010	**37.98**	11.86	16.80	5.31	**31.94**	22.34	9.60	**30.08**	8.27	18.40
2011	**37.95**	10.05	15.50	8.26	**30.43**	21.70	8.73	**31.62**	8.11	18.42

资料来源:同表 11.1。

从表 11.4 中可以看出:(1)资源密集型产品出口额占比总的来讲没有什么变化,平均占总出口额的 38%左右。其中,主要是食品和活动物(SITC0)、非食用原料(SITC2)和矿物燃料、润滑油及有关原料(SITC3)的出口。这三类产品在此期间平均占资源密集型产品的 90%以上,且非食用原料的出口比重呈明显下降趋势,另两类产品的出口比重则呈明显的上升趋势。资源密集型产品如此之高的出口比重在中东欧十六国中是很难见到的,这是由其相对丰富的农业资源所决定的。(2)劳动密集型产品的出口额比重从 2001 年的 47.29%下降到 2011 年的 30.43%。其中,按原料分类的制成品(SITC6)的出口额比重从 2001 年的 28.11%下降到 2011 年的 27.1%,杂项制品(SITC8)的出口额比重从 2001 年的 19.18%下降到 2011 年的8.73%。劳动密集型产品出口比重的下降反映了拉脱维亚劳动力成本在逐渐上升,使得其劳动密集型产品的出口竞争力有所减弱。(3)资本与技术密集型产品的出口额比重从 2001 年的 15.02%上升到 2011 年的 31.62%。其中,化学品和有关产品(SITC5)的出口额比重从 2001 年的 6.43%逐年上升到 2011 年的 8.11%,机械及运输设备(SITC7)的出口额比重从 2001 年的 8.3%逐年上升到 2011 年的18.42%。资本与技术密集型产品出口比重的上升反映了拉脱维亚的科技进步较快,高科技产品的出口竞争力得到了显著的提高。

11.3.2　比较优势

2001—2011 年拉脱维亚出口商品结构表现出的巴氏显性比较优势指数(RCA)如表 11.5 所示。

表 11.5　拉脱维亚出口商品 RCA 指数(2001—2011 年)

年份	SITC0	SITC1	SITC2	SITC3	SITC4	SITC5	SITC6	SITC7	SITC8
2001	1.220	1.606	9.239	0.144	0.070	0.662	2.076	0.206	1.525
2002	1.173	3.077	8.558	0.159	0.093	0.562	2.156	0.210	1.414
2003	1.186	2.028	9.343	0.144	0.149	0.578	2.106	0.231	1.417
2004	1.219	2.650	7.075	0.445	0.307	0.562	2.113	0.260	1.372
2005	1.567	2.880	6.113	0.715	0.412	0.565	1.860	0.325	1.115

续表

年份	SITC0	SITC1	SITC2	SITC3	SITC4	SITC5	SITC6	SITC7	SITC8
2006	**1.863**	**3.251**	**5.461**	0.379	0.525	0.721	**1.838**	0.402	**1.135**
2007	**1.706**	**4.835**	**5.116**	0.288	0.334	0.760	**1.772**	0.463	**0.966**
2008	**2.038**	**4.906**	**4.029**	0.210	0.345	0.870	**1.844**	0.553	**0.957**
2009	**2.053**	**3.784**	**3.928**	0.387	0.265	0.785	**1.677**	0.596	**0.873**
2010	**2.041**	**4.743**	**4.064**	0.393	0.517	0.737	**1.705**	0.529	**0.872**
2011	**1.775**	**5.231**	**3.426**	0.649	0.437	0.727	**1.593**	0.526	**0.780**

资料来源:联合国商品贸易统计数据库数据基础上计算所得。

从表11.5可以看出以下结论:(1)2001—2011 年,拉脱维亚的资源密集型产品总体上具有很强的相对比较优势。其中,饮料及烟草(SITC1)和非食用原料(SITC2)始终具有极强相对比较优势,RCA 指数平均分别高达 3.0 和 5.0 以上,且饮料及烟草的比较优势有进一步增强的趋势,但非食用原料的比较优势则有下降的趋势;食品和活动物(SITC0)具有较强比较优势,且有进一步提高的趋势;矿物燃料、润滑油及有关原料(SITC3)和动植物油、脂和蜡(SITC4)则始终处于相对劣势,但呈现出明显上升趋势。(2)劳动密集型产品中总体上在 2001—2011 年呈现出较强比较优势,但比较优势呈现出逐年下降趋势。其中,按原料分类的制成品(SITC6)的 RCA 指数从 2001 年的 2.076 下降到 2011 年的 1.593,杂项制品(SITC8)的 RCA 指数则从 2001 年的 1.525 下降到 2011 年的 0.78,只具备了中等比较优势。(3)资本与技术密集型产品中的化学品和有关产品(SITC5)和机械及运输设备类产品(SITC7)在 2001—2011 年始终处于比较弱势地位,但这两类产品的相对比较优势均有明显的提高趋势。

11.3.3　进口商品结构

2001—2011 年拉脱维亚进口商品中,资源密集型产品、劳动密集型产品和资本与技术密集型产品的进口额比例平均约为 29:28:43,其中,资源密集型产品的进口比重呈现出明显上升趋势,上升了约 7 个百分点;劳动密集型产品的进口比重呈现出明显下降趋势,下降了约 7 个百分点;而资本与技术密集型产品的进口比重基本没有变化。各类产品的各年度进口比重及其变化趋势情况如表 11.6 所示。

表 11.6　拉脱维亚进口商品结构及其变化趋势(2001—2011 年)(%)

年份	资源密集型产品			劳动密集型产品			资本与技术密集型产品		
	SITC0—4	SITC0	SITC3	SITC6+8	SITC6	SITC8	SITC5+7+9	SITC5	SITC7
2001	**25.85**	9.34	10.66	**31.67**	19.18	12.49	**42.48**	12.42	30.02
2002	**25.36**	9.56	9.26	**31.23**	19.07	12.16	**43.42**	12.68	30.71
2003	**24.97**	8.84	9.39	**31.63**	19.66	11.97	**43.39**	12.37	30.99
2004	**27.39**	8.00	11.90	**30.78**	20.40	10.38	**41.83**	11.23	28.25
2005	**29.46**	8.02	15.06	**28.17**	18.08	10.09	**42.36**	10.16	28.67
2006	**26.26**	7.39	12.70	**28.43**	17.54	10.89	**45.30**	10.18	31.85
2007	**25.08**	7.38	10.75	**27.80**	17.26	10.54	**47.12**	9.76	33.49
2008	**30.61**	9.39	14.74	**26.22**	16.23	9.99	**43.16**	11.39	27.66
2009	**35.38**	13.08	16.42	**23.76**	13.99	9.77	**40.84**	13.04	20.22
2010	**32.83**	11.76	14.74	**24.55**	15.56	8.99	**42.63**	13.15	21.80
2011	**32.80**	10.38	16.51	**24.42**	16.01	8.41	**42.78**	11.20	23.98

资料来源:同表 11.1。

从表 11.6 中可以看出:(1)资源密集型产品进口额比重从 2001 年的 25.85%上升到 2011 年的 32.8%。其中,食品和活动物(SITC0)上升了约 1 个百分点,矿物燃料、润滑油及有关原料(SITC3)上升了约 6 个百分点,这和其相对缺乏的矿产资源禀赋是相一致的,这两类产品的进口额平均占到了资源密集型产品进口总额的五分之四以上。(2)劳动密集型产品的进口额比重从 2001 年的 31.67%下降到 2011 年的 24.42%。其中,按原料分类的制成品(SITC6)的进口额比重从 2001 年的 19.18%下降到 2011 年的 16.01%,杂项制品(SITC8)的进口额比重从 2001 年的 12.49%下降到 8.41%。(3)资本与技术密集型产品的进口额比重基本没有太大的变化。其中,化学品和有关产品(SITC5)的进口额比重 2001—2011 年约下降 1 个百分点,机械及运输设备(SITC7)的进口额比重 2001—2011 年约下降

4 个百分点,而未分类产品的进口额比重则提高约 5 个百分点,这两类产品进口额比重的下降趋势和其出口额比重的变化趋势正好相反,同样表明了其工业制品的科技水平和生产力水平的提高。

对比拉脱维亚进、出口商品结构的变化趋势,可以更好地说明其贸易平衡变化情况,具体对比情况如图 11.2 所示。

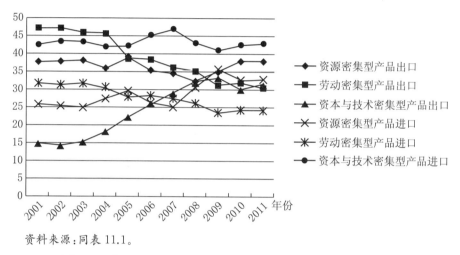

资料来源:同表 11.1。

图 11.2 拉脱维亚 2001—2011 年进、出口商品结构变化趋势(%)

从图 11.2 可以看出以下结论:(1)资源密集型产品(初级产品)的出口额比重 2001—2011 年变化不大,而进口比重则有提高趋势,且除 2009 年外,出口比重始终高于进口比重,但在此期间始终构成拉脱维亚贸易逆差的一个重要来源。这表明拉脱维亚还属于资源相对缺乏的国家。(2)劳动密集型产品的出口额比重始终远高于进口额比重,出口比重和进口比重均呈现出明显的下降趋势,且出口比重下降的幅度大于进口比重的下降幅度,该类产品除 2009 年和 2010 年外仍然产生的是贸易逆差①。(3)资本与技术密集型产品的出口额比重,表现为非常明显的逐年上升趋势,而进口额比重基本没有变化,且进口额比重远远高于出口额比重,构成拉脱维亚 2001—2011 年贸易逆差的主要来源②。

① 2001—2011 年劳动密集型产品的进、出口额差分别为:1.63、1.82、3.26、2.46、4.23、9.94、13.58、8.67、−0.24、−0.91、1.20(单位:亿美元)。
② 2001—2011 年资本与技术密集型产品的进、出口额差分别为:11.88、14.29、18.25、22.57、25.41、36.33、48.70、38.22、14.00、20.88、28.10(单位:亿美元)。

11.4　产业内贸易

利用 UN-comtrade 数据库中 SITC 三位数层次上的分类数据，可计算出拉脱维亚 2001—2011 年间的 G-L 产业内贸易指数，以及 SITC 一级分类下的各类制成品产业内贸易指数，结果如表 11.7。同时，为了直观地表示 2001—2011 年间拉脱维亚的产业内贸易趋势，把表 11.7 的结果汇总成了图 11.3。

表 11.7　拉脱维亚 2001—2011 年间的产业内贸易指数

年份	SITC0—9	SITC5	SITC6	SITC7	SITC8
2001	**31.55**	44.78	37.35	**24.17**	47.64
2002	**33.01**	41.11	37.92	**24.63**	50.92
2003	**34.17**	41.90	40.30	**27.25**	50.27
2004	**42.81**	47.22	44.35	**34.41**	55.26
2005	**49.32**	52.40	51.03	**40.64**	62.43
2006	**47.24**	54.33	51.40	**38.77**	63.38
2007	**50.18**	59.55	55.07	**41.87**	63.75
2008	**54.12**	63.04	57.53	**56.13**	66.58
2009	**58.68**	66.57	53.48	**77.73**	76.03
2010	**58.74**	65.73	54.63	**77.30**	73.79
2011	**60.98**	68.01	59.59	**72.62**	72.91

资料来源：同表 11.1。

从表 11.7 和图 11.3 中可以看出以下结论。

(1) 总体上，2001—2011 年拉脱维亚实现了从以产业间贸易为主到产业内贸易为主的贸易模式的转变，总体产业内贸易指数从 2001 年的 31.55 提高到 2011 年的 60.98，提高近 30 个百分点。其中，2006 年之前的对外贸易模式以产业间贸易为主，2007 年之后则是以产业内贸易为主，且各类制成品的产业内贸易指数均呈现出较平稳的增长趋势。考虑到 2001—2011 年拉脱维亚始终处于较严重的贸

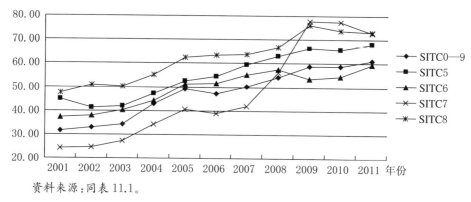

资料来源：同表 11.1。

图 11.3　拉脱维亚产业内贸易指数 2001—2011 年变化趋势

易失衡状态，表 11.7 中的产业内贸易指数计算结果低估了其产业内贸易的真实水平。在 2007 年之前拉脱维亚的贸易失衡度在不断增加，因而可认为产业内贸易指数的提升，主要得益于其工业化程度的不断提高，及其参与国际分工的程度不断深入；而 2008 年后则主要得益于贸易逆差的大幅缩小。

　　（2）在四类制成品中，杂项制品（SITC8）的产业内贸易指数最高，2001—2011 年平均达到 62 以上，远远高于其他制成品的产业内贸易指数；化学及相关制品（SITC5）的产业内贸易指数次之，平均达到 55 以上；然后是按原料分类的制成品（SITC6），这三类制成品的产业内贸易指数均表现为平稳上升趋势，表明拉脱维亚的各劳动力密集型产业和其化学工业 2001—2011 年参与国际分工的程度越来越深。不同的是机械及运输设备（SITC7）产品，其产业内贸易指数变化最大，从 2001 年的 24.17 提高到 2011 年的 72.62，提高了 48.45 个百分点；但是主要是在 2007—2009 年实现的，在此期间迅速提高了近 36 个百分点。究其原因，主要是该类产品在此期间的贸易失衡程度得到了大大缓解，从而导致了该产业内贸易指数得到了大幅提高，而并不表示该类产业参与国际分工程度迅速得到了提高。

11.5　基本结论

　　综上所述，拉脱维亚对外货物贸易的结构特征可归纳为以下四个方面。

(1) 总体上讲,拉脱维亚货物贸易增长迅速,2001—2011 年拉脱维亚对外货物贸易平均增长速度高达 17.41%,其中,出口平均每年增长 19.61%,进口平均每年增长 15.98%,远高于期间全球货物贸易总额的 10% 的平均增速。在 2001—2007 年,拉脱维亚始终处于较严重的贸易失衡状态,2008 年以后有所缓解。贸易的快速增长带来的结果是拉脱维亚对外贸易的依存度在不断提高,从 2001 年的 88.48% 上升到 2011 年的 121.96%,表明其宏观经济对全球市场的依赖性越来越大,也表明其对外开放程度及参与国际分工的程度都在不断提高。

(2) 在市场结构上,拉脱维亚的对外货物贸易的区域内(欧盟及俄罗斯与白俄罗斯)贸易特征显著,其 75% 的贸易量集中在欧洲,60% 以上的贸易集中在欧盟内部。2001—2011 年拉脱维亚主要的贸易伙伴国包括:德国、立陶宛、爱沙尼亚、俄罗斯、瑞典、波兰、丹麦、芬兰、英国、荷兰和白俄罗斯等 11 个国家,这些国家占据了拉脱维亚对外贸易总量的三分之二以上的市场份额,而且还有进一步提高的趋势。贸易逆差主要来源地集中在:德国、芬兰、波兰、立陶宛、俄罗斯、白俄罗斯和中国等 7 个国家,这些国家带来的贸易逆差占其总逆差的一半以上。贸易顺差主要来源地相对比较分散,主要包括:英国、爱沙尼亚、阿尔及利亚、爱尔兰、阿富汗、伊朗、埃及、日本、冰岛、挪威和瑞典等 11 个国家,贸易顺差的集中度呈明显下降趋势。这有利于拉脱维亚贸易平衡的实现,也表明其出口产品在更多的国家有了较强竞争力。

(3) 在商品结构上,资源密集型产品、劳动密集型产品和资本与技术密集型产品的出口额比例平均约为 38∶39∶23,而进口比例约为 29∶28∶43。其中,资源密集型产品的出口额比重 2001—2011 年变化不大,而进口比重则有提高趋势,构成拉脱维亚贸易逆差的一个重要来源。劳动密集型产品的出口比重和进口比重均呈现出明显的下降趋势,该类产品除 2009 年和 2010 年外仍然产生的是贸易逆差;资本与技术密集型产品的出口额比重表现为非常明显的逐年上升趋势,而进口额比重基本没有变化,但进口额比重远远高于出口额比重,构成拉脱维亚 2001—2011 年贸易逆差的主要来源。对比全球贸易的出口商品结构可以发现:2001—2011 年,拉脱维亚的资源密集型产品总体上具有很强的相对比较优势;劳动密集型产品中总体上在 2001—2011 年呈现出较强比较优势,但比较优势在逐年下降;资本与技术密集型产品中始终都处于比较弱势地位,但相对比较优势有明显提高趋势。

（4）在产业内贸易上,2001—2011 年拉脱维亚实现了从以产业间贸易为主到产业内贸易为主的贸易模式的转变,总体产业内贸易指数从 2001 年的 31.55 提高到 2011 年的 60.98。在四类制成品中,杂项制品（SITC8）的产业内贸易指数最高,化学及相关制品（SITC5）的产业内贸易指数次之,然后是按原料分类的制成品（SITC6）。这三类制成品的产业内贸易指数均表现为平稳上升趋势,表明了拉脱维亚的各劳动力密集型产业和其化学工业 2001—2011 年参与国际分工的程度越来越深。而机械及运输设备（SITC7）产品的产业内贸易指数变化最大,2001—2011 年提高了两倍,但主要是在 2007—2009 年实现的,且主要源于贸易失衡的缓解,而并非产业内贸易水平的真正提高。

第 12 章

爱沙尼亚对外货物贸易结构

2011 年爱沙尼亚国内生产总值为 222 亿美元,人均国内生产总值约为 16 866 美元,经济总量在中东欧十六国中位居第十二,在经济水平上属发达国家。按联合国发布的《2011 年人类发展报告》,爱沙尼亚的社会发展水平排名第 34 位,属于极高人类发展水平组。自 1991 年 8 月爱沙尼亚宣布脱离原苏联恢复独立以来,一直奉行自由经济政策,大力推行私有化,实行自由贸易政策,经济发展迅速,年均经济增速在欧盟成员国内位列前茅。目前,爱沙尼亚的主要贸易伙伴国有:俄罗斯、瑞典、芬兰、德国、拉脱维亚和立陶宛等国家;主要出口商品有:石油产品、电器设备、家具等;主要进口商品有:石油产品及运输设备类产品等。

12.1　爱沙尼亚对外货物贸易总况

从贸易规模上看,2001—2011 年间爱沙尼亚的对外货物贸易保持了快速发展态势,货物贸易总额平均每年增长 14.90%,其中出口平均每年增长 16.33%,进口平均每年增长 13.69%,均高于此间全球货物贸易总额 10% 的平均增速。因此,爱沙尼亚的贸易总额在全球贸易总额中的比重和排名稳步上升,比重由 2001 年的 0.08% 提升到 2011 年的 0.12%,排名由 2001 年的第 75 位上升到 2011 年的第 58 位。

从贸易平衡的角度看,在 2001—2011 年的 11 年间,爱沙尼亚的贸易始终存在较大的贸易逆差,其中,2001—2007 年贸易失衡度呈现出上升趋势,2008 年后受全球金融危机的影响,进口增速大幅下降,贸易失衡问题得到了一定的缓解,2009 年开始基本实现了贸易平衡。

从各年的贸易情况来看,可以发现有两个年份的贸易增长出现了异常。第一个是 2009 年,受困于 2008 年的全球金融危机,2009 年的进出口增速分别为−23.8%和−34.5%,总贸易额的增速为−29.7%,高于全球贸易的负增长幅度,说明金融危机对爱沙尼亚的国际贸易负面影响较大。第二个是 2011 年,该年的出口增速高达 41.5%,进口增速高达 42.3%。出口增速比这一期间出口年均增速的 2 倍还多,进口增速更是达到了进口年均增速的 3 倍,进出口增速均高于当年全球贸易增速的 4 倍,总贸易额在全球中的比重和排名是 11 年最高。这表明全球金融危机后爱沙尼亚的对外贸易在 2011 年得到了恢复性增长。爱沙尼亚对外货物贸易更详细的发展变化情况参见表 12.1。

表 12.1　爱沙尼亚货物贸易发展趋势(2001—2011 年)(亿美元,%)

年份	出　口		进　口		贸易差额	总贸易在全球中的		全球贸易增速
	金额	增速	金额	增速		比重	排名	
2001	40.0	4.4	52.1	3.1	−12.1	0.08	75	−3.17
2002	43.4	8.6	58.6	12.6	−15.2	0.08	76	4.65
2003	56.3	29.7	79.4	35.5	−23.1	0.09	69	16.38
2004	65.3	16.0	90.6	14.1	−25.3	0.09	69	21.68
2005	82.5	26.3	110.2	21.6	−27.7	0.10	70	13.06
2006	100.4	21.7	146.4	32.9	−46.0	0.10	71	16.27
2007	117.4	16.9	166.7	13.8	−49.3	0.11	69	14.21
2008	137.0	16.7	173.3	4.0	−36.3	0.10	73	15.59
2009	104.5	−23.8	113.6	−34.5	−9.1	0.09	72	−22.71
2010	128.1	22.6	132.0	16.2	−3.9	0.09	72	21.06
2011	181.3	41.5	187.8	42.3	−6.5	0.12	58	9.32

2001—2011 年爱沙尼亚年均增速:总贸易为 14.90%;出口为 16.33%;进口为 13.69%
2001—2011 年全球年均增速:总贸易为 10%

资料来源:根据联合国商品贸易统计数据库中相应数据计算得出。

从爱沙尼亚的对外贸易依存度这一指标来看(详见图 12.1),对外贸易在爱沙尼亚的宏观经济中占据了极其重要的位置。爱沙尼亚各年的对外贸易依存度基本处于 150%以上,金融危机之后贸易依存度更是增长迅速,2011 年达到 207.56%。11 年间服务贸易占 GDP 的比重在 41.16%—41.20%之间,基本没有什么变化,因此,爱沙尼亚极高的对外贸易依存度主要源于其极高的对外货物贸易依存度。2001—2011 年爱沙尼亚的对外贸易依存度的变化趋势总体上表现为先下降后上升的"U"形结构,2009 年之前对外贸易依存度在逐年缓慢地下降,而 2009 年之后,对外贸易依存度得到了大幅地提高。这一现象表明爱沙尼亚的对外贸易近两年来增长迅速,远远超出了其 GDP 的增长速度。爱沙尼亚极高的对外贸易依存度还表明该国对外开放程度很高,其宏观经济的增长严重依赖全球市场的增长,这也使得其容易受到外部经济的影响,世界经济的变化对爱沙尼亚的宏观经济影响巨大。

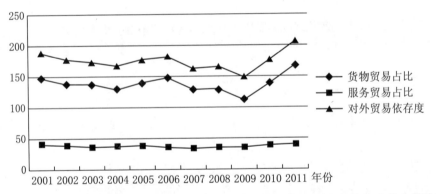

资料来源:根据世界银行数据库(http://data.worldbank.org.cn)及联合国商品贸易统计数据库(UN-comtrade)中相应数据计算得出。

图 12.1　爱沙尼亚对外贸易依存度及变化趋势(%)

12.2　市场结构

随着经济全球化和欧洲经济一体化的发展,爱沙尼亚 2001—2011 年对外贸易市场迅速扩大。为简化说明，这里只列举了爱沙尼亚2001年、2006年及2011年的贸易总额、进口及出口总额的前十大贸易伙伴国的市场份额构成情况（详见表12.2)来说明其对外贸易的市场结构。

表12.2　爱沙尼亚前十大贸易伙伴及其市场占比(％)

2001 年			2006 年			2011 年		
总贸易	出　口	进　口	总贸易	出　口	进　口	总贸易	出　口	进　口
芬　兰	芬　兰	俄罗斯	俄罗斯	芬　兰	俄罗斯	俄罗斯	俄罗斯	俄罗斯
16.8	28.4	12.5	13.5	17.4	16.2	13.5	15.7	11.4
俄罗斯	瑞　典	芬　兰	芬　兰	瑞　典	德　国	芬　兰	瑞　典	德　国
10.8	11.8	7.8	13.3	11.8	11.8	11.7	14.3	9.9
瑞　典	俄罗斯	中　国	德　国	俄罗斯	芬　兰	瑞　典	芬　兰	芬　兰
7.5	8.6	7.3	9.0	9.6	10.5	11.2	13.7	9.8
德　国	拉脱维亚	德　国	瑞　典	拉脱维亚	瑞　典	德　国	拉脱维亚	瑞　典
6.4	7.5	6.5	8.8	8.8	6.8	7.1	7.2	8.3
中　国	德　国	日　本	拉脱维亚	美　国	中　国	拉脱维亚	美　国	中　国
4.3	6.2	4.3	5.2	6.5	5.3	6.3	6.6	7.4
拉脱维亚	英　国	瑞　典	立陶宛	德　国	立陶宛	立陶宛	德　国	立陶宛
4.2	3.7	4.1	4.9	4.8	5.0	5.4	4.2	6.5
日　本	立陶宛	意大利	中　国	立陶宛	日　本	中　国	立陶宛	波　兰
2.8	3.6	2.6	4.2	4.7	4.1	4.6	4.2	5.8
立陶宛	乌克兰	美　国	美　国	直布罗陀	波　兰	美　国	尼日利亚	拉脱维亚
2.7	3.0	2.3	3.7	4.6	2.8	4.1	3.4	5.5
英　国	丹　麦	立陶宛	日　本	中　国	拉脱维亚	波　兰	挪　威	英　国
2.6	2.9	2.1	2.6	2.7	2.8	3.7	2.8	3.5
美　国	挪　威	波　兰	英　国	挪　威	意大利	英　国	荷　兰	荷　兰
2.3	2.6	1.8	2.5	2.6	2.7	2.7	2.5	2.5
60.3	78.4	51.3	67.8	73.6	68.0	70.3	74.5	70.5

注：国家下面的数字为这一市场占爱沙尼亚对外贸易额的份额，最后一行为合计。
资料来源：同表12.1。

从表12.2可以看出爱沙尼亚的市场结构呈现如下特征。

从总的贸易看,2001—2011年爱沙尼亚的前十大贸易伙伴国几乎没有什么变化,而且市场集中度也比较高,前十大贸易伙伴国占其贸易总份额的比重在这三年分别达到了60.3%、67.8%和70.3%,呈现出明显的上升趋势。在所研究的三个年份中,俄罗斯、芬兰、瑞典、德国、拉脱维亚、立陶宛、中国、美国和英国等9个国家均位于其前十大贸易伙伴国之列,其他还包括日本和波兰。在这些国家中,除中国、美国、俄罗斯和日本4国外,其他国家均为欧盟成员国。爱沙尼亚同欧盟成员国之间的贸易占到了其贸易总额的一半以上,因而可以认为其以欧盟内部贸易为主的区域内贸易特征比较显著。

从出口目的地看,爱沙尼亚的前十大贸易伙伴国主要包括:芬兰、瑞典、俄罗斯、拉脱维亚、挪威、丹麦、美国、立陶宛、德国、尼日利亚、荷兰、挪威、英国、乌克兰、中国和直布罗陀等16个国家和地区。其中,俄罗斯和芬兰的市场份额占其出口总额的四分之一以上。从出口市场的集中度来讲,其前十大出口目的地的市场所占份额始终较高,但略有下降趋势:2001年这一份额为78.4%,而2011年下降到74.5%。

从进口来源地看,爱沙尼亚的前十大贸易伙伴国主要包括:俄罗斯、德国、芬兰、瑞典、中国、立陶宛、波兰、拉脱维亚、英国、意大利、日本和美国等12个国家。其中,俄罗斯、德国、芬兰、瑞典和中国等5个国家的市场份额2001—2011年平均占45%以上。从进口市场的集中度来讲,其前十大进口来源地的市场所占份额始终较高,且有明显的上升趋势:2001年这一份额为51.3%,到2011年就上升到70.5%。

对比爱沙尼亚2001—2011年的贸易逆(顺)差贡献度[①]前五大来源地(见表12.3),可以从市场结构的角度解释其贸易失衡的原因。

从贸易逆差来源地来看,主要表现为以下两个特点:(1)贸易逆差来源地相对集中,2001年、2006年和2011年爱沙尼亚的前五大贸易逆差来源地集中在中国、俄罗斯、德国、波兰、立陶宛、英国、日本和意大利这8个国家;(2)贸易逆差的集中度较高,且上升趋势明显,2001—2011年爱沙尼亚的前五大贸易逆差来源地形成

---

① 贸易逆(顺)差贡献度是指一国与另外一国的贸易逆(顺)差占其总贸易逆(顺)差的比重。总逆差表示所有贸易逆差来源地的逆差总和。同理,总顺差是所有贸易顺差来源地的顺差总和。

表 12.3　爱沙尼亚贸易顺差和逆差贡献度来源地排序(%)

来源地 / 排序 / 年份	1	2	3	4	5	合计
贸易逆差来源地 2001	中国 12.5	俄罗斯 10.5	日本 6.4	意大利 3.4	德国 3.1	**36.0**
2006	俄罗斯 19.9	德国 17.7	日本 7.7	中国 7.1	意大利 4.7	**57.1**
2011	中国 17.6	德国 17.6	波兰 13.5	立陶宛 7.3	英国 5.2	**61.2**
贸易顺差来源地 2001	芬兰 42.9	瑞典 15.2	拉脱维亚 12.5	英国 3.3	挪威 3.3	**77.2**
2006	拉脱维亚 19.4	直布罗陀 19.2	美国 16.5	芬兰 8.5	瑞典 8.1	**71.6**
2011	瑞典 18.5	美国 15.7	俄罗斯 12.8	芬兰 11.5	尼日利亚 10.8	**69.4**

注:国家(地区)下面的数字表示爱沙尼亚来源于该国(地区)市场的贸易逆差(顺差)占其贸易逆差(顺差)总额的百分比。

资料来源:同表 12.1。

的贸易逆差平均占所有贸易逆差来源地形成的总逆差的 50% 以上,而在 2001 年这一比重才 36%,到 2011 年就提高到 61.2%。理论上来讲,贸易逆差集中度的提高,有利于缓解贸易失衡。

从贸易顺差来源国看,亦有两个特点:(1)贸易顺差来源地比较集中。2001年、2006 年和 2011 年爱沙尼亚的前五大贸易顺差来源地集中在瑞典、美国、俄罗斯、芬兰、尼日利亚、拉脱维亚、直布罗陀、英国和挪威等 9 个国家和地区;(2)贸易顺差的集中度非常高,且有下降趋势,2001—2011 年爱沙尼亚的前五大贸易顺差来源地形成的贸易顺差平均占所有贸易顺差来源地形成的顺差总和的 70% 以上,2001 年这一比重高达 77.2%,到 2011 年下降到 69.4%。理论上来讲,贸易顺差集中度的下降,有利于缓解贸易失衡,但非常高的贸易顺差集中度则不利于贸易失衡问题的解决。

12.3 商品结构

12.3.1 出口商品结构

2001—2011年爱沙尼亚的出口商品结构及其变化趋势如表12.4所示。

表12.4 爱沙尼亚的各类出口商品比重(2001—2011年)(%)

| 年份 | 资源密集型产品 | | | | 劳动密集型产品 | | | 资本与技术密集型产品 | | |
	SITC 0—4	SITC0	SITC2	SITC3	SITC 6+8	SITC6	SITC8	SITC5+ 7+9	SITC5	SITC7
2001	**24.8**	8.9	10.9	3.9	**35.5**	18.8	16.7	**39.7**	5.6	34.1
2002	**27.3**	10.3	10.3	5.3	**39.5**	21.4	18.1	**33.1**	5.6	27.5
2003	**25.2**	9.1	10.4	4.2	**39.0**	20.8	18.3	**35.8**	6.3	29.5
2004	**23.3**	7.7	9.4	4.6	**35.7**	18.3	17.4	**41.1**	5.3	32.4
2005	**23.7**	6.4	8.5	7.2	**31.8**	16.8	15.0	**44.6**	5.1	33.4
2006	**30.9**	5.6	8.0	15.6	**29.0**	15.5	13.6	**40.1**	4.9	30.0
2007	**30.0**	6.4	8.5	12.4	**32.1**	17.7	14.4	**37.9**	5.4	27.5
2008	**28.7**	6.5	7.9	11.8	**32.8**	18.4	14.4	**38.5**	6.1	28.0
2009	**32.6**	7.9	6.3	16.5	**29.9**	15.3	14.6	**37.5**	5.9	26.9
2010	**33.4**	7.7	8.0	15.8	**29.7**	15.1	14.6	**37.0**	5.4	27.7
2011	**32.0**	6.9	6.7	16.7	**27.9**	14.2	13.7	**40.1**	5.6	30.3

资料来源:同表12.1。

总的来看,2001—2011年爱沙尼亚的资源密集型产品、劳动密集型产品和资本与技术密集型产品的出口额比重平均约为28:32:40,且资源密集型产品的出口比重呈明显的上升趋势,劳动密集型产品的出口比重呈明显下降趋势,资本与技术密集型产品的出口比重基本没变。

具体来讲,在资源密集型产品中,食品和活动物(SITC0)、非食用原料(SITC2)和矿物、润滑油及有关原料(SITC3)产品的出口额占 90％以上。其中,前两类产品的出口比重略有下降,而矿物、润滑油及有关原料的出口比重得到了大幅的增长,2001 年该类产品的出口额占总出口额的比重才 3.9％,到了 2011 年就增长到 16.7％。在劳动密集型产品中,按原料分类的制成品(SITC6)的出口比重略高于杂项制品(SITC8)的出口比重,平均高出 1—2 个百分点,且这两类产品的出口比重均呈逐年下降趋势。在资本与技术密集型产品中,机械及运输设备产品(SITC7)的出口额平均占到 80％以上,且出口比重略有下降趋势;未另列明的化学品和有关产品(SITC5)的出口比重基本没有变化,始终占出口总额的 5.6％左右;未分类产品(SITC9)的出口比重略有上升。

12.3.2 比较优势

为了进一步地分析爱沙尼亚出口商品的比较优势,采用巴氏显性比较优势指数(RCA),计算可得爱沙尼亚各类产品的 RCA 指数,如表 12.5 所示。

表 12.5 爱沙尼亚各类出口商品显性比较优势指数(RCA)

年份	SITC0	SITC1	SITC2	SITC3	SITC4	SITC5	SITC6	SITC7	SITC8
2001	**1.553**	0.747	**3.617**	0.409	**1.228**	0.571	**1.387**	0.845	**1.329**
2002	**1.773**	**0.916**	**3.305**	0.575	**1.256**	0.531	**1.570**	0.696	**1.420**
2003	**1.594**	**1.210**	**3.442**	0.442	0.780	0.589	**1.530**	0.749	**1.481**
2004	**1.438**	**1.492**	**2.977**	0.440	0.686	0.498	**1.306**	0.83	**1.473**
2005	**1.234**	**1.482**	**2.652**	0.582	0.678	0.476	**1.213**	0.875	**1.297**
2006	**1.141**	**1.936**	**2.356**	**1.137**	0.756	0.473	**1.102**	0.804	**1.232**
2007	**1.242**	**3.103**	**2.365**	**0.977**	0.671	0.511	**1.220**	0.743	**1.311**
2008	**1.223**	**2.655**	**2.210**	**0.724**	0.762	0.584	**1.335**	0.814	**1.401**
2009	**1.267**	**1.732**	**1.804**	**1.258**	0.733	0.509	**1.209**	0.785	**1.265**
2010	**1.322**	**1.884**	**1.93**	**1.166**	0.828	0.48	**1.155**	0.796	**1.322**
2011	**1.217**	**1.859**	**1.476**	**1.316**	0.506	0.497	**1.044**	0.866	**1.221**

资料来源:同表 12.1。

从表12.5中可以看出以下结论:(1)爱沙尼亚资源密集型产品总体上来讲具有很强的比较优势。其中,非食用原料(SITC2)具有极强比较优势,但有明显的下降趋势;食品和活动物(SITC0)具有较强比较优势,亦有下降趋势;而饮料及烟草(SITC1)和矿物燃料、润滑油及有关原料(SITC3)则从比较弱势迅速提升到了较强比较优势;动植物油、脂和蜡(SITC4)则从中等比较优势下降到了比较劣势。(2)劳动密集型产品中的按原料分类的制成品(SITC6)和杂项制品(SITC8)均具有较强的相对比较优势,但都具有明显的下降趋势,均是从较强比较优势下降到了中等比较优势。(3)资本与技术密集型产品中第5部门未另列明的化学品和有关产品(SITC5)和机械及运输设备(SITC7)在这一期间始终为比较劣势。这些比较优势的变化和表12.4反映出来的各类产品的变化趋势基本一致。

12.3.3 进口商品结构

2001—2011年爱沙尼亚的进口商品结构及其变化如表12.6所示。

表12.6 爱沙尼亚的各类进口商品比重(2001—2011年)(%)

年份	资源密集型产品			劳动密集型产品			资本与技术密集型产品		
	SITC0—4	SITC0	SITC3	SITC6+8	SITC6	SITC8	SITC5+7+9	SITC5	SITC7
2001	**21.2**	8.5	6.7	**28.8**	18.6	10.2	**50.0**	9.8	40.1
2002	**22.6**	9.3	7.2	**29.4**	19.8	9.6	**48.0**	9.9	38.1
2003	**20.9**	9.2	6.0	**28.2**	19.3	8.9	**50.9**	9.6	41.0
2004	**21.1**	7.7	7.4	**29.0**	20.2	8.8	**49.9**	8.9	37.1
2005	**22.7**	6.9	10.2	**25.6**	17.4	8.2	**51.8**	8.8	37.9
2006	**28.4**	5.9	17.8	**23.3**	15.7	7.6	**48.3**	8.2	34.1
2007	**26.5**	6.1	14.4	**26.2**	17.4	8.8	**47.2**	8.7	32.3
2008	**28.4**	7.0	16.0	**27.3**	17.7	9.6	**44.3**	10.0	29.8
2009	**33.8**	9.6	18.9	**24.9**	14.5	10.4	**41.2**	11.0	24.7
2010	**30.8**	8.8	16.6	**26.0**	16.3	9.7	**43.3**	10.3	28.4
2011	**29.9**	7.3	17.7	**22.7**	15.0	7.7	**47.4**	9.3	32.1

资料来源:同表12.1。

总的来看,2001—2011 年爱沙尼亚的资源密集型产品、劳动密集型产品和资本与技术密集型产品的进口额比重平均约为 26∶26∶48,且资源密集型产品的进口比重呈明显的上升趋势,劳动密集型产品的进口额比重呈明显下降趋势,资本与技术密集型产品的进口额比重略显下降趋势。

具体来讲,在资源密集型产品中,食品和活动物(SITC0)、非食用原料(SITC2)和润滑油及有关原料(SITC3)产品的进口额占 70% 以上。其中,食品和活动物产品的进口比重略有下降,而润滑油及有关原料的进口比重得到了大幅的增长,资源密集型产品进口比重的增长主要来源于该类产品进口的大幅增长。在劳动密集型产品中,按原料分类的制成品(SITC6)的进口比重远高于杂项制品(SITC8)的进口比重,平均高出约 8 个百分点,且这两类产品的进口比重均呈逐年下降趋势。在资本与技术密集型产品中,机械及运输设备产品(SITC7)的进口额平均占 75% 以上,且进口比重有明显下降趋势;未另列明的化学品和有关产品(SITC5)的进口比重基本没有变化,始终占出口总额的 10% 左右;未分类产品(SITC9)的进口比重略有上升。

为了对比说明进、出口商品结构的变化,表 12.4 的出口商品结构和表 12.6 的进口商品结构可汇总为图 12.2。

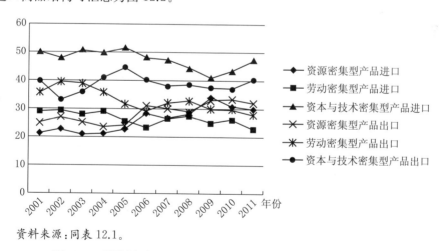

资料来源:同表 12.1。

图 12.2　爱沙尼亚 2001—2011 年进、出口商品结构变化趋势(%)

从图 12.2 中可以看出以下三个结论:(1)资源密集型产品的进、出口比重均有明显上升趋势。结合表 12.1 的结果还可以看出,2001—2009 年该类产品带来的均是贸易逆差,近两年才带来了贸易顺差,贸易顺差始终主要来源于非食用原料(SITC2)。(2)劳动密集型产品的进、出口比重均有明显下降趋势,且出口比重高于进口比重。结合表 12.1 的结果还可以看出,2001—2008 年该类产品带来的均是贸易逆差,2009—2011 年为贸易顺差,不过该类产品中的杂项制品(SITC8)带来的始终是贸易逆差,逆差主要是按原料分类的制成品(SITC6)产生的。(3)资本与技术密集型产品的进、出口比重在 2001—2011 年总体变化幅度不大。其中,进口比重略显下降,而出口比重基本没变,且进口比重始终远高于出口比重,构成了爱沙尼亚这一期间贸易逆差的主要来源。

12.4 产业内贸易

利用 UN-comtrade 数据库中 SITC 三位数层次上的分类数据,可计算出爱沙尼亚 2001—2011 年间的 G-L 产业内贸易指数,以及 SITC 一级分类下的各类制成品产业内贸易指数,结果如表 12.7 所示。同时,为了直观地表示 2001—2011 年间爱沙尼亚的产业内贸易趋势,把表 12.7 的结果汇总成了图 12.3。

表 12.7　爱沙尼亚 2001—2011 年间的产业内贸易指数

年份	SITC0—9	SITC5	SITC6	SITC7	SITC8
2001	**57.10**	53.24	58.63	**60.42**	60.76
2002	**55.20**	53.80	64.61	**49.95**	61.20
2003	**53.70**	55.09	57.94	**54.06**	62.66
2004	**55.15**	50.08	54.27	**51.98**	64.07
2005	**59.70**	52.83	57.70	**55.21**	66.37
2006	**60.74**	50.95	56.39	**55.52**	69.05
2007	**63.76**	51.62	61.58	**62.58**	71.14
2008	**65.64**	54.60	61.44	**68.39**	73.78
2009	**70.11**	49.05	62.54	**74.73**	71.31
2010	**69.55**	49.77	62.82	**74.63**	70.54
2011	**70.53**	59.42	63.09	**73.93**	69.47

资料来源:同表 12.1。

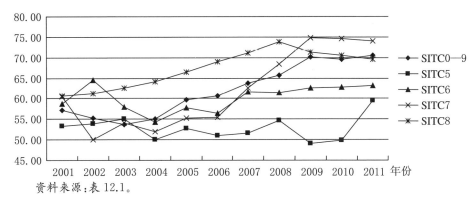

资料来源:表 12.1。

图 12.3 爱沙尼亚产业内贸易指数 2001—2011 年变化趋势

从表 12.7 和图 12.3 中可以看出以下结论。

(1) 总体上,2001—2011 年爱沙尼亚的对外贸易模式是以产业内贸易为主的。其产业内贸易指数平均达到 61.93,在中东欧十六国中排名第四,且上升趋势非常明显:2001 年爱沙尼亚的 G-L 指数为 57.10,到 2011 年就提升到 70.53,增加了 13.43 个百分点。不过 2001   2003 年有下降趋势,2004 年加入欧盟后,其产业内贸易指数增长迅速,到 2011 年提高 16.83 个百分点,可见爱沙尼亚加入欧盟极大地促进其产业参与国际分工的程度。考虑到其长期的贸易逆差影响,表 12.7 所反映的产业内贸易水平低估了其真实的产业内贸易水平。

(2) 劳动密集型制成品中,杂项制品(SITC8)2001—2011 年的 G-L 产业内贸易指数平均高达 67.3,是四类制成品中 G-L 指数平均最高的一类,在这一期间增长趋势明显,增长 8.71 个百分点。按原料分类的制成品(SITC6)产业内贸易指数亦有上升趋势,2001—2011 年提高 4.46 个百分点,但主要是 2004 年之后实现的,2004 年之前还有下降趋势。这表明爱沙尼亚 2004 年加入欧盟对其劳动密集型产业的国际化程度起到了很大的促进作用。

(3) 资本与技术密集型产品中,机械及运输设备(SITC7)的产业内贸易指数增幅最大,在四类制成品中也是增幅最大的,2001—2011 年其 G-L 指数提高 13.51 个百分点。这表明在此期间,爱沙尼亚的机械及运输设备类产业参与国际分工的程度得到了大幅提高,已经较深地融入国际产业链之中。化学及相关制品(SITC5)的产业内贸易指数在四类制成品中最低,而且几乎没有什么变化,在

2001—2010 年甚至略有下降趋势。这表明爱沙尼亚的化学制品工业的国际化程度相对其他工业来讲还较低。

12.5　基本结论

综上所述,爱沙尼亚对外货物贸易的结构特征可归纳为以下四个方面。

(1) 总体上讲,爱沙尼亚货物贸易增长迅速,2001—2011 年爱沙尼亚对外货物贸易平均增长速度高达 14.90％。其中,出口平均每年增长 16.33％,进口平均每年增长 13.69％,远高于全球同期 10％的平均增长速度,贸易总额在全球贸易总额中排名由 2001 年的第 75 位上升到 2011 年的第 58 位。在此期间,爱沙尼亚的贸易始终存在较大的贸易逆差,其中,2001—2007 年贸易失衡度呈现出上升趋势,2009 年开始基本实现了贸易平衡。爱沙尼亚 2001—2011 年的对外贸易依存度基本始终处于 150％以上,其外向型经济特征非常明显。

(2) 在市场结构上,爱沙尼亚以欧盟内部贸易为主的区域内贸易特征比较显著,其 60％的贸易量集中在欧盟内部。2001—2011 年,爱沙尼亚的贸易伙伴国在不断地增加,几乎覆盖了全世界所有的国家与地区。在此期间,其前十大贸易伙伴国主要集中在俄罗斯、芬兰、瑞典、德国、拉脱维亚、立陶宛、中国、美国、英国、日本和波兰等 11 国,同这些国家的贸易量占其对外贸易总量的三分之二,且前十大贸易伙伴国市场集中度呈上升趋势。爱沙尼亚贸易逆差主要来源于中国、俄罗斯、德国、波兰、立陶宛、英国、日本、意大利等 8 个国家,前五大贸易逆差来源国对其贸易逆差的形成的贡献度平均达到了一半以上;贸易顺差主要来源于瑞典、美国、俄罗斯、芬兰、尼日利亚、拉脱维亚、直布罗陀、英国和挪威等 9 个国家,前五大贸易顺差来源国对其贸易顺差的形成的贡献度平均达到了 70％以上。

(3) 从商品结构上讲,2001—2011 年资源密集型产品、劳动密集型产品和资本与技术密集型产品对外贸易额比例大致保持在 26∶28∶46。其中,资源密集型产品的进、出口额比重均有明显上升趋势,2001—2009 年该类产品带来的均是贸易逆差,近两年才带来了贸易顺差;劳动密集型产品的进、出口比重均有明显下降

趋势,且出口比重高于进口比重,2001—2008 年该类产品带来的均是贸易逆差,
2009—2011 年为贸易顺差;资本与技术密集型产品的进、出口比重在 2001—2011
年总体变化幅度不大,且进口比重始终远高于出口比重,构成了爱沙尼亚这一期
间贸易逆差的主要来源。对比全球贸易的出口商品结构可以发现:2001—2011 年
爱沙尼亚的资源密集型产品和劳动密集型产品均具有较强的比较优势,而资本与
技术密集型产品则处于相对比较劣势。

　　(4) 从产业内贸易上讲,2001—2011 年爱沙尼亚产业内贸易指数平均达到了
61.93,在中东欧十六国中排名第四,以产业内贸易为主的对外贸易模式特征非常
明显。从趋势上讲,总体产业内贸易指数在 2001—2003 年有下降趋势,但 2004
年加入欧盟后,其产业内贸易指数增长迅速,表明加入欧盟一事极大地促进了其
产业的国际化水平。在四类制成品中,除化学及相关制品(SITC5)的产业内贸易
指数变化不大(且在四类制成品中最低)外,其他三类产品的产业内贸易指数均呈
明显上升趋势。其中,杂项制品(SITC8)的 G-L 产业内贸易指数平均最高(平均高
达 67.3),机械及运输设备(SITC7)的产业内贸易指数增幅最大,提高了 13.51 个
百分点。

第 13 章

阿尔巴尼亚对外货物贸易结构

2011年阿尔巴尼亚国内生产总值为130亿美元,人均国内生产总值为4601美元,经济总量在中东欧十六国中位居倒数第三,仅高于黑山和马其顿两国,在经济水平上属发展中国家。按联合国发布的《2011年人类发展报告》,阿尔巴尼亚的社会发展水平排名第70位,属于人类发展高水平组。1991年阿尔巴尼亚开始政治转型,实行多党议会民主制,随后经济也转型为市场经济。进入21世纪以来经济增长平稳。阿尔巴尼亚的主要贸易伙伴国有:意大利、希腊、中国、土耳其、德国等国;主要出口商品有:纺织、制鞋等来料加工产品及农副产品等;主要进口商品有:机械设备、矿产品和纺织品等。

13.1 阿尔巴尼亚对外货物贸易总况

从贸易规模上看,2001—2011年间阿尔巴尼亚的对外货物贸易保持了快速发展,货物贸易总额平均每年增长16.21%,其中出口平均每年增长20.38%,进口平均每年增长15.03%,均远高于全球货物贸易总额的平均10%的增速。由此,阿尔巴尼亚的贸易总额在全球贸易总额中的排名不断上升,由2001年的第123位上升到 2011 年的第 92 位。其在全球贸易总额中的比重从 2003 年开始基本稳定在 0.02% 左右。

从贸易平衡的角度看,2001—2011 年阿尔巴尼亚的贸易一直处于严重失衡的状态。2001—2009 年进口总额基本都是出口总额的 4 倍左右,2010 年和 2011 年也达到了 3 倍左右。从各年的贸易情况来看,除 2010 年外,其贸易增长速度均远高于全球的贸易增长速度。同大多中东欧国家不同的是,在全球金融危机的影响下,2009 年阿尔巴尼亚的对外贸易的负增长幅度小于全球贸易的大幅负增长,或者说仍然快于全球贸易的平均增速,表明金融危机对其贸易的影响相对较小。阿尔巴尼亚对外货物贸易更详细的发展变化情况参见表 13.1。

表 13.1　阿尔巴尼亚货物贸易发展趋势(2001—2011 年)(亿美元,%)

| 年份 | 出　口 | | 进　口 | | 贸易差额 | 总贸易在全球中的 | | 全球贸易增速 |
	金额	增速	金额	增速		比重	排名	
2001	3.0	16.6	13.3	22.1	−10.3	0.01	123	−3.17
2002	3.3	8.3	15.0	13.0	−11.7	0.01	119	4.65
2003	4.5	35.4	18.6	24.0	−14.2	0.02	117	16.38
2004	6.0	34.8	23.0	23.4	−17.0	0.02	118	21.68
2005	6.6	9.2	26.1	13.7	−19.6	0.02	116	13.06
2006	7.9	20.4	30.6	16.9	−22.6	0.02	117	16.27
2007	10.8	36.0	42.0	37.4	−31.2	0.02	115	14.21
2008	13.5	25.7	52.5	25.0	−39.0	0.02	113	15.59
2009	10.9	−19.7	45.5	−13.4	−34.6	0.02	113	−22.71
2010	15.5	42.5	46.0	1.2	−30.5	0.02	110	21.06
2011	19.5	25.7	54.0	17.2	−34.5	0.02	92	9.32

2001—2011 年阿尔巴尼亚年均增速:总贸易为 16.21%;出口为 20.38%;进口为 15.03%
2001—2011 年全球年均增速:总贸易为 10%

资料来源:根据联合国商品贸易统计数据库中相应数据计算得出。

随着阿尔巴尼亚对外贸易的迅速增长,其宏观经济对国际贸易的依赖程度越来越大(详细的变化趋势见图13.1),对外贸易依存度从2001年的63.86%上升到2011年的92.76%,增长趋势非常明显。其中,服务贸易占GDP的比重在23.92%—36.16%之间,货物贸易占GDP的比重在39.94%—56.60%之间。虽然与大多数中东欧国家相比,对外贸易的依存度较低,但其对外开放和参与国际分工的程度在逐年提高,国内宏观经济在不断地融入全球市场之中,全球经济对其宏观经济的影响越来越大。

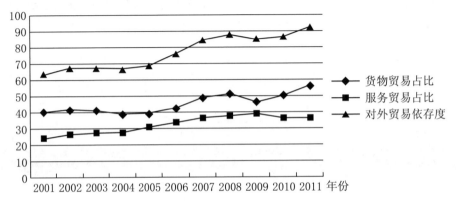

资料来源:根据世界银行数据库(http://data.worldbank.org.cn)及联合国商品贸易统计数据库(UN-comtrade)中相应数据计算得出。

图13.1 阿尔巴尼亚对外贸易依存度及变化趋势(2001—2011年)(%)

13.2 市场结构

阿尔巴尼亚2001—2011年间的对外贸易市场结构,可以用其进口、出口和总贸易额三个方面的前十大贸易伙伴国及其市场份额的比重来表示。为简化起见,只选取了2001年、2006年和2011年三个年份来研究,具体情况如表13.2所示。

表 13.2　阿尔巴尼亚前十大贸易伙伴及其占阿尔巴尼亚对外贸易的比重(％)

2001 年			2006 年			2011 年		
总贸易	出　口	进　口	总贸易	出　口	进　口	总贸易	出　口	进　口
意大利	意大利	意大利	意大利	意大利	意大利	意大利	意大利	意大利
39.2	71.0	31.9	37.2	72.6	28.1	36.6	53.4	30.5
希　腊	希　腊	希　腊	希　腊	希　腊	希　腊	希　腊	塞尔维亚	希　腊
23.4	12.7	25.8	14.5	9.6	15.7	9.2	9.3	10.6
德　国	德　国	土耳其	土耳其	塞尔维亚	土耳其	土耳其	土耳其	中　国
5.8	5.5	6.1	6.3	5.1	7.6	6.0	7.4	6.4
土耳其	塞黑	德　国	德　国	德　国	中　国	塞尔维亚	希　腊	德　国
5.1	3.1	5.9	5.1	3.2	6.0	5.7	5.1	5.7
英　国	马其顿	英　国	中　国	马其顿	德　国	中　国	西班牙	土耳其
2.9	2.1	3.6	5.0	1.6	5.7	5.4	3.6	5.6
芬　兰	瑞　士	芬　兰	俄罗斯	土耳其	俄罗斯	德　国	德　国	塞尔维亚
1.7	1.5	2.0	3.2	1.3	4.1	5.0	2.9	4.4
中　国	土耳其	中　国	乌克兰	中　国	乌克兰	瑞　士	瑞　士	瑞　士
1.6	1.0	2.0	3.0	1.1	3.8	2.6	2.7	2.6
保加利亚	法　国	保加利亚	保加利亚	瑞　典	保加利亚	西班牙	中　国	法　国
1.6	0.7	2.0	2.2	0.8	2.7	2.5	2.5	2.4
马其顿	美　国	克罗地亚	塞尔维亚	法　国	罗马尼亚	法　国	马耳他	西班牙
1.3	0.7	1.3	2.1	0.7	1.7	1.9	2.4	2.1
克罗地亚	丹　麦	俄罗斯	马其顿	波　黑	西班牙	马其顿	马其顿	俄罗斯
1.1	0.3	1.3	1.6	0.5	1.7	1.8	2.1	1.9
83.7	98.5	81.8	80.4	96.6	77.1	76.6	91.2	72.3

注:国家下面的数字为该市场占阿尔巴尼亚对外贸易额的份额,最后一行为合计。
资料来源:同表 13.1。

从表 13.2 可以看出,阿尔巴尼亚 2001—2011 年对外贸易的市场结构呈现以下两个特征。

(1) 以意大利为中心的周边贸易特征明显。在所研究的三个年份中,阿尔巴尼亚的对外贸易 70％以上市场份额集中在其周边国家。其中,同意大利的贸易额分别占其贸易总额的 39.2％、37.2％和 36.6％,且出口到意大利的贸易额占其出口总额的比重分别高达 71％、72.6％及 53.4％。在所研究的三个年份中,从总贸易额上看,阿尔巴尼亚的前十大贸易伙伴国主要包括:意大利、希腊、德国、土耳其、塞尔维亚、英国、中国、芬兰、俄罗斯、乌克兰、瑞士、保加利亚、西班牙、法国、克罗地亚和马其顿等 16 国;前十大出口目的地包括:意大利、希腊、土耳其、德国、塞尔维亚、马其顿、西班牙、瑞典、中国、瑞士、法国、美国、丹麦、瑞典、波黑和马耳他等 16 国;前十大进口来源地包括:意大利、希腊、土耳其、德国、塞尔维亚、中国、英国、芬兰、马其顿、俄罗斯、乌克兰、瑞士、保加利亚、法国、克罗地亚、罗马尼亚和西班牙等 17 个国家。由此可以看出:无论是总贸易额的前十大贸易伙伴国,还是前十大出口目的地或进口来源地,这些国家绝大多数是阿尔巴尼亚的邻国或周边不远的国家。

(2) 市场高度集中,且略有分散趋势。在所研究的三个年份中,阿尔巴尼亚同其前十大贸易伙伴国的贸易分别占到了其贸易总额的 83.7％、80.4％和 76.6％;前十大出口目的地的市场份额分别高达:98.5％、96.6％和 91.2％;前十大进口来源地的市场份额分别高达:81.8％、77.1％和 72.3％。如此之高的对外贸易集中度在中东欧十六国中是很少见的,说明阿尔巴尼亚的对外贸易伙伴国数相对较少,2001—2011 年间对外贸易伙伴国虽在不断增加,但贸易关系一般。实际上,2001 年阿尔巴尼亚的出口贸易伙伴国仅为 47 个,进口贸易伙伴国 99 个;到 2011 年,其出口贸易伙伴国达到了 98 个,进口来源地国家达到 154 个。但对外贸易的市场集中度并没有明显下降,这种高度集中的市场结构非常不利于其对外贸易严重失衡问题的解决,尤其是其出口贸易的市场集中度远高于进口贸易的市场集中度情况,可以认为是造成其对外贸易长期失衡的一个重要原因。

对比阿尔巴尼亚的贸易逆差与贸易顺差来源地的分布(2001—2011 年),如表 13.3 所示,可以进一步了解其对外贸易市场结构。

表 13.3　阿尔巴尼亚贸易顺差和逆差的前五大来源地及其比重（％）

来源地	排序 年份	1	2	3	4	5	合计
贸易逆差 来源地	2001	希腊 29.6	意大利 20.2	土耳其 7.5	德国 5.9	英国 4.6	**67.8**
	2006	希腊 17.9	意大利 12.5	土耳其 9.8	中国 7.7	德国 6.5	**54.4**
	2011	意大利 17.3	希腊 13.5	中国 8.4	德国 7.2	土耳其 4.4	**50.8**
贸易顺差 来源地	2001	塞黑 80.6	比利时 9.0	巴拿马 4.0	约旦 1.4	冰岛 1.4	**96.5**
	2006	马达加斯加 33.2	巴林 23.4	塔吉克斯坦 22.3	巴哈马 10.0	柬埔寨 5.3	**94.2**
	2011	马耳他 68.9	卢森堡 7.2	瑞士 6.6	开曼群岛 6.4	利比亚 4.8	**93.9**

注：国家（地区）下面的数字表示阿尔巴尼亚来源于该国（地区）市场的贸易逆差（顺差）占其贸易逆差（顺差）总额的百分比。

资料来源：同表 13.1。

从表 13.3 可以得出以下结论：（1）贸易逆差主要来源地非常集中，在所研究的三个年份中，阿尔巴尼亚前五大贸易逆差来源地，主要集中于希腊、意大利、土耳其、中国、德国和英国等 6 个国家。除中国外，这些国家均是阿尔巴尼亚周边较发达的国家。（2）贸易逆差集中度虽有下降但依旧较高，前五大贸易逆差来源地占总逆差的比重从 2001 年的 67.8％，下降到 2011 年的 50.8％。贸易逆差主要来源地的稳定性和贸易逆差的高度集中表明阿尔巴尼亚对这些贸易伙伴国的出口产品有较强的依赖性。（3）贸易顺差主要来源地相对比较分散，在所研究的三个年份中，阿尔巴尼亚前五大贸易顺差来源地分布在 15 个不同的国家，且多是其周边的发展中国家。这表明其出口产品的国际竞争力非常低。（4）贸易顺差主要来源地不稳定且限于个别国家，2001 年来自塞尔维亚和黑山（简称塞黑）的贸易顺差占其所有贸易顺差来源地顺差总和的 80.6％；2011 年来自马耳他的贸易顺差占其所有贸易顺差来源地顺差总和的 68.9％；且在所研究的三个年份中，前五大贸易顺差来源地的贸易顺差份额均占 93％以上，这种贸易顺差的高度集中与主要来源地的不稳定性非常不利于贸易失衡问题的解决。以上阿尔巴尼亚贸易顺差与逆差主要来源地的市场结构也解释了为什么其对外货物贸易会长期严重失衡。

13.3 商品结构

13.3.1 出口商品结构

2001—2011 年阿尔巴尼亚的出口商品结构及其变化趋势如表 13.4 所示。

表 13.4 阿尔巴尼亚的出口商品比重及其变化趋势(2001—2011 年)(％)

年份	资源密集型产品				劳动密集型产品			资本与技术密集型产品		
	SITC 0—4	SITC0	SITC2	SITC3	SITC 6+8	SITC6	SITC8	SITC5+ 7+9	SITC5	SITC7
2001	**14.82**	3.68	7.60	1.45	**80.99**	12.68	68.31	**4.19**	1.01	3.18
2002	**14.83**	1.68	9.27	2.01	**81.80**	11.98	69.82	**3.36**	0.52	2.84
2003	**15.34**	4.25	8.70	1.03	**80.54**	12.66	67.88	**4.11**	0.56	3.55
2004	**17.90**	4.16	9.50	2.63	**77.86**	14.19	63.67	**4.26**	0.38	3.88
2005	**19.17**	3.95	10.78	2.58	**76.23**	15.53	60.70	**4.61**	0.48	4.13
2006	**24.36**	4.30	14.55	4.12	**71.42**	13.17	58.25	**4.22**	0.33	3.89
2007	**28.18**	3.75	15.43	7.45	**67.35**	15.84	51.51	**4.47**	0.39	4.06
2008	**28.55**	3.70	15.80	8.74	**66.73**	21.10	45.63	**4.72**	0.46	3.98
2009	**28.78**	5.20	11.51	11.60	**65.71**	16.17	49.54	**5.51**	0.65	4.76
2010	**36.12**	4.06	13.65	17.96	**58.99**	22.02	36.97	**4.90**	0.48	4.12
2011	**38.46**	3.74	13.13	21.18	**56.54**	22.01	34.53	**4.98**	0.96	3.89

资料来源：同表 13.1。

总的来看,2001—2011 年阿尔巴尼亚的资源密集型产品、劳动密集型产品和资本与技术密集型产品的出口额比重平均约为 24:71:5。资源密集型产品出口比重呈现出明显上升趋势,而劳动密集型产品的出口额比重呈明显的逐年下降趋势,资本与技术密集型产品的出口额比重变化不大(不足 1%)。2001—2011 年阿尔巴尼亚资本与技术密集型产品的出口份额平均不足 5%,这一比例在中东欧十六国中是最低的,表明了其工业非常不发达。同时,劳动密集型产品的出口份额平均达到 70% 以上,这一比例是中东欧十六国中最高的,表明其劳动力成本非常低,因而该类产品有相对较强的出口竞争力。

具体来讲,在资源密集型产品中,食品和活动物(SITC0)、非食用原料(SITC2)和矿物、润滑油及有关原料(SITC3)产品的出口额占 80% 以上,且后两类产品的出口增长迅速,尤其是矿物、润滑油及有关原料,出口额占阿尔巴尼亚出口总额的比重从 2001 年的 1.45% 增长到 2011 年的 21.18%,这和其具有相对丰富的矿产资源的资源禀赋特征是相一致的。在劳动密集型产品中,按原料分类的制成品(SITC6)的出口比重远低于杂项制品(SITC8)的出口比重,平均低 39 个百分点。但原料分类制成品的出口比重在逐年增长,从 2001 年的 12.68% 提高到 2011 年的 22.01%;而杂项制品的出口比重却从 2001 年的 68.31% 大幅下降到 2011 年的 34.53%。在资本与技术密集型产品中,机械及运输设备产品(SITC7)的出口额平均约占该类产品的 80% 以上的份额,出口比重略有下降趋势;未另列明的化学品和有关产品(SITC5)的出口比重的变化趋势表现出平缓的"U"形特征,平均约占该类出口总额的 20% 左右;未分类产品(SITC9)的出口比重略有上升。

13.3.2　比较优势

通过和全球出口产品结构的对比,可以得出阿尔巴尼亚的出口商品结构所反映出的巴氏显性比较优势指数(RCA),2001—2011 年阿尔巴尼亚各类产品的RCA 如表 13.5 所示。

表 13.5　阿尔巴尼亚出口产品的 RCA 指数(2001—2011 年)

年份	SITC0	SITC1	SITC2	SITC3	SITC4	SITC5	SITC6	SITC7	SITC8
2001	0.640	**2.205**	**2.533**	0.151	0.004	0.104	**0.936**	0.079	**5.431**
2002	0.288	**1.950**	**2.964**	0.217	0.009	0.049	**0.879**	0.072	**5.468**
2003	0.749	**1.340**	**2.873**	0.107	0.236	0.052	**0.934**	0.090	**5.500**
2004	0.778	**1.785**	**3.005**	0.253	0.136	0.036	**1.014**	0.099	**5.392**
2005	0.758	**2.216**	**3.353**	0.208	0.120	0.045	**1.121**	0.108	**5.267**
2006	0.870	**1.712**	**4.313**	0.301	0.191	0.032	**0.938**	0.104	**5.296**
2007	0.727	**1.839**	**4.311**	0.587	0.208	0.037	**1.095**	0.110	**4.678**
2008	0.693	0.376	**4.435**	0.536	0.046	0.044	**1.534**	0.116	**4.427**
2009	0.831	0.486	**3.313**	**0.886**	0.074	0.057	**1.282**	0.139	**4.278**
2010	0.699	0.483	**3.300**	**1.329**	0.123	0.043	**1.680**	0.119	**3.359**
2011	0.661	0.397	**2.901**	**1.666**	0.196	0.086	**1.615**	0.111	**3.087**

资料来源:同表 13.1。

从表 13.5 中可以看出以下结论:(1)资源密集型产品中,非食用原料(SITC2)
2001—2011 年始终具有极强比较优势,饮料及烟草(SITC1)从比较优势下降到比
较弱势;而矿物燃料、润滑油及有关原料(SITC3)则从比较弱势上升到较强比较优
势;其余两类初级产品始终表现为比较弱势,这些特征基本上是由阿尔巴尼亚的
自然资源特征所决定的。(2)劳动密集型产品总体始终表现为极强比较优势。其
中,杂项制品(SITC8)的巴氏显性比较优势指数(RCA)都在 3 以上,具备极强竞争
优势;而按原料分类的制成品(SITC6)则从中等比较优势上升到较强比较优势,这
表明阿尔巴尼亚的劳动力成本相对较低,劳动力密集型工业相对比较发达。
(3)资本与技术密集型产品中的各类产品均为比较弱势,说明阿尔巴尼亚的技术
与资本密集型工业较落后,产品的出口竞争力较差,这和表 13.4 的结果是一致的。

13.3.3　进口商品结构

2001—2011 年间阿尔巴尼亚的进口比重及其变化如表 13.6 所示。

表 13.6　阿尔巴尼亚进口产品结构及其变化(2001—2011 年)(％)

年份	资源密集型产品				劳动密集型产品			资本与技术密集型产品		
	SITC 0—4	SITC0	SITC2	SITC3	SITC 6+8	SITC6	SITC8	SITC5+ 7+9	SITC5	SITC7
2001	**30.59**	14.13	3.80	9.91	**38.44**	23.78	14.66	**30.97**	6.67	24.29
2002	**30.77**	15.04	3.72	9.05	**40.89**	24.70	16.19	**28.35**	7.00	21.35
2003	**29.67**	14.43	3.65	8.59	**41.34**	25.20	16.14	**28.98**	7.35	21.63
2004	**28.51**	14.55	3.28	7.69	**39.94**	24.56	15.38	**31.55**	7.89	23.66
2005	**27.91**	12.97	3.07	8.62	**40.08**	25.83	14.25	**32.01**	8.46	23.55
2006	**30.00**	13.22	3.16	10.50	**40.76**	27.04	13.72	**29.24**	9.29	19.95
2007	**33.35**	12.42	2.90	14.63	**37.20**	24.39	12.81	**29.45**	8.80	20.65
2008	**34.47**	11.90	3.13	16.01	**34.32**	23.12	11.20	**31.22**	8.68	21.71
2009	**31.13**	12.11	3.78	11.78	**36.30**	25.30	11.00	**32.55**	9.94	22.55
2010	**35.27**	12.68	4.10	13.80	**35.57**	24.22	11.35	**29.15**	10.09	19.00
2011	**38.19**	12.12	3.30	17.57	**32.34**	21.76	10.58	**29.48**	9.69	19.73

资料来源:同表 13.1。

总的来看,2001—2011 年阿尔巴尼亚的资源密集型产品、劳动密集型产品和资本与技术密集型产品的进口额比重平均约为 32∶38∶30。其中,资源密集型产品的进口比重约提高 7.6 个百分点,但上升幅度主要是近两年才实现的;劳动密集型产品的进口额比重下降 6 个百分点,主要是 2007 年之后下降的;资本与技术密集型产品的进口额比重基本没有什么变化,总体上 2001—2011 年下降约 1.5 个百分点。

具体来讲,在资源密集型产品中,食品和活动物(SITC0)、饮料及烟草(SITC1)和润滑油及有关原料(SITC3)产品的进口额占 80％以上。2001—2011年,食品和活动物进口产品比重平缓下降 2 个百分点;饮料及烟草进口比重基本保持不变;润滑油及有关原料的进口比重则大幅增长 8 个百分点,资源密集型产品进口比重的增长基本上都是来自该类产品的进口增长。在劳动密集型产品中,按原料分类的制成品(SITC6)的进口比重约为杂项制品(SITC8)的进口比重的两倍,均呈平缓下降趋势。在资本与技术密集型产品中,机械及运输设备产品

(SITC7)的进口额平均约占到三分之二以上,进口额比重下降约 5 个百分点;未另列明的化学品和有关产品(SITC5)的进口比重则上升 3 个百分点。

汇总表 13.4 和表 13.6,可对比说明阿尔巴尼亚进、出口商品结构的变化特征,及其对贸易平衡的影响,如图 13.2 所示。

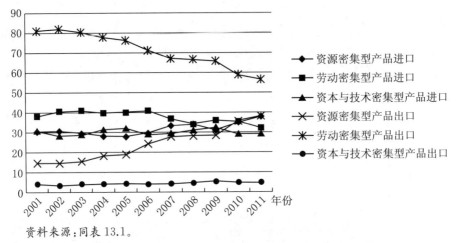

资料来源:同表 13.1。

图 13.2　阿尔巴尼亚 2001—2011 年进、出口商品结构变化趋势图(%)

从图 13.2 中可以看出以下三个结论:(1)资源密集型产品的进、出口比重均呈明显的上升趋势,但出口比重的上升速度较快。除 2010 年及 2011 年外,出口比重始终低于进口比重,此类产品在此期间产生的始终是贸易逆差,构成了阿尔巴尼亚贸易逆差的主要来源之一。(2)劳动密集型产品的进口比重表现为平缓下降趋势,而出口比重则表现为快速下降趋势,且出口比重远高于进口比重。但是,这类产品在此期间带来的也都是贸易逆差。(3)资本与技术密集型产品的进、出口比重在 2001—2011 年总体变化幅度不大,且进口比重始终高于出口比重,始终构成了阿尔巴尼亚这一期间贸易逆差的另一主要来源。

13.4　产业内贸易

由于阿尔巴尼亚的经济发展水平较低,整体工业发展水平落后,参与国际分工的程度非常低,再加上贸易严重失衡的影响,到 2011 年其整体 G-L 产业内贸易指数才达到 26.4[①]。2001—2011 年,其对外贸易模式在绝大程度上表现为产业间贸易,各产业的产业内贸易水平都很低,且发展速度也都很缓慢,因而对其产业内贸易的研究没有太多的意义,故本章省略了这一部分的分析。

13.5 基本结论

综上所述,阿尔巴尼亚对外货物贸易的结构特征可归纳为以下四个方面。

(1) 总体上讲,阿尔巴尼亚货物贸易增长迅速,2001—2011 年阿尔巴尼亚对外货物贸易平均增长速度高达 16.21%,其中出口平均每年增长 20.38%,进口平均每年增长 15.03%,均高于全球货物贸易总额 10% 的平均增速。贸易总额在全球贸易总额中的排名由 2001 年的第 123 位上升到 2011 年的第 92 位。2001—2004年阿尔巴尼亚一直处于严重的贸易失衡状态。对外贸易的快速增长使阿尔巴尼亚宏观经济对国际贸易的依赖程度越来越大,对外贸易依存度从 2001 年的 63.86% 上升到 2011 年的 92.76%,其宏观经济对全球市场的依赖性非常大,且还有进一步扩大的趋势。

(2) 在市场结构上,形成了以意大利为中心的周边贸易市场,阿尔巴尼亚37% 以上的对外贸易集中在意大利,70% 以上份额集中在了其周边国家。在所研究的三个年份中,阿尔巴尼亚的前十大贸易伙伴国主要包括:意大利、希腊、德国、土耳其、塞尔维亚、英国、中国、芬兰、俄罗斯、乌克兰、瑞士、保加利亚、西班牙、法国、克罗地亚和马其顿等 16 国,前十大主要贸易伙伴国市场份额稳定占据了阿尔巴尼亚对外贸易总量的 76% 以上的份额。在所研究的三个年份中,阿尔巴尼亚贸易逆差主要来源地集中在了希腊、意大利、土耳其、中国、德国和英国等 6 个国家,前五大贸易逆差来源地形成的贸易逆差平均占所有贸易逆差来源地形成的总逆差的 50% 以上;贸易顺差主要来源地分散在 15 个不同的国家,贸易顺差集中度非

---

① 资料来源:利用 UN-comtrade 数据库中 SITC 三位数层次上的分类数据计算而得。

常高,前五大贸易顺差来源地形成的贸易顺差占总顺差93%以上的份额。

（3）从商品结构上讲,资源密集型产品、劳动密集型产品和资本与技术密集型产品的出口额比例平均约为 24∶71∶5,而进口比例约为 32∶38∶30。其中,资源密集型产品的进、出口比重均呈明显的上升趋势,除 2010 年及 2011 年外,出口比重始终低于进口比重,构成了阿尔巴尼亚贸易逆差的主要来源之一。劳动密集型产品的进口比重表现为平缓下降趋势,而出口比重则表现为快速下降趋势,带来的也都是贸易逆差。资本与技术密集型产品的进、出口比重变化幅度不大,构成了这一期间贸易逆差的另一主要来源。对比全球贸易的出口商品结构可以发现:资源密集型产品中有三类产品(SITC1、SITC2 和 SITC3)有较强比较优势,劳动密集型的两类产品均始终具有较强比较优势,其余产品均为比较劣势。

（4）在产业内贸易上,阿尔巴尼亚 2001—2011 年的对外贸易模式在绝大程度上表现为产业间贸易,各产业的产业内贸易水平都非常低,且发展速度缓慢,到 2011 年其整体产业内贸易指数才达到26.4。

第 14 章
原南斯拉夫四国对外货物贸易结构

　　原南斯拉夫四国包括:塞尔维亚、波黑、黑山和马其顿。这四个国家因为历史原因,经济发展水平都比较落后,这四个国家的经济发展水平位于中东欧十六国(除阿尔巴尼亚外)的最后,经济总量及贸易总量均比较小。在本书所采用的贸易数据来源(UN-comtade)中,这四国的对外贸易数据也不够完善,无法完成和前面几章一样的结构分析。为简化分析,对这四个国家的外贸易结构分析基本上限定在 2011 年的情况。其中,宏观经济数据均来自于世界银行数据库,贸易数据均来自于 UN-comtade。

14.1　原南斯拉夫四国对外货物贸易总况

14.1.1　塞尔维亚

　　2011 年塞尔维亚国内生产总值为 450.43 亿美元,人均国内生产总值为 6 203.47 美元,经济总量在中东欧十六国中位居第九,在经济水平上属发展中国家。按联合国发布的《2011 年人类发展报告》,塞尔维亚的社会发展水平排名第 59 位,属于人类发展高水平一组。近年来,塞尔维亚经济增长平稳。塞尔维亚的主要贸易伙伴国有:波黑、德国、黑山、俄罗斯和意大利等国家;主要出口商品有:钢铁、服装、粮食、蔬菜和水果等;主要进口商品有:石油及其制成品、汽车、天然气、电子设备和机械等。2007—2011年塞尔维亚的对外贸易发展的详细情况可用表14.1表示。

表14.1 塞尔维亚货物贸易发展趋势(2007—2011年)(亿美元,%)

| 年份 | 出口 | | 进口 | | 贸易差额 | 总贸易在全球中的 | | 全球贸易增速 |
	全额	增速	全额	增速		比重	排名	
2007	88.2	37.3	185.5	40.9	−97.3	0.10	70	14.21
2008	109.7	24.3	228.8	23.3	−119.0	0.11	70	15.59
2009	83.5	−23.9	160.5	−29.8	−77.0	0.10	71	−22.71
2010	97.9	17.4	167.3	4.3	−69.4	0.09	71	21.06
2011	117.8	20.2	201.4	20.3	−83.6	0.10	63	9.32

2007—2011年塞尔维亚年均增速:总贸易为3.91%;出口为7.48%;进口为2.07%
2007—2011年全球年均增速:总贸易为4.28%

资料来源:根据联合国商品贸易统计数据库中相应数据计算得出。

从表14.1可以看出以下结论:(1)2007—2011年间,塞尔维亚的对外货物贸易发展较慢,货物贸易总额平均每年增长3.91%,其中出口平均每年增长7.48%,进口平均每年增长2.07%,小于全球货物贸易总额的平均4.28%的增速。近年来,塞尔维亚的贸易总额在全球贸易总额中的比重和排名基本保持不变,比重稳定在0.10%左右,排名在第70位上下(2011年跃居到了第63位)。(2)在这一时期塞尔维亚的对外贸易始终存在严重的贸易失衡,进口额平均达到了出口额的2倍左右。(3)对外贸易受2008年全球金融危机的负面影响比较大,2009年的进出口增速分别为−29.8%和−23.9%,均小于全球贸易−22.71%的增长幅度。

塞尔维亚的宏观经济总的来讲属于外向型经济,受对外贸易发展的影响较大。2007—2011年其对外贸易依存度基本保持在90%左右,其中,服务贸易的贡献仅有17.09%—18.25%[①],对外贸易依存度的相对稳定表明:塞尔维亚宏观经济增长和其对外贸易增长总体来讲基本一致。

---

① 资料来源:根据世界银行数据库(http://data.worldbank.org.cn)及联合国商品贸易统计数据库(http://comtrade.un.org)中相应数据计算得出。

14.1.2　黑山

2011 年黑山国内生产总值为 45.50 亿美元,人均国内生产总值约为 7 197 美元,经济总量在中东欧十六国中最小,在经济水平上属发展中国家。按联合国发布的《2011 年人类发展报告》,黑山的社会发展水平排名第 54 位,属于人类发展高水平一组。2006 年独立后,黑山经济平稳发展。黑山的主要贸易伙伴国有塞尔维亚、希腊、意大利、波黑、克罗地亚、德国、斯洛文尼亚和中国等国家。2007—2011年塞尔维亚的对外贸易发展的详细情况可用表 14.2 表示。

表 14.2　黑山货物贸易发展趋势(2007—2011 年)(亿美元,%)

年份	出　口		进　口		贸易差额	总贸易在全球中的		全球贸易增速
	金额	增速	金额	增速		比重	排名	
2007	6.3	12.5	28.7	55.7	−22.4	0.01	127	14.21
2008	6.2	−1.5	37.3	30.1	−31.1	0.01	122	15.59
2009	3.9	−37.2	23.1	−38.0	−19.3	0.01	128	−22.71
2010	4.4	12.7	21.8	−5.7	−17.5	0.01	127	21.06
2011	6.3	43.7	25.4	16.6	−19.2	0.01	103	9.32
2007—2011 年黑山年均增速:总贸易为−2.39%;出口为 0.05%;进口为−2.95% 2007—2011 年全球年均增速:总贸易为 4.28%								

资料来源:同表 14.1。

从表 14.2 可以看出:(1)2007—2011 年,黑山的对外货物贸易受 2008 年全球金融危机的影响非常严重,总的对外贸易表现为下降趋势,货物贸易总额平均每年增长−2.39%,其中出口平均每年增长只有 0.05%,进口平均每年增长−2.95%,远低于此间全球货物贸易总额的平均 4.28%的增速,黑山的贸易总额在全球贸易总额中的比重勉强维持在 0.01%左右,排名除 2011 年外均在第 127 名左右(2011 年跃居到了第 103 位);(2)此间,黑山的贸易平衡严重失衡,进口额比出口额高出3—6 倍。

黑山宏观经济总的来讲属于外向型经济,受对外贸易发展的影响较大,

2007—2011 年的对外贸易依存度均在 70％以上。但由于贸易增速放缓,对外贸易依存度有所下降,从 2007 年的 95.22％下降到了 2011 年的 69.79％。

14.1.3　波斯尼亚和黑塞哥维那(简称波黑)

2011 年波黑国内生产总值为 180.88 亿美元,人均国内生产总值为 4 821 美元,经济总量在中东欧十六国中位居第十三,在经济水平上属发展中国家。按联合国发布的《2011 年人类发展报告》,波黑的社会发展水平排名第 74 位,属于人类发展高水平一组。1992—1995 年的波黑战争给波黑的经济带来严重破坏。此后,在国际社会的援助下,波黑经济逐渐恢复并取得了较快的发展。波黑的主要贸易伙伴国有:克罗地亚、德国、塞尔维亚、意大利、斯洛文尼亚和奥地利等国;主要出口商品有:铝锭、矿产品、木材、机械产品等;主要进口商品有:机械、食品、石油、化工、交通工具等。2004—2011 年波黑的对外贸易发展的详细情况可用表 14.3 表示。

表 14.3　波黑货物贸易发展趋势(2004—2011 年)(亿美元,％)

年份	出　口		进　口		贸易差额	总贸易在全球中的		全球贸易增速
	金额	增速	金额	增速		比重	排名	
2004	19.1	36.6	59.8	24.0	−40.7	0.04	86	21.68
2005	23.9	24.9	70.5	17.9	−46.7	0.05	86	13.06
2006	34.3	43.5	75.6	7.2	−41.3	0.05	90	16.27
2007	41.5	21.1	97.2	28.6	−55.7	0.05	85	14.21
2008	50.2	20.9	121.9	25.4	−71.7	0.06	86	15.59
2009	39.5	−21.3	83.6	−31.4	−44.1	0.05	88	−22.71
2010	48.0	21.5	92.2	10.3	−44.2	0.05	86	21.06
2011	58.5	21.8	110.5	19.8	−52.0	0.05	75	9.32

2004—2011 年波黑年均增速:总贸易为 11.49％;出口为 17.32％;进口为 9.17％
2004—2011 年全球年均增速:总贸易为 8.54％

资料来源:同表 14.1。

从表 14.3 可以看出:(1)2004—2011 年波黑的对外货物贸易保持了较快的发展,货物贸易总额平均每年增长 11.49%。其中,出口平均每年增长 17.32%,进口平均每年增长 9.17%,略高于这一时期全球货物贸易总额 8.54% 的平均增速,其贸易总额在全球贸易总额中的比重维持在 0.05% 左右,排名维持在第 86 位上下(2011 年跃居到第 75 位)。(2)在此期间,波黑的贸易失衡状态虽有所缓解,但依然很严重。2009—2011 年进口额比出口额高出约 1 倍,之前这一比值还要更高。(3)对外贸易受全球金融危机的影响非常严重,2009 年的进、出口增速分别为 -31.4% 和 -21.3%,总贸易额增速远小于全球贸易 -22.71% 的增速。

波黑的宏观经济总的来讲属于外向型经济,受对外贸易发展的影响也越来越大。对外贸易依存度从 2004 年的 89.82% 增加到 2011 年的 103.47%,呈现出缓慢上升的趋势。其中,服务贸易的贡献仅有 10.04%—12.93%[①],对外贸易依存度的增长主要源于其对外货物贸易依存度的提高。

14.1.4　马其顿

2011 年马其顿国内生产总值为 101.65 亿美元,人均国内生产总值为 4 925 美元,经济总量在中东欧十六国中位居倒数第二(仅高于黑山),在经济水平上属发展中国家。按联合国发布的《2011 年人类发展报告》,马其顿的社会发展水平排名第 78 位,属于人类发展高水平一组,在中东欧十六国中排名最后。1991 年马其顿转型后,开始推行多党议会制民主政治与市场经济,但独立后,经济深受原南斯拉夫危机影响较大,后又因国内安全形势恶化再遭重创。2002 年后,随着国内外环境的改善和各项改革措施的推进,马其顿经济有所恢复和发展。马其顿的主要贸易伙伴国有:欧盟、原南斯拉夫加盟国家、日本、美国、加拿大、中国等国家;主要出口商品有:钢铁、服装、石油产品、水果、金属矿石等;主要进口商品有:电力、原油、金属、机动车等。马其顿 2001—2011 年对外贸易的详细发展情况可用表 14.4 表示。

---

① 资料来源:根据世界银行数据库(http://data.worldbank.org.cn)及联合国商品贸易统计数据库(http://comtrade.un.org)中相应数据计算得出。

表 14.4　马其顿货物贸易发展趋势(2001—2011 年)(亿美元,%)

年份	出　口		进　口		贸易差额	总贸易在全球中的		全球贸易增速
	金额	增速	金额	增速		比重	排名	
2001	11.6	−12.7	16.9	−19.4	−5.3	0.02	111	−3.17
2002	11.2	−3.4	20.0	18.2	−8.8	0.02	106	4.65
2003	13.7	22.5	23.1	15.6	−9.4	0.02	104	16.38
2004	16.7	22.4	29.0	25.9	−12.3	0.03	105	21.68
2005	20.4	22.0	32.3	11.2	−11.9	0.03	101	13.06
2006	24.0	17.6	37.6	16.6	−13.6	0.03	102	16.27
2007	33.6	39.8	52.3	38.9	−18.7	0.03	102	14.21
2008	39.8	18.7	68.5	31.1	−28.7	0.03	100	15.59
2009	26.9	−32.4	50.4	−26.4	−23.5	0.03	104	−22.71
2010	33.0	22.4	52.4	3.9	−19.5	0.03	103	21.06
2011	44.6	35.2	70.1	33.7	−25.5	0.04	83	9.32

2001—2011 年马其顿年均增速:总贸易为 14.96%;出口为 14.45%;进口为 15.30%
2001—2011 年全球年均增速:总贸易为 10%

资料来源:同表 14.1。

从表 14.3 可以看出:(1)2001—2011 年马其顿的对外货物贸易发展快速,货物贸易总额平均每年增长 14.96%,其中,出口为 14.45%、进口为 15.30%,均高于这一时期全球货物贸易总额 10%的平均增速。马其顿的贸易总额在全球贸易总额中的比重由 2001 年的 0.02%提升到 2011 年的 0.04%,排名由 2001 年的第 111位上升到 2011 年的第 83 位。(2)这一时期,马其顿的对外贸易失衡比较严重,贸易逆差基本占到了出口额的一半左右。(3)对外贸易受 2008 年全球金融危机的影响非常严重,2009 年的进、出口增速分别为 −26.4%和 −32.4%,均远小于全球贸易 −22.71%的增长幅度。

马其顿的外向型经济特征非常明显,宏观经济对国际贸易的依赖程度越来越大,对外贸易依存度从 2001 年的 97.77%上升到 2011 年的 133.34%,其中,服务贸易占 GDP 的比重仅有 14.79%—20.58%[①],对外贸易依存度的增长主要源于对

---

① 资料来源:根据世界银行数据库(http://data.worldbank.org.cn)及联合国商品贸易统计数据库(http://comtrade.un.org)中相应数据计算得出。

外货物贸易的增长。对外贸易依存度的快速增长表明马其顿对全球市场的依赖程度越来越大,外国经济对其宏观经济的影响也越来越大。

14.2　市场结构

14.2.1　塞尔维亚

塞尔维亚 2011 年的前十大贸易伙伴国及其贸易额占比分别为:德国(11.0%)、俄罗斯(10.8%)、意大利(9.7%)、波黑(5.8%)、罗马尼亚(5.3%)、中国(4.8%)、匈牙利(4.0%)、斯洛文尼亚(3.5%)、奥地利(3.4%)和黑山(3.2%)[①]。塞尔维亚同其前十大贸易伙伴国之间贸易额合计占其贸易总额的 61.6%,可见其贸易集中程度还是比较高的。从地理位置上看,这十个市场除中国外均为其周边的欧洲国家,其中,欧盟国家占到了 6 个。

前十大出口目的地及其市场份额分别为:德国(11.3%)、意大利(11.1%)、波黑(10.1%)、黑山(7.6%)、罗马尼亚(6.9%)、俄罗斯(6.7%)、斯洛文尼亚(4.5%)、马其顿(4.5%)、克罗地亚(4.0%)和奥地利(3.2%)。塞尔维亚出口到其前十大出口市场的份额合计占其出口总额的 69.7%,主要出口目的地的市场集中度非常高。从地理位置上看,这十个市场也均为其周边的欧洲国家,其中,欧盟国家占5 个。

前十大进口来源地及其市场份额分别是:俄罗斯(13.2%)、德国(10.8%)、意大利(8.9%)、中国(7.6%)、匈牙利(4.6%)、罗马尼亚(4.4%)、奥地利(3.5%)、波黑(3.3%)、斯洛文尼亚(3.0%)及法国(2.7%)。来自前十大进口来源地的进口额占塞尔维亚 2011 年进口总额的 62.1%,主要进口来源地的市场集中度相对较高。从地理位置上看,十大进口来源地除中国外均为欧洲国家,且多是其周边的发达国家。

---

① 资料来源:同表 14.1。

对比塞尔维亚2011年对外贸易逆差和顺差的主要来源市场,可以发现其产生贸易逆差的市场主要来自于周边较发达的国家,其中,其前五大贸易逆差来源地及这些市场形成的贸易逆差比重分别是:俄罗斯(18.3%)、中国(14.9%)、德国(8.3%)、匈牙利(5.7%)和意大利(4.9%),这些市场在2011年给塞尔维亚带来的贸易逆差占其所有贸易逆差来源地产生的逆差总和的52.1%。而产生贸易顺差的市场主要来自于其周边的发展中国家,尤其是原南斯拉夫的几个加盟国。其中,其前五大贸易顺差来源地及这些市场形成的贸易顺差比重分别是:黑山(42.0%)、波黑(28.8%)、马其顿(10.8%)、阿尔巴尼亚(5.7%)和伊拉克(3.0%),这些市场在2011年给塞尔维亚带来的贸易顺差占其所有贸易顺差来源地形成的顺差总和的90.3%。贸易顺差的市场集中度远远高于贸易逆差市场的集中度,表明其出口产品在大部分地区缺乏竞争力,也从市场结构的角度解释了塞尔维亚对外贸易长期失衡的原因。

14.2.2 黑山

黑山2011年的前十大贸易伙伴国及其贸易额占比分别为:塞尔维亚(26.3%)、希腊(8.1%)、波黑(7.1%)、意大利(6.1%)、克罗地亚(6.0%)、德国(5.5%)、中国(4.6%)、斯洛文尼亚(4.0%)、匈牙利(3.9%)和土耳其(1.6%)。黑山同其前十大贸易伙伴国之间贸易额合计占其贸易总额的73.1%,可见其对外贸易的市场集中程度非常高。从地理位置上看,这十个市场除中国外均为其周边的欧洲国家。其中,原南斯拉夫加盟国占4个,市场份额占43.4%,可以认为黑山同原南斯拉夫加盟共和国(尤其是塞尔维亚)间的贸易关系仍然非常密切。

前十大出口目的地及其市场份额分别为:塞尔维亚(17.7%)、匈牙利(17.0%)、克罗地亚(10.2%)、希腊(8.7%)、意大利(6.9%)、斯洛文尼亚(6.7%)、波黑(5.0%)、德国(4.5%)、瑞士(3.2%)和土耳其(2.5%)。前十大出口市场的份额合计占黑山出口总额的82.4%,主要出口目的地的市场集中度非常高。从地理位置上看,这十个市场均为其周边的欧洲国家。其中,原南斯拉夫加盟国占4个,市场份额高达39.6%,可以认为原南斯拉夫的几个加盟共和国在黑山的出口市场中占据了非常重要的位置。

前十大进口来源地及其市场份额分别是：塞尔维亚(28.4％)、希腊(7.9％)、波黑(7.6％)、意大利(5.9％)、德国(5.7％)、中国(5.7％)、克罗地亚(4.9％)、斯洛文尼亚(3.4％)、奥地利(1.8％)和法国(1.7％)。来自前十大进口来源地的进口额占黑山 2011 年进口总额的 73.1％,主要进口来源地的市场集中度相对较高。从地理位置上看,十大进口来源地除中国外均为欧洲国家,且多是其周边较发达的国家。其中,原南斯拉夫加盟国占 4 个,市场份额高达 44.3％,原南斯拉夫的几个加盟共和国在黑山的进口市场中占据了同出口一样重要的位置。

对比黑山 2011 年对外贸易主要市场所形成的逆差和顺差,可以发现其产生贸易逆差的市场除中国外,均是其周边国家。其中,其前五大贸易逆差来源地及这些市场形成的贸易逆差比重分别是：塞尔维亚(30.5％)、波黑(8.1％)、希腊(7.3％)、中国(7.1％)、德国(5.8％),这些市场在 2011 年给黑山带来的贸易逆差占其所有贸易逆差来源地产生的逆差总和的 58.8％。而产生贸易顺差的市场则主要来自于匈牙利,由匈牙利带来的贸易顺差占到了黑山所有贸易顺差来源地形成的顺差总和的 96.1％。前五大贸易顺差来源地的其他几个国家分别是：埃及、也门、马耳他和卢森堡,这几个市场带来的顺差比重仅为 3.2％。这表明黑山在绝大多数的国际贸易市场中得到的都是贸易逆差,其 2011 年的贸易顺差严重地依赖于匈牙利市场,这种市场结构势必会导致其严重的贸易不平衡。

14.2.3　波斯尼亚和黑塞哥维那(波黑)

波黑 2011 年的前十大贸易伙伴国及其贸易额占比分别为：克罗地亚(14.4％)、德国(12.0％)、塞尔维亚(10.4％)、意大利(9.9％)、俄罗斯(7.1％)、斯洛文尼亚(6.5％)、奥地利(4.7％)、中国(3.3％)、美国(2.7％)和土耳其(2.5％)。波黑同其前十大贸易伙伴国之间贸易额合计占其贸易总额的 73.5％,可见其贸易集中程度非常高。从地理位置上看,这十个市场除中国外均为其周边的欧洲国家,其中,原南斯拉夫加盟国有 3 个,这 3 个国家的市场份额占到 31.3％。这表明波黑同原南斯拉夫的几个加盟国仍然保持了密切的贸易伙伴关系。

前十大出口目的地及其市场份额分别为：德国(14.7％)、克罗地亚(14.6％)、塞尔维亚(12.2％)、意大利(11.7％)、斯洛文尼亚(8.6％)、奥地利(7.5％)、黑山

(3.7%)、匈牙利(2.0%)、土耳其(1.8%)和瑞士(1.8%)。波黑出口到其前十大出口市场的份额合计占其出口总额的78.7%,主要出口目的地的市场集中度非常高。从地理位置上看,这十个市场均为其周边的欧洲国家,其中,原南斯拉夫加盟国占4个,市场份额高达38.1%,可以认为原南斯拉夫的几个加盟共和国在波黑的出口市场中占据着非常重要的位置。

前十大进口来源地及其市场份额分别是:克罗地亚(14.3%)、德国(10.6%)、俄罗斯(10.5%)、塞尔维亚(9.4%)、意大利(8.9%)、斯洛文尼亚(5.3%)、中国(5.0%)、美国(4.0%)、奥地利(3.2%)和土耳其(2.9%)。来自前十大进口来源地的进口额占波黑2011年进口总额的74.2%,主要进口来源地的市场集中度也非常高。从地理位置上看,十大进口来源地除中国外均为欧洲国家,其中,原南斯拉夫加盟国占3个,市场份额高达29%,原南斯拉夫的几个加盟共和国在波黑的进口市场中同出口一样占据了非常重要的位置。

对比波黑2011年对外贸易主要市场所形成的逆差和顺差,可以发现其产生贸易逆差的市场,除中国外主要来自于周边较发达的国家。其中,其前五大贸易逆差来源地及这些市场形成的贸易逆差比重分别是:俄罗斯(19.0%)、克罗地亚(12.3%)、中国(9.2%)、美国(7.3%)和塞尔维亚(5.6%),这些市场在2011年给波黑带来的贸易逆差占其所有贸易逆差来源地产生的逆差总和的53.3%。而产生贸易顺差的市场主要来自于其周边的发展中国家,其中,其前五大贸易顺差来源地及这些市场形成的贸易顺差比重分别是:黑山(25.2%)、奥地利(12.3%)、阿尔巴尼亚(6.4%)、瑞士(6.0%)、卢森堡(4.5%),这些市场在2011年给波黑带来的贸易顺差占到了其所有贸易顺差来源地形成的顺差总和的54.4%。贸易顺差的市场集中度相对高于贸易逆差市场的集中度,尤其是贸易顺差第一大来源地的市场份额远高于贸易逆差第一大来源地的市场份额,这从市场结构的角度解释了波黑对外贸易长期失衡的原因。

14.2.4 马其顿

马其顿2011年的前十大贸易伙伴国及其贸易额占比分别为:德国(17.2%)、塞尔维亚(12.3%)、希腊(6.8%)、保加利亚(6.7%)、俄罗斯(6.3%)、意大利(6.2%)、英国(5.6%)、中国(4.2%)、土耳其(3.6%)和斯洛文尼亚(2.4%)。马其顿同其前十大贸易伙伴国之间贸易额合计占其贸易总额的 71.3%,贸易集中程度非常高。从地理位置上看,这个市场除中国外均为马其顿周边的欧洲国家,其中,欧盟成员国有 6 个,这 6 个国家的市场份额占 44.9%。这表明欧盟对马其顿的对外贸易关系具有非常重要的影响。

　　前十大出口目的地及其市场份额分别为:德国(27.9%)、塞尔维亚(19.6%)、保加利亚(6.9%)、意大利(6.5%)、希腊(4.8%)、克罗地亚(3.1%)、中国(2.9%)、乌克兰(2.2%)、波黑(2.1%)和斯洛文尼亚(2.0%)。马其顿出口到其前十大出口市场的份额合计占其出口总额的 77.9%,主要出口目的地的市场集中度非常高。从地理位置上看,这十个市场除中国外均为其周边的欧洲国家,其中,欧盟成员国占 5 个,市场份额高达 48.1%,可以认为欧盟成员国在马其顿的出口市场中占据着极其重要的位置。

　　前十大进口来源地及其市场份额分别是:德国(10.4%)、俄罗斯(9.8%)、英国(8.4%)、希腊(8.1%)、塞尔维亚(7.6%)、保加利亚(6.5%)、意大利(6.0%)、中国(5.1%)、土耳其(4.9%)和斯洛文尼亚(2.6%)。来自前十大进口来源地的进口额占马其顿 2011 年进口总额的 69.4%,主要进口来源地的市场集中度也非常高。从地理位置上看,十大进口来源地除中国外均为欧洲国家,其中,欧盟成员国占 6 个,市场份额高达 42%,欧盟成员国在马其顿的进口市场中同出口一样具有非常重要的地位。

　　2011 年,马其顿的出口目的地共有 118 个国家,进口来源地共计 172 个国家。对比这些市场所形成的逆差和顺差,可以发现产生贸易逆差的重要市场,除中国外主要来自于周边较发达的国家。其中,其前五大贸易逆差来源地及这些市场形成的贸易逆差比重分别是:俄罗斯(17.8%)、英国(14.8%)、希腊(9.7%)、土耳其(7.5%)和中国(6.3%),这些市场在 2011 年给马其顿带来的贸易逆差占其所有贸易逆差来源地产生的逆差总和的 56.1%。而产生贸易顺差的重要市场主要来自于德国(48.2%)和塞尔维亚(32.0%),这两国给马其顿带来的贸易顺差占其所有贸易顺差来源地形成的顺差总和的 80.2%,前五大贸易顺差的其他来源地分别为阿尔巴尼亚(4.5%)、斯洛伐克(3.0%)和黑山(3.0%)。马其顿 2011 年前五大贸易顺差来源地产生的顺差比重(市场集中度)占 90.7%,远远高于贸易逆差来源地的市场集中度,这从市场结构的角度解释了马其顿对外贸易长期失衡的原因。

14.3　商品结构

14.3.1　塞尔维亚

2011年,塞尔维亚出口商品中资源密集型产品、劳动密集型产品和资本与技术密集型产品间的比例约为32∶42∶26,出口以劳动密集型产品为主,详细结构如表14.5所示。资源密集型出口产品中,主要是食品和活动物(SITC0)的出口,占总出口额的17.76%;其次是非食用原料(SITC2)和矿物燃料、润滑油及有关原料(SITC3),这两类产品的出口额合计约占总出口额的10%。初级产品较高的出口比重说明塞尔维亚的自然资源相对比较丰富;在劳动密集型产品中,按原料分类的制成品(SITC6)和杂项制品(SITC8)各占出口总额的29.56%和12.8%,劳动密集型产品的高出口比重说明塞尔维亚的劳动力成本相对较低;在资本与技术密集型产品中,化学品和有关产品(SITC5)和机械及运输设备(SITC7)的出口额分别占总出口额的8.48%和16.66%,相对较低的资本与技术密集型产品出口比重,反映塞尔维亚的工业技术相对比较落后。

表14.5　2011年塞尔维亚各类进、出口商品比重(%)

类别	资源密集型产品				劳动密集型产品			资本与技术密集型产品		
	SITC 0—4	SITC0	SITC2	SITC3	SITC 6+8	SITC6	SITC8	SITC5+ 7+9	SITC5	SITC7
进口	**30.03**	5.18	3.91	19.72	**26.81**	19.13	7.68	**43.17**	14.65	22.93
出口	**31.60**	17.76	5.57	4.21	**42.36**	29.56	12.80	**26.04**	8.48	16.66

资料来源:同表14.1。

对比2011年全球出口商品结构,可以得出塞尔维亚各类出口商品的相对比较优势,这里用巴氏显性比较优势指数(RCA)表示,计算结果如表14.6所示。

表 14.6　2011 年塞尔维亚出口商品 RCA 指数

SITC0	SITC1	SITC2	SITC3	SITC4	SITC5	SITC6	SITC7	SITC8	SITC9
3.137	**3.149**	**1.231**	0.331	**2.730**	0.760	**2.170**	0.476	**1.144**	0.189

资料来源：同表 14.1。

从表 14.6 中可以看出：塞尔维亚的资源密集型产品和劳动密集型产品，总体上都具有较强比较优势，而资本与技术密集型产品表现为比较弱势，这也反映了塞尔维亚的工业技术还比较落后，高技术与资本密集型产品缺乏出口竞争力。

在进口商品中，资源密集型产品、劳动密集型产品和资本与技术密集型产品进口额比例约为 30∶27∶43，进口以资本与技术密集型产品为主。其中，资源密集型进口产品中，主要是矿物燃料、润滑油及有关原料（SITC3）的进口，占总进口额的 19.72%，其次是食品和活动物（SITC0）和非食用原料（SITC2）的进口，这两类产品的进口额合计约占总进口额的 9%。在劳动密集型产品中，按原料分类的制成品（SITC6）和杂项制品（SITC8）的进口额各占进口总额的 19.13% 和 7.68%，劳动密集型产品较低的进口比重说明该类产品的国内生产基本上可以满足需求；在资本与技术密集型进口产品中，化学品和有关产品（SITC5）以及机械及运输设备（SITC7）的进口额分别占总进口额的 14.65% 和 22.93%，较高的资本与技术密集型产品进口比重，反映了塞尔维亚的高技术、高资本类产品对其他国家的依赖程度较高，工业技术水平还较落后。

14.3.2　黑山

2011 年，黑山出口商品中资源密集型产品、劳动密集型产品和资本与技术密集型产品间的比例约为 40∶52∶8。出口以劳动密集型产品为主，占一半以上，表明其劳动力成本非常低；而资本与技术密集型产品的出口比重还不足 8%，在中东欧十六国中是最低的，也说明其工业技术在中东欧十六国中最差。各类商品的出口额比重如表 14.7 所示。

表 14.7　2011 年黑山各类进、出口商品比重(%)

类别	资源密集型产品				劳动密集型产品			资本与技术密集型产品		
	SITC 0—4	SITC0	SITC2	SITC3	SITC 6+8	SITC6	SITC8	SITC5+7+9	SITC5	SITC7
进口	**46.50**	19.30	4.63	18.14	**26.81**	14.53	12.28	**26.68**	9.30	17.38
出口	**39.69**	6.11	14.21	13.94	**52.33**	48.59	3.74	**7.97**	2.68	5.29

从表 14.7 中还可以看出:黑山进口商品中资源密集型产品、劳动密集型产品和资本与技术密集型产品间的比例约为 46:27:27,进口以资源密集型产品为主。同出口结构相比,黑山的资源相对缺乏,需要大量进口资源,这类产品构成了其贸易逆差的一个主要来源。劳动密集型产品的出口比重虽达到了进口比重的两倍,但仍然带来的是贸易逆差;而资本与技术密集型产品的进口比重远高于出口比重,形成了黑山 2011 年最大的贸易逆差来源。

对比 2011 年全球出口商品结构,可以得出黑山各类出口商品的相对比较优势。这里用巴氏显性比较优势指数(RCA)表示,计算结果如表 14.8 所示。

表 14.8　2011 年黑山出口商品 RCA 指数

SITC0	SITC1	SITC2	SITC3	SITC4	SITC5	SITC6	SITC7	SITC8	SITC9
1.079	**6.919**	**3.141**	**1.097**	0.501	0.240	**3.567**	0.151	0.335	0.000

资料来源:同表 14.1。

从表 14.8 中可以看出:黑山的资源密集型产品和劳动密集型产品总体上都具有较强比较优势,而资本与技术密集型产品表现为比较弱势,这也反映了黑山的工业技术非常落后,高资本与技术密集型产品的出口竞争力非常弱。

14.3.3　波黑

2011 年,波黑出口商品中资源密集型产品、劳动密集型产品和资本与技术密集型产品间的比例约为 34:46:20。出口以劳动密集型产品为主,占 45.7%,表明其劳动力成本非常低,资本与技术密集型产品的出口比重为 20.05%,在三类产品中比重最低,说明其工业技术比较差。各类商品的出口额比重如表 14.9 所示。

表 14.9 2011 年波黑各类进、出口商品比重(%)

类别	资源密集型产品				劳动密集型产品			资本与技术密集型产品		
	SITC 0—4	SITC0	SITC2	SITC3	SITC 6+8	SITC6	SITC8	SITC5+7+9	SITC5	SITC7
进口	**41.95**	13.53	3.24	21.50	**27.88**	19.48	8.40	**30.16**	11.50	18.61
出口	**34.24**	5.43	13.47	13.97	**45.70**	25.28	20.42	**20.05**	5.43	12.03

资料来源:同表 14.1。

从表 14.9 中还可以看出:波黑进口商品中资源密集型产品、劳动密集型产品和资本与技术密集型产品间的比例约为 42:28:30,进口以资源密集型产品为主。同出口结构相比说明波黑的资源相对缺乏,需要大量进口资源,这类产品构成了其贸易逆差的一个主要来源。劳动密集型产品的出口比重虽远高于进口比重,但仍然带来的是贸易逆差;而资本与技术密集型产品的进口比重远高于出口比重,形成了波黑 2011 年最大的贸易逆差来源。

对比 2011 年全球出口商品结构,可以得出波黑出口商品的相对比较优势。这里用巴氏显性比较优势指数(RCA)表示,计算结果如表 14.10 所示。

表 14.10 2011 年波黑出口商品 RCA 指数

SITC0	SITC1	SITC2	SITC3	SITC4	SITC5	SITC6	SITC7	SITC8	SITC9
0.958	**0.921**	**2.978**	**1.099**	**1.085**	0.487	**1.856**	0.344	**1.825**	0.543

资料来源:同表 14.1。

从表 14.10 中可以看出:波黑的资源密集型产品和劳动密集型产品总体上都具有较强比较优势,而资本与技术密集型产品表现为比较弱势,这也反映了目前波黑的工业技术还比较落后,高技术与资本密集型产品缺乏出口竞争力。

14.3.4 马其顿

2011 年,马其顿出口商品中资源密集型产品、劳动密集型产品和资本与技术密集型产品间的比例约为 29∶46∶25。出口以劳动密集型产品为主,占 46.37%,表明其劳动力成本非常低;资本与技术密集型产品的出口比重 24.74%,在三类产品中比重最低,说明其工业技术比较最差。各类商品的出口额比重如表 14.11所示。

表 14.11　2011 年马其顿进、出口商品比重(%)

类别	资源密集型产品					劳动密集型产品			资本与技术密集型产品		
	SITC 0—4	SITC0	SITC1	SITC2	SITC3	SITC 6+8	SITC6	SITC8	SITC5+ 7+9	SITC5	SITC7
进口	**37.38**	9.59	0.98	5.22	20.51	**33.81**	27.83	5.98	**28.81**	11.77	16.87
出口	**28.89**	8.38	5.27	6.47	8.36	**46.37**	27.64	18.73	**24.74**	16.75	7.91

资料来源:同表 14.1。

从表 14.11 中还可以看出:马其顿进口商品中资源密集型产品、劳动密集型产品和资本与技术密集型产品间的比例约为 37∶34∶29,进口以资源密集型产品为主。同出口结构相比说明马其顿的资源相对缺乏,需要大量进口资源,这类产品构成了其贸易逆差的最大来源。劳动密集型产品的出口比重虽远高于进口比重,但仍然带来的是贸易逆差;而资本与技术密集型产品的进口比重远高于出口比重,形成了马其顿 2011 年的贸易逆差另一主要来源。

对比 2011 年全球出口商品结构,可以得出马其顿出口商品的相对比较优势。这里用巴氏显性比较优势指数(RCA)表示,计算结果如表 14.12 所示。

表 14.12　2011 年马其顿的出口商品的 RCA 指数

SITC0	SITC1	SITC2	SITC3	SITC4	SITC5	SITC6	SITC7	SITC8	SITC9
1.479	**7.140**	**1.430**	0.657	0.639	**1.501**	**2.029**	0.226	**1.674**	0.017

资料来源:同表 14.1。

从表 14.12 中可以看出:总体上,马其顿的资源密集型产品和劳动密集型产品都具有较强比较优势,而资本与技术密集型产品表现为比较弱势(其中化学制品SITC5 表现为较强比较优势),这说明马其顿的工业技术还比较落后,高技术与资本密集型产品的国际竞争力还较弱。

14.4　产业内贸易

截至 2011 年,原南斯拉夫四国(塞尔维亚、波黑、黑山和马其顿)的经济发展
水平都较低,在中东欧十六国中,除阿尔巴尼亚外,这四个国家最差。由于四个国
家的工业基础都比较薄弱,整体工业发展水平落后,再加上贸易严重失衡的影响,
四国的产业内贸易水平都不到 50%,各国 2011 年整体及四类制成品 G-L 产业内
贸易指数如表 14.13 所示。整体产业内贸易指数最高的是塞尔维亚,也仅有 46;
最低的是黑山,只有 17。

表 14.13　原南斯拉夫四国 2011 年整体 G-L 产业内贸易指数

IIT	塞尔维亚	波　黑	马其顿	黑　山
SITC0—9	47	39	34	17
化学品和有关产品 SITC5	46	25	31	35
按原料分类的制成品 SITC6	**55**	**49**	32	16
机械及运输设备 SITC7	**53**	41	29	11
杂项制品 SITC8	**69**	**54**	29	7

资料来源:利用 UN-comtrade 数据库中 SITC 三位数层次上的分类数据计算而得。

虽然,贸易失衡会导致产业内贸易指数有所低估,但是,考虑四国的经济发展阶
段及其工业化程度,可以认为四国 2011 年的对外贸易模式总的来讲是以产业间贸易
为主的,各国产业参与国际分工的程度都不深入,在国际产业链中的地位较低。

从四类制成品的产业内贸易指数来看,塞尔维亚的按原料分类的制成品、机
械及运输设备和杂项制品的产业内贸易指数均超过了 50,其中,杂项制品的产业
内贸易指数高达 69。因而,可以认为塞尔维亚制造业的对外贸易模式表现为以产
业内贸易为主,其工业参与国际分工的程度较深,在国际化生产的产业链中具有
一定的地位。此外,波黑的劳动密集型产业的产业内贸易水平也较高,其中,按原
料分类的制成品产业内贸易指数达到 49,杂项制品的产业内贸易指数达到 54,表
明波黑的劳动密集型产品贸易模式以产业内贸易为主,该产业融入国际产业链的

程度较深。这四个国家除这五个产业外,其他制造业的产业内贸易水平都较低,国际贸易均表现为产业间贸易为主,也表明这些产业的发展水平较低,基本没有融入到国际化生产的产业链中。

14.5 基本结论

综上所述,塞尔维亚、波黑、黑山和马其顿对外货物贸易的结构特征可归纳为以下四个方面。

(1) 近年来,原南斯拉夫四国的对外贸易严重失衡,均存在较大的贸易赤字,且贸易增长速度均比较低。四国受 2008 年全球金融危机的影响均比较严重,2009 年的货物贸易均远低于全球的平均增长速度,可以认为是经济危机的贸易重灾区。四国对外贸易的依赖程度均较高,除黑山外,对外贸易依赖度都达到 90%以上,黑山的对外贸易依赖度在 70%以上,宏观经济均属外向型经济。

(2) 2011 年,四国的对外贸易市场结构具有一致性:均表现出以周边国家为主要贸易伙伴国的市场结构特征,四国间的贸易关系非常密切,且均同中国的贸易关系非常密切。贸易逆差主要来源于周边较发达国家,此外,中国也是这四国的主要贸易逆差来源地;而贸易顺差则主要来自于周边的发展中国家。

(3) 四国的对外贸易商品结构也具有一致性。首先,四国的进口额均远大于其出口额,表现为非常严重的贸易失衡;其次,在出口商品结构中,均是以劳动密集型产品为主,资源密集型产品次之,资本与技术密集型产品的出口比重均最低;最后,在进口商品结构中,除塞尔维亚外,资源密集型产品的进口比重均为最高。此外,资本与技术密集型产品的进口比重均比其出口比重高,而劳动密集型产品的进口比重则均比出口比重低很多。

(4) 2011 年,原南斯拉夫四国的整体产业内贸易水平都比较低,对外贸易模式均主要以产业间贸易为主。从制成品的产业内贸易水平上看,除塞尔维亚的按原料分类的制成品、机械及运输设备和杂项制品,以及波黑的两类劳动密集型产品的产业内贸易水平较高外,其他各国的制造业产业内贸易水平均在 50%以下。

第 15 章

中东欧十六国对外货物贸易结构变化趋势与成因分析

15.1 对外货物贸易规模变化趋势与成因

考虑到中东欧十六国中有 10 个国家属于欧盟成员国,其对外贸易发展趋势和其他中东欧国家会有不一致的地方,因此把中东欧十六国分为两个组别来研究。一组是 10 个属于欧盟成员国的中东欧国家[以下简称中东欧(欧盟)十国],另一组为剩下的 6 国[以下简称中东欧(南部)六国],即阿尔巴尼亚、克罗地亚、波黑、塞尔维亚、黑山和马其顿,这 6 国除阿尔巴尼亚外,其他 5 国均为原南斯拉夫加盟共和国。

15.1.1 中东欧(欧盟)十国 2001—2011 年对外货物贸易规模变化趋势

对于这一组,可把 2001—2011 年这一期间分为 2001—2004 年、2005—2008 年及 2009—2011 年三个阶段,分别表示中东欧 8 国加入欧盟前、加入欧盟后及全球金融危机后三个阶段①。分阶段后的计算结果见表 15.1。

① 2004 年中东欧十六国中有 8 个国家(匈牙利、捷克、爱沙尼亚、拉脱维亚、立陶宛、波兰、斯洛伐克和斯洛文尼亚)加入欧盟,2008 年是全球金融危机开始的年份,考虑到这两大事件对贸易的影响较大,故以此为分界点。另外的两个中东欧国家保加利亚和罗马尼亚于 2007 年正式成为欧盟成员国。

表 15.1　中东欧(欧盟)十国 2001—2011 年对外贸易规模变化趋势(％)

	2001—2004 年	2004—2005 年	2005—2008 年	2008—2009 年	2009—2011 年	2001—2011 年
出口增速	25.42	17.89	23.19	−22.21	19.67	17.09
进口增速	22.83	15.96	24.26	−29.88	18.77	15.09
总额增速	24.00	16.85	23.76	−26.34	19.21	16.03
全球增速	14	13	16	−22	12	10
贸易失衡	8.53	6.79	7.30	5.52	2.18	5.59

注:贸易失衡水平为进出口总额差的绝对值与进出口总额之和的比值。
资料来源:根据 UN-comtrade 数据库中相应数据计算得出。

从表 15.1 中可以发现中东欧(欧盟)十国对外贸易总额在 2001—2011 年间呈现出以下三个特点。

(1)贸易增长速度快。在 2001—2011 年间中东欧(欧盟)十国的整体贸易增速年均达到 16.03％(其中出口增速为年均 17.09％,进口增速为年均 15.09％),远远超出了全球货物贸易年均 10％的增长速度,这同其他转型的新兴市场国家的对外贸易特征基本一致。由于中东欧(欧盟)十国的出口增长速度在三个时期都快于全球贸易的增长速度,故其出口占全球市场的份额在稳步提升,从 2001 年的 2.5％提升到了 2011 年的 4.8％[①]。其在 2011 年的出口贸易总量分别约相当于 2011 年世界第一出口大国中国的 40％,及世界第二出口大国德国的 50％。

(2)贸易长期不平衡,但有改善趋势。2001—2011 年,中东欧(欧盟)十国的进口额始终大于出口额,表现出长期的贸易逆差,这和全球其他多数新兴市场国家出口导向型的贸易顺差格局形成了鲜明的对比。不过,由于总体上出口增速高于进口增速,贸易逆差在逐年减小,到 2011 年贸易不平衡度已从 2001 年的 10.34％缩小到 1.78％。尤其是在 2008 年全球金融危机的影响下,中东欧国家大幅减小进口额,贸易逆差问题得到较大的改善。

(3)入盟影响小、金融危机影响大。2004 年中东欧(欧盟)十国中有 8 国加入了欧盟[②],这 8 个国家的对外贸易总量在 2001—2011 年间占 10 国的 85％以上,其

---

① 根据联合国商品贸易统计数据库(UN-comtrade)中相应数据计算得出。
② 2007 年 12 国中的另外两个国家罗马尼亚和保加利亚也加入了欧盟。

变化对 10 国总体的影响较大,但对比 2001—2004 年与 2005—2008 年两个期间 10 国的对外贸易增长速度,可以发现进、出口增速均无明显的变化。这说明这 8 国在加入欧盟之前,就已经之前的欧盟 15 国建立了良好的贸易合作关系。从全球在 2008 年底爆发的金融危机造成的影响看,在 2008—2009 年,中东欧(欧盟)十国的贸易增速为 −26.34%(其中出口为 −22.21%,进口为 −29.88%)比全球平均 −22% 的增长水平低约 4 个百分点。影响主要来自进口额的大幅下降,说明金融危机对中东欧国家宏观经济的影响较大。不过在金融危机的后期(2009—2011 年),中东欧(欧盟)十国的对外贸易的增速恢复到之前高于全球贸易增速 6%—7% 的水平。

15.1.2　中东欧(南部)六国 2001—2011 年对外货物贸易规模变化趋势

对于这一组,可把 2001—2011 年这一期间分为 2001—2008 年及 2009—2011 年两个阶段,分别表示金融危机前后两个阶段。分阶段后的计算结果见表 15.2。

表 15.2　中东欧(南部)六国 2001—2011 年对外贸易规模变化趋势(%)

	2001—2008 年	2008—2009 年	2009—2011 年	2001—2011 年
出口增速	21.55	−25.14	18.76	15.26
进口增速	23.43	−29.53	9.41	13.92
总额增速	22.83	−28.19	12.48	14.38
全球增速	15	−22	12	10
贸易失衡	36.44	37.48	32.51	31.48

注:马其顿 2008 年及波黑 2001—2002 年的贸易数据在 UN-comtrade 中缺失,这部分贸易数据来源于世界银行数据库。
资料来源:同表 15.1。

从表 15.2 中可以发现中东欧(南部)六国对外贸易总额在 2001—2011 年间呈现出以下三个特点。

(1)贸易增长速度较快,但慢于中东欧(欧盟)十国。在 2001—2011 年间中东欧(南部)六国的整体贸易增速年均达到 14.38%(其中出口增速为年均 15.26%,进口增速为年均 13.92%),远高于全球货物贸易年均 10% 的增长速度。但与中东欧(欧盟)十国相比增速慢约 2 个百分点,且贸易额只约为这 10 国的 7%。

(2) 贸易长期严重不平衡,且没有改善趋势。2001—2011 年,中东欧(南部)六国的进口额始终远远大于出口额,表现出长期严重的贸易逆差,贸易不平衡度达到 30%以上,是中东欧(欧盟)十国的 4 倍。而且在 2001—2008 年,由于总体上出口增速低于进口增速,贸易逆差还有进一步扩大趋势,不过,在 2008 年全球金融危机的影响下,中东欧(南部)六国大幅减小进口额,贸易逆差问题得到部分改善。

(3) 金融危机负面影响非常大。从全球在 2008 年底爆发的金融危机造成的影响看,在 2008—2009 年,中东欧(南部)六国的贸易增速为 -28.19%(其中出口为 -25.14%,进口为 -29.53%)不但比全球平均 -22%的增长水平低约 6 个百分点,而且也比中东欧(欧盟)十国低 2 个百分点。这说明金融危机对中东欧(南部)六国的负面影响最大。而且,在金融危机的后期(2009—2011 年),中东欧(南部)六国的对外贸易的增速还未恢复到之前的水平。

15.1.3　对外贸易发展趋势成因分析

综上所述,中东欧十六国 2001—2011 年对外贸整体的变化趋势的最大特征是:高增长、高失衡。其中中东欧(欧盟)十国的增长速度快于中东欧(南部)六国,其贸易失衡虽然较高但不算严重,且近年来得到了很大的改善,但是中东欧(南部)六国的贸易失衡则非常严重,且没有改善的迹象,受全球金融危机和欧洲主权债务危机的负面影响非常大。究其原因可以归纳为以下四条。

第一,对外货物贸易的高速增长趋势可归因于这些国家的经济发展阶段和经济增长模式。中东欧十六国均属 20 世纪 80 年代末 90 年代初转型的新兴市场经济国家,而新兴市场国家的宏观经济增长速度以及对外货物贸易增长速度,一般都远高于全球的平均增速,而且中东欧十六国的经济增长模式基本上都属外向型的经济增长模式,宏观经济的增长严重依赖于全球市场以及外国资本。这一点可以从本书的第 1 章至第 14 章中这 16 国的对外依存度中看出,这些国家的对外贸易依存度不但高而且增长很快,到 2011 年基本都到达到 80%以上,有的甚至达到 200%。

第二，中东欧(欧盟)十国的贸易增长速度快于中东欧(南部)六国，可归因于经济发展水平、政治环境的差异和对外贸易市场环境的差异。中东欧(欧盟)十国的宏观经济发展水平远高于中东欧(南部)六国，均属经济增长速度较快的发达或中等发达国家之列，且国内外政治环境稳定；而中东欧(南部)六国则为经济增长相对较慢的发展中国家，且国内外政治环境相对不稳定。在对外贸易市场方面，中东欧(欧盟)十国的对外贸易市场基本覆盖了全世界，远比中东欧(南部)六国的国家贸易市场范围广泛。这一点也可从本书的前面几章对各国市场结构的分析中得到验证。

第三，中东欧十六国长期较为严重的贸易失衡，可主要归因于其面对的对外贸易市场结构的限制。从前面几章对市场结构的分析中可以看出这 16 国对外货物贸易市场结构最大的特点就是以欧盟为中心的区域内贸易，尤其是出口，大部分的出口市场集中到了欧盟地区；而这些国家的经济技术实力远远不如欧盟其他成员国，再加上这 16 国大部分国家的自然资源相对缺乏，需由从其他国家进口大量的原材料，其出口产品的国际竞争力势必较低，长期的贸易逆差也就很正常了。除非其改变这一市场结构，否则其贸易逆差的局面很难得到改善。而中东欧(南部)六国超级严重的贸易失衡，又进一步说明了中东欧国家对外贸易市场结构对贸易平衡的负面影响，这 6 国不但经济技术水平低，而且对外贸易市场更为集中于其周边地区，尤其是出口市场基本集中在少数几个国家。此外，中东欧十六国 2001—2011 年间吸引大量的外国投资和外国贷款，这在客观上为其长期存在的贸易失衡提供了可能性。

第四，中东欧十六国成为 2008 年全球金融危机和之后的欧洲主权债务危机的国际贸易重灾区，亦可归因于其对外贸易的市场结构。由于全球金融危机的重灾区位于欧洲，特别是欧盟地区，这些国家对欧盟地区的对外贸易市场高度依赖，势必会导致其对外贸易成为重灾区。从前面几章对市场结构的分析中可以看出，对外贸易市场结构较分散的国家如波兰、捷克和匈牙利等国，在近两年很快恢复了其对外贸易的增长速度。而中东欧(南部)六国的对外贸易市场则非常集中，且较其他中东欧国家而言更依赖于中东欧地区的内部市场，故其对外贸易的增长受金融危机的负面影响更大，危机之后恢复的也更慢。

15.2　市场结构变化趋势与成因

从前面几章各中东欧国家对外货物贸易市场结构的分析中,可以看出中东欧十六国 2001—2011 年的对外贸易市场结构表现出一个共同的特征:以欧盟为核心的欧洲区域内贸易,且对外贸易的市场集中度非常高。实际上,这一期间大多中东欧国家在欧洲市场上的对外货物贸易总量占其对外货物贸易总量80％以上。其中欧盟的这一市场份额占 65％以上,而且各国前十大贸易主要伙伴国的这一市场份额基本上占 70％以上,其中前五大主要贸易伙伴国的这一市场份额则占一半以上。

这一特征在 2001—2011 年没有发生本质的变化,但在量上有一些明显的变化趋势。为说明这些变化趋势,我们在全球范围内选取了在此期间对中东欧十六国总体来讲最重要的两个地区市场与 8 个国家市场,希望通过对比 2001 年与 2011 年 16 国在这些市场中的对外贸易额占 16 国贸易总额的比重,来说明这些变化趋势,计算结果如表 15.3 所示。同时为了凸显变化趋势直观的效果,根据表15.3绘制了图 15.1。

表 15.3　2001 年、2011 年中东欧十六国总体对外货物贸易主要市场及其份额(％)

	EU-17	内部	德国	意大利	法国	奥地利	英国	俄罗斯	中国	美国
2001 年	62.9	14.4	26.7	8.8	5.2	5.0	3.5	5.4	1.2	3.0
2011 年	51.2	20.3	21.2	6.2	4.5	3.6	3.2	7.2	4.5	1.9

注:"EU-17"指的是除中东欧(欧盟)十国外的其他欧盟 17 国(简称 EU-17);"内部"指的是中东欧十六国内部(简称内部)[①];表中数字为中东欧十六国在这些市场中的对外贸易额占其对外贸易总额的比重。

资料来源:同表 15.1。

[①]　(1)严格来讲,欧盟 17 国的说法并不准确,这里指的是欧盟 27 国除去属于中东欧(欧盟)十国后剩余的 17 个国家。其实在 2001 年欧盟成员国只有 15 个,这里为了对比 2011 年的情况,对 2001 年的这一市场采用了同样的名称。(2)中东欧十六国对于每个中东欧国家来讲,实际上只是指其他 15 国的贸易市场。(3)事实上,2001 年由于塞尔维亚和黑山还属于一个国家,本书指的中东欧国家在 2001 年只有 15 个,但为了和 2011 年的情况相对应,仍然采用了中东欧十六国的说法。(4)本节的分析属于总量分析,虽说塞尔维亚和黑山 2006 年分解成两个国家后,会使之后的中东欧十六国对外贸易总量数据较之前偏大,从而失去可比性。但考虑到两国之间的贸易量还不到 16 国总量的 1％,故在本节的 16 国总量数据中没有考虑这一影响,16 国的对外贸易总量数据为 16 国贸易数据的简单加总数据。

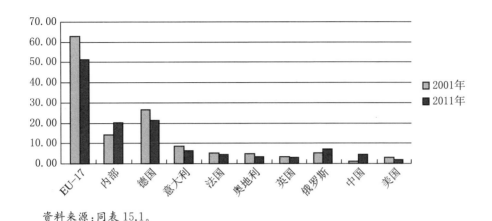

资料来源：同表 15.1。

图 15.1　2001 年、2011 年中东欧十六国总体对外货物贸易主要市场统计图（％）

在区域类市场层面，选取了"EU-17"和"内部"两个区域市场，这是因为 2001—2011 年中东欧国家在这两个区域中的贸易额占其对外货物贸易总额 70％ 以上的比重，对几乎所有中东国家而言都是最重要的两个区域类对外贸易市场。这一点可以既可以从表 15.1 中看出，也可从本书前面几章对各中东欧国家的对外贸易市场结构的分析中看出。其中，欧盟 17 国一直都是中东欧十六国最大的对外贸易市场，绝大多数国家在这一市场上的对外贸易额占其对外贸易总额一半以上的份额，有的甚至高达 70％ 的份额。不同的只是不同年份这一份额略有变化，但其对中东欧十六国总体而言最大的市场地位始终没有变。除了欧盟 17 国外，中东欧十六国内部市场就是各中东欧国家最主要的区域类对外贸易市场，2001—2011 年大多数中东欧国家同其他 15 个中东欧国家间的贸易占其对外货物贸易总额的 20％ 以上，有的甚至高达 50％ 以上。

在国家市场层面，选取德国、意大利、法国、奥地利、英国、俄罗斯、中国和美国等 8 个国家，这是因为：（1）德国、意大利、法国、奥地利和英国等 5 个欧盟国依次是 2001—2011 年中东欧国家在欧盟 17 国中的前五大对外贸易伙伴国。其中，德国始终都是绝大多数中东欧国家的第一大贸易伙伴，且占据绝对中心地位，多数中东欧国家同德国的贸易占其贸易总额 20％ 以上的份额；当然德国也是 16 国总体来讲最大的贸易伙伴国。意大利则是绝大多数中东欧国家的前五大对外贸易伙伴国之一，对 16 国总体而言始终处于第二或第三大贸易伙伴国的位置。法国、奥地利和英国则依次在较多年份出现在多数中东欧国家的前十大贸易伙伴国之列,对16国总体而言则位于前八大贸易伙伴国之列。(2)俄罗斯是中东欧国家在欧盟之外的第一大贸易伙伴国,也是绝大多数中东欧国家前五大贸易伙伴国之一,对16国总体而言俄罗斯的市场地位则始终位于第二或第三的位置。(3)中国是中东欧十六国在亚洲的第一大贸易伙伴国,也是对中东欧国家整体而言在欧盟之外的第二大贸易伙伴国,市场地位仅次于俄罗斯。(4)美国则是中东欧十六国在北美的最大贸易伙伴国,也是21世纪初中东欧国家在欧盟之外的第二大贸易伙伴国,仅次于俄罗斯。以上8个国家同中东欧十六国的贸易占16国贸易总额一半以上的份额,考虑到16的内部贸易,则上述8个国家的市场份额占其外部市场约70%的对外贸易市场份额。因而这8个国家可以代表性地说明中东欧国家2001—2011年在全球的对外贸易市场结构状况。

从表15.3和图15.1中可以看出,在2001—2011年中东欧十六国总体对外贸易市场结构的特点与变化趋势可以概括为三点。

(1)区域内贸易特征显著,区域内市场份额调整明显。2001—2011年,中东欧十六国总体上对外货物贸易最大的特点始终表现为以欧盟——特别是德国——为中心的欧洲区域内贸易。其80%以上的对外货物贸易集中在欧洲,70%以上发生在欧盟内部17国及16国内部。在此期间,中东欧十六国在欧洲的贸易总额占自身的比重略有下降,约下降3个百分点。但是在欧洲内部调整的趋势非常明显,在EU-17中的贸易比重下降近12个百分点;而在中东欧内部的贸易比重则上升6个百分点,在欧洲其他国家(主要是俄罗斯和乌克兰)的贸易比重约上升3个百分点。这一特征表明在中东欧十六国对外贸易市场结构上,地理上的贸易便利性和欧盟区域内经贸合作关系起到了决定性的作用。

(2)主要贸易伙伴国稳定,市场高度集中,但分散趋势明显。2001—2011年,中东欧十六国总体上的前四大贸易伙伴国依次始终为德国、俄罗斯、意大利和法国,16国的对外货物贸易同这些国家的贸易额占其贸易总额的40%左右,其中第一大贸易伙伴国德国占了一半以上。此外,中国、奥地利、英国、荷兰、美国和比利时等6国也基本上每年都在16国前十大贸易伙伴国之列。从单个中东欧国家来看,各国的前十大贸易伙伴国2001—2011年同样基本稳定,每个国家有约七成的主要贸易伙伴国保持不变;而且,绝大多数中东欧国家同其前十大贸易伙伴国间的贸易占其贸易总额的 60%—70% 以上。但从发展趋势上讲,无论是对于 16 国总体,还是对于单个中东欧国家,与前十大贸易伙伴国的贸易比重都有显著的下降趋势,从表 15.1 中列举的对 16 国总体而言的主要贸易伙伴国为例,可以看出在这些市场上的贸易比重已从 2001 年的 58.8%,下降到 2011 年的 52.3%,其中来自第一大贸易伙伴国德国的比重从 2001 年到 2011 年下降 5.5 个百分点。

对外贸易市场集中度的下降可以有效地降低 16 国对外贸易市场的波动风险,因而可以说中东欧十六国的对外贸易市场结构在 2001—2011 年得到了较大程度的改善。这也是其经济迅速增长、对外贸易不断扩大以及产品的国际竞争力不断地提升的必然结果。而如此稳定的对外贸易市场结构则表明:中东欧十六国同其主要贸易伙伴国间的对外贸易商品结构具有非常大的互补性,商品结构的较强互补特征决定了市场结构的稳定性特征。关于这一点本书的最后五章还有专门的论述。

(3) 发达国家市场份额下降,新兴市场国家市场份额上升。从表 15.3 中可以清楚地看出:中东欧十六国同德国、意大利、法国、英国、奥地利及美国等发达国家的贸易比重均有不同程度的下降,其中美国到 2011 年已退出了前十大贸易伙伴国之列,英国则退出了多数单个中东欧国家的前十大贸易伙伴国之列。与此同时,16 国同俄罗斯、中国及其内部的各新兴市场国间的贸易比重则出现不同程度的上升。到 2011 年,俄罗斯上升到 16 国第二大贸易伙伴国地位,也是多数单个中东欧国家的前三大贸易伙伴国之一;而中国则上升为 16 国的第五大贸易伙伴国,也是 10 个中东欧国家的前五大贸易伙伴国之一(详见第 1 章);中东欧十六国的内部贸易总额占 16 国所有对外贸易总额的比重则上升 6 个百分点。市场份额的这一变化趋势同样也可以由商品结构的变化来解释,本书的最后五章内容将专门分析中国、德国、俄罗斯、意大利和美国同中东欧国家间的商品结构与其互补性,在分析中对此做了部分解释。

此外,将中东欧十六国划分为两组不同国家[一组为经济较发达的中东欧(欧盟)十国、另外一组为中东欧(南部)六国],它们的市场结构的特点和变化趋势没有本质的区别。特征相同表现为:两组国家在 EU-17 及其内部市场上的对外贸易比重均在 70% 以上,均表现为以欧盟为中心的区域内贸易;有区别的只是中东欧(南部)六国的对外贸易市场份额更多地集中在中东欧国家内部,而不是 EU-17 市场上。变化趋势相同表现为:中东欧(南部)六国来讲,在 EU-17 国市场上的对外贸易比重从

2001 年的 48.79％下降到 2011 年的 40.98％,在内部市场的这一比重则从 2001 年的
25.84％上升到 36.02％;对于中东欧(欧盟)十国而言,市场结构具有同样的变化趋势,
这一点可从表 15.3 中得到充分的反映(该组对外贸易总额占到了 16 国 90％以上的
份额,表 15.3 的结果可以充分反映其对外贸易市场结构的特征与变化趋势)。

15.3　商品结构变化趋势与成因

15.3.1　出口商品结构

　　一般来讲,一国的出口商品结构主要是由其国内的产业结构及其国际竞争力
来决定的。按中东欧十六国近两年制造业的发达程度,可将 16 国分为三个组。

　　第一组,为制造业高度发达的国家,包括斯洛文尼亚、捷克、匈牙利、斯洛伐
克、波兰和罗马尼亚等 6 个国家。这些国家的工业技术水平很高,制造业产值占
GDP 及工业产值的比重都较高,同时农业与采掘业占 GDP 比重较低。近两年来,
其出口结构中资源密集型产品、劳动密集型产品与资本与技术密集型产品的比例
大致表现为 1∶2∶3。

　　第二组,为制造业比较发达的国家,包括保加利亚、爱沙尼亚、拉脱维亚、立陶
宛和克罗地亚 5 个国家。这些国家的工业技术水平较高,制造业产值占 GDP 及工
业产值的比重相对较低,农业产值占 GDP 比重较低,但采掘业产值占 GDP 比重较
高。近两年来,这些国家的出口商品结构中资源密集型产品约占 30％—40％;劳
动密集型产品约占 20％—30％;资本与技术密集型产品约占 30％—40％。

　　第三组,为制造业相对不发达的国家,包括阿尔巴尼亚、马其顿、波黑、塞尔维亚
和黑山 5 个国家。这 5 个国家的工业技术水平相对落后,制造业产值占工业产值较
低,而农业产值占 GDP 的比重较高,除波黑外其他 4 国的农业产值占 GDP 的 10％[①],
甚至更多。近两年来,这些国家的出口商品结构中资源密集型产品约占 30％—40％;

[①]　2010 年阿尔巴尼亚、马其顿、塞尔维亚和黑山的农业增加值占 GDP 的比重分别为:20％、11％、9％和 9％。资
　　料来源:世界银行数据库。

劳动密集型产品约占 50％左右;资本与技术密集型产品均在 30％以下。

中东欧十六国的出口商品结构变化趋势,可通过对比各国 2001 年与 2011 年的出口商品结构看出,对比情况如表 15.4 所示。

表 15.4　中东欧十六国出口商品结构变化趋势(2001—2011 年)(％)

国　家		资源密集型产品		劳动密集型产品		资本与技术密集型产品	
		2001 年	2011 年	2001 年	2011 年	2001 年	2011 年
制造业 发达	斯洛文尼亚	6.4	13.3	45.9	33.4	47.7	53.3
	捷　克	9.6	10.6	36.6	28.4	53.9	61.0
	匈牙利	10.8	13.0	23.1	18.0	66.1	69.0
	斯洛伐克	13.2	13.3	40.9	28.4	45.9	58.3
	罗马尼亚	15.6	18.8	58.9	32.3	25.5	48.9
	波　兰	16.1	17.9	41.3	33.8	42.6	48.3
制造业 较发达	保加利亚	23.3	35.1	49.1	37.6	27.7	27.3
	爱沙尼亚	24.8	32.0	35.5	27.9	39.7	40.1
	拉脱维亚	37.7	38.0	47.3	30.4	15.0	31.6
	立陶宛	41.3	44.9	31.2	22.3	27.6	32.7
	克罗地亚	25.1	30.7	35.0	27.6	39.9	41.7
制造业 不发达	阿尔巴尼亚	14.8	38.5	81.0	56.5	4.2	5.0
	马其顿	23.3	28.9	64.6	46.4	12.0	24.7
	波黑*	31.5	34.2	50.4	45.7	18.0	20.1
	塞尔维亚*	26.6	31.6	52.0	42.4	21.3	26.0
	黑　山*	17.3	39.7	75.2	52.3	7.5	8.0

注:波黑、塞尔维亚和黑山三国因为数据(UN-comtrade)缺失的原因,这里的 2001 年数据实际为 2006 年的数据。

资料来源:同表 15.1。

从表 15.4 中可以看出,2001—2011 年中东欧十六国的出口商品结构变化出现了一致趋势:资源密集型产品出口比重一致增加、劳动密集型产品出口比重一致下降、资本与技术密集型产品出口比重一致上升。其中,对于资源密集型出口比重来讲,制造业发达的第一组中除斯洛文尼亚外其他五国的增长均不显著,制造业较发达的第二组中 5 个国家均出现比较显著的增长,而制造业不发达的第三组的增长最为显著。这表明在制造业相对不发达的中东欧国家,其自然资源越来越得到了较为充分的开发利用。对于劳动密集型产品出口比重而言,三个组均出现了非常显著的下降趋势,降幅高约 20%。这表明中东欧国家近 10 年来的劳动力成本上升速度较快,这也是这一期间其经济平均增幅超过全球的一个必然结果。对于资本与技术密集型产品的出口比重而言,第一组总体提高较大,而第三组和第二组除个别国家为,均提高不大。这表明中东欧十六国中各国工业技术水平差距有逐年扩大的趋势,这也是区域分工合作的必然趋势。总的来讲,中东欧十六国出口商品结构 2001—2011 年间得到了较大程度的改善,这是其工业技术发展较快、产业结构不断优化的必然结果。

15.3.2 进口商品结构

一国的进口商品结构主要受其国内消费和生产需求的影响,因而国内的消费结构和产业结构基本决定了其进口商品结构,同时由于产业内贸易在国际贸易中的比重不断提升,出口结构同进口结构的正相关性越来越高,在产业内贸易较高的国家出现了进口结构和出口结构趋同的趋势。从中东欧十六国的出口商品变动趋势看,16 国出口商品结构的类型可以用制造业的发达程度划分为三个组。考虑到 2001—2011 年多数中东欧国家的产业内贸易得到了长足的发展,进口结构和出口结构关联度得到了很大程度的提高,因而仍按制造业发达程度把 16 国进口商品结构化分为三个类型也是恰当的。中东欧十六国 2001 年与 2011 年进口商品结构对比结果如表 15.5 所示。

表 15.5　中东欧十六国进口商品结构变化趋势(2001—2011 年)(%)

国　　家		资源密集型产品		劳动密集型产品		资本与技术密集型产品	
		2001 年	2011 年	2001 年	2011 年	2001 年	2011 年
制造业发达	斯洛文尼亚	19.2	29.1	34.1	28.7	46.7	42.2
	捷　克	16.6	18.6	30.3	28.1	53.1	53.3
	匈牙利	10.0	19.0	25.7	18.8	64.3	62.2
	斯洛伐克	24.5	24.5	27.5	26.5	48.0	49.0
	罗马尼亚	23.4	21.3	38.4	29.4	38.2	49.3
	波　兰	19.6	23.8	28.9	27.8	51.4	48.4

续表

国　　家		资源密集型产品		劳动密集型产品		资本与技术密集型产品	
		2001 年	2011 年	2001 年	2011 年	2001 年	2011 年
制造业较发达	保加利亚	15.8	41.9	28.7	22.5	55.6	35.6
	爱沙尼亚	21.2	29.9	28.8	22.7	50.0	47.4
	拉脱维亚	25.9	32.8	31.7	24.4	42.5	42.8
	立陶宛	33.3	47.7	24.3	16.8	42.4	35.6
	克罗地亚	23.8	34.3	30.9	29.6	45.3	36.1
制造业不发达	阿尔巴尼亚	30.6	38.2	38.4	32.3	31.0	29.5
	马其顿	30.2	37.4	18.4	33.8	51.4	28.8
	波　黑*	36.0	42.0	30.6	27.9	33.4	30.2
	塞尔维亚*	30.9	30.0	29.2	26.8	39.9	43.2
	黑　山*	33.1	46.5	27.5	26.8	39.5	26.7

注：波黑、塞尔维亚和黑山三国因为数据缺失的原因，这里的 2001 年数据实际为 2006 年的数据。

资料来源：同表 15.1。

从表 15.5 中可以看出三组国家 2011 年进口商品结构有如下三个特点。第一组国家的进口商品结构总体来看表现为：资源密集型产品、劳动密集型产品和资本与技术密集型产品的比例大致表现为 2∶3∶5；第二组国家进口商品结构总体来看表现为：资源密集型产品、劳动密集型产品和资本与技术密集型产品的比例大致表现为 38∶22∶40；第三组国家进口商品结构总体来看表现为：资源密集型产品、劳动密集型产品和资本与技术密集型产品的比例大致表现为 40∶30∶30。不过，各组内个别国家的进口商品结构与平均值有较大的差异。虽然如此，三个组之间的差异还是主要的，三个组在劳动密集型产品的进口比重上基本没有差异，但在资源密集型产品和资本与技术密集型产品的进口比重有较大的差异。第一组的资源密集型产品进口比重明显低于第二组与第三组，而第二组的资本与技术密集型产品的进口比重显著高于第二组，这说明用制造业的发达程度来划分进口商品结构的类型也是比较恰当的。

从趋势上看，2001—2011 年中东欧十六国进口商品结构的变化趋势可归纳为如下三点。

(1)资源密集型产品的进口比重除个别国家有不显著的下降外,多数中东欧国家的该类产品进口比重 2001—2011 年得到了较大幅度的提高,同出口结构相对比还可以发现,几乎所有国家的资源密集型产品进口比重不但高于出口比重,而且进口比重的增加幅度也大于出口比重的增加幅度。这表明绝大多数中东欧国家的自然资源相对于生产需求而言比较缺乏,为保持经济的快速增长不得不大量进口初级产品,由此也形成了巨大的贸易逆差,这也是多数中东欧国家长期存在贸易逆差的根本原因。

(2)劳动密集产品的进口比重除马其顿外,其他 15 个中东欧国家 2001—2011 年都出现了一定程度的下降,与出口结构相比,劳动密集型产品的进口比重普遍较低,且下降幅度较小,是多数国家贸易顺差的主要来源。这表明中东欧国家的劳动力成本 2001—2011 年虽有上升,但在欧洲地区,特别是在欧盟地区还是有一定竞争力的。

(3)资本与技术密集型产品的进口比重,除塞尔维亚外,其他 15 个中东欧国家 2001—2011 年都出现了一定程度的下降,这是中东欧各国工业特别是高科技制造业在 2001—2011 年得到普遍提升的必然结果。与出口结构相比,制造业的发达程度同出口比重呈现正相关,而与进口比重呈现为明显的负相关,制造业发达国家(第一组)该类产品的进口比重总体略低于其出口比重,制造业较发达国家(第二组)该类产品的进口比重总体略高于其出口比重,而制造业较不发达国家(第三组)该类产品的进口比重总体明显高于其出口比重。

综上所述,可以认为中东欧国家出口商品结构与进口商品结构主要是由其产业结构来决定的。2001—2011 年中东欧十六国出口商品结构和进口商品结构总体上有较大程度的改善,这是其产业结构不断优化的结果。但是仍有很多中东欧国家,特别是非欧盟的 6 个中东欧国家,其进出口商品结构还与其他中东欧国家存在较大的差距,不但存在非常严重的贸易逆差,而且进出口商品结构表现出较大的被动性,为获得生产所需的原料和高科技产品,不得不出口大量的劳动密集型产品。

第 16 章

中东欧国家产业内贸易影响因素分析

16.1　中东欧国家产业内贸易概况

前几章分别分析了中东欧十六国的产业内贸易情况,根据这些国家2001—2011年产业内贸易指数变化特点,可将其分为三个组。第一组:对外货物贸易模式始终以产业内为主。这一组包括 6 个国家,分别是斯洛文尼亚、捷克、匈牙利、波兰、斯洛伐克和爱沙尼亚,这 6 个国家在这一时期的产业内贸易指数均在50%以上,且有明显的增长趋势。第二组:贸易模式实现了从以产业间贸易为主到以产业内贸易为主的转变。这一组包括 5 个国家,分别是克罗地亚、拉脱维亚、罗马尼亚、立陶宛和保加利亚,其产业内贸易指数从 2001 年的从 50%以下增长到2011 年的50%以上,且增长迅速。第三组,贸易模式到 2011 年为止仍以产业间贸易为主。这一组中的 5 个国家 2011 年的产业内贸易指数分别为:阿尔巴尼亚(26%)、塞尔维亚(47%)、黑山(18%)、马其顿(34%)和波黑(39%)。

由于数据的可得性问题,第三组中除阿尔巴尼亚外,剩下的 4 个国家 2001—2011 年贸易数据无法收集全,同时考虑到样本的可比性,本书只对第一组和第二组中 11 个国家的产业内贸易影响因素进行分析。这 11 个国家(以下简称中东欧十一国)2001—2011 年的产业内贸易情况可用表 16.1 和图 16.1 表示。

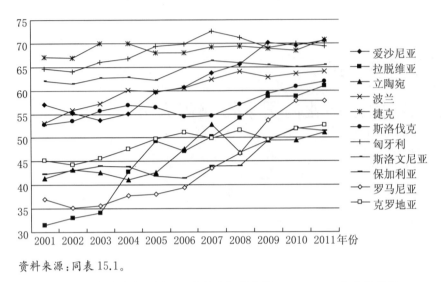

资料来源:同表15.1。

图16.1　中东欧十一国G-L产业内贸易指数2001—2011年变化趋势

从表15.1和图15.1可以看出,中东欧十一国2001—2011年产业内贸易的三个特点。(1)一致增长,中东欧十一国的产业内贸易指数均表现为增长趋势,只是增长的幅度差异较大。增幅最大的是拉脱维亚,G-L产业内贸易指数增加了30个百分点;而增幅最小的斯洛文尼亚,G-L产业内贸易指数仅增加了3个百分点。(2)初始(2001年)值小的增长快,而初始值大的增长较慢。总体上讲,第二组5个国家的G-L产业内贸易指数增幅远大于第一组的6个国家。第一组中G-L指数增幅最大的爱沙尼亚仅增长13.4个百分点,而第二组中G-L指数增幅最小的克罗地亚增长也高达7.5个百分点。(3)有聚集趋同趋势。从图15.1中可以看出11个国家的产业内贸易指数趋于一致的趋势,这也是第二个特征延续的自然结论。要说明是否会出现趋同的结果,还得通过实证分析说明影响这些国家产业内贸易的影响因素。

表16.1　2001—2011年中东欧十一国G-L产业内贸易指数均值与增加值

2001—2011年	拉脱维亚	罗马尼亚	爱沙尼亚	波兰	立陶宛	保加利亚	斯洛伐克	克罗地亚	匈牙利	捷克	斯洛文尼亚
增加值	29.43	20.86	13.43	10.94	9.78	9.19	9.16	7.53	4.75	3.73	3.28
均值	47.35	43.90	61.93	60.33	46.22	45.22	56.68	49.04	68.46	68.80	64.05

资料来源:根据本书前几章中东欧各国产业内贸易指数计算结果。

16.2　模型设定

随着经济全球化进程的不断深化,各国对外经贸合作关系的迅速发展,产业内贸易在对外贸易中的比重和地位在不断提高。由于通过产业内贸易可以有效降低贸易自由化的短期和长期调整成本(Brülhart et al. 2004),产业内贸易成为各国家尤其是工业化国家之间贸易扩大和贸易自由化的发动机。学者们对产业内贸易的研究也层出不穷,国际上出现了大量跨国家、跨行业分析产业内贸易影响因素的实证研究。比较有代表性的有 Loertscher 和 Wolter(1980)对经合组织 13国的产业内贸易研究、Bergstrand(1983)对经合组织 14 国的产业内贸易研究、Balassa 和 Bauwens(1987)对 38 个发达国家和发展中国家的产业内贸易研究,以及 Hubert 等(2003)对欧盟与其候选国之间的产业内贸易研究等。

但是,这些研究各有侧重,例如,是否有必要引入规模经济和不完全竞争因素来解释产业内贸易,以及对产品差异的本质区别和消费者行为方式的假定等问题上都存在较大争论。产业内贸易理论仍未形成一个系统的理论框架,一般的经验做法是把不同理论涉及的各种影响因素囊括在同一个回归模型中(张彬和孙孟,2009)。通过梳理产业内贸易理论和经验研究成果,根据前人的研究方法,结合中东欧国家的特点,本书选取了经济规模、收入水平、贸易不平衡度、贸易依存度、工业化水平和外国直接投资等 6 个影响因素,来解释中东欧十一国的产业内贸易变化情况。基本模型设定如下:

$$IIT_i = \alpha_0 + \alpha_1 GDP_i + \alpha_2 PGDP_i + \alpha_3 FDI_i + \alpha_4 TO_i + \alpha_5 TMB_i + \alpha_6 IDI_i + \mu_i$$

$$(16.1)$$

模型(16.1)式中各变量的解释及其数据来源如下。

(1) 被解释变量 IIT。表示 G-L 产业内贸易指数,计算用到的贸易数据,均来自联合国商品贸易统计数据库(UN-comtrade),商品分类标准依据是第三版的《国际贸易标准分类》(SITC.Rev3)下的 3 级代码,中东欧十一国 2001—2011 年的产业内贸易指数详细的计算结果参见本章后附件 1。详细的计算公式见第 1 章后的附件部分。

（2）解释变量 GDP。国内生产总值，用来表示经济规模的大小，考虑到其他条件相同的情况下，由于规模经济的存在，一国的经济规模越大，其生产的专业化程度就可能越高，因而参与国际分工的程度就越深。另外，Balassa 在 1986 年也提出，经济体越大，对外国差异化产品的需求也越旺盛。因此，这里假设：经济规模与总体产业内贸易（IIT）正相关，即预计参数 α_1 的符号为正值。GDP 的数据来源于世界银行数据库中用现价美元标示的值，单位为百亿美元。

（3）解释变量 PGDP。人均国内生产总值，用来表示一国的收入水平。人均收入越高，多样化差异需求也就越旺盛，越有可能发生产业内贸易。Balassa 和 Bauwens(1988)也证实产业内贸易与人均收入水平呈正相关关系。据此，这里假设：收入水平同一国总体产业内贸易（IIT）正相关，即预计参数 α_2 的符号为正值。PGDP 的数据来源为世界银行数据库中用现价美元标的值，单位为万美元。

（4）解释变量 FDI。外国直接投资存量，其对产业内贸易发展及其特征的具体影响取决于投资的动机和类型。如果外资进入的动机是分割生产过程的各个环节（即垂直专业化分工），就会有更多的产业间贸易而不是产业内贸易；如果是追求规模经济和产品多样化，这两者应该是一个同步的关系（Grubel and Lloyd, 1975；Greenaway and Milner, 1986）。据此，这里假设：外国直接投资同一国总体产业内贸易（IIT）的相关性不确定，即参数 α_3 的符号无法预定。FDI 的数据来源为世界银行数据库中用现价美元标的值，单位为百亿美元。

（5）解释变量 TO。对外贸易依存度，用货物贸易总额占 GDP 的比重表示（有时也被称为贸易开放度）。多数研究结果认为产业内贸易与贸易依存度呈正相关，因而，预设参数 α_4 的符号为正。数据来自 UN-comtrade 相关数据并加以整理而得。

（6）解释变量 TMB。贸易不平衡度，或者说对外贸易的失衡程度。对于未调整过的 G-L 指数，任何贸易不平衡将低估产业内贸易水平。因此，这里将贸易不平衡变量引入模型来控制产业内贸易决定因素估计。据此，预设贸易不平衡度与总体产业内贸易（IIT）负相关，即参数 α_5 的符号为负。贸易不平衡变量的测度如

下：$TMB = \dfrac{|X_i - M_i|}{X_i + M_i}$。其中，$X_i$ 和 M_i 表示 i 国的总出口额和总进口额，X_i 和 M_i 数据均来自于 UN-comtrade 数据库。

（7）解释变量 IDI。工业化程度，用非农业产值占 GDP 的比重表示。一般来讲，工业越发达，越有可能发生产业内贸易，产业内贸易指数就会越高。故预设工业化程度与产业内贸易正相关，即参数 α_6 的符号为正值。

另外，模型中的 μ_i 为随机干扰项，表示其他未考虑因素。

16.3　计量分析

16.3.1　模型形式的选择

考虑到样本是既包含横截面又包含时间序列的面板数据，需要先要对模型具体类型的设定进行检验，首先根据 F 统计量检验判断该模型是混合模型还是变截距模型。如果混合模型成立，则采用普通最小二乘法（OLS）进行估计；如果混合模型不成立，则进一步采取常用的 Hausman 检验方法来判断应该用固定效应还是随机效应进行估计。通过以上两个步骤的检验，最终选择了固定效应的计量模型。

16.3.2　计量回归结果及解释

通过运用 Eviews6.0 版本统计软件，对中东欧十一国 2001—2011 年的总体产业内贸易指数 IIT 影响因素的检验、回归，得出的如下回归方程：

$$IIT = -0.627 - 0.489TMB + 0.064PGDP - 0.005FDI + 0.002GDP$$
$$(-5.75) \qquad (4.33) \qquad (-1.22) \qquad (1.38)$$
$$-0.057TO + 1.277IDI \qquad\qquad\qquad (16.2)$$
$$(-1.56) \qquad (4.48)$$
$$\bar{R}^2 = 0.92 \quad F = 61.27$$

从回归总体效果来看,拟合优度非常高,调整后的判定系数($\bar{R}^2$)高达 0.92。这表明:平均来讲,中东欧十一国 2001—2011 年的产业内贸易指数 92% 的变化情况可以由模型中选择的产业内贸易影响因素来解释,可以认为本模型中选择的产业内贸易影响因素没有重大遗漏。

从回归的各个系数来看,贸易不平衡度(TMB)、人均收入水平(PGDP)和工业化程度(IDI),都可以通过显著水平为 1%($\alpha = 1\%$)的显著性检验;而经济规模(GDP)、贸易依存度(TO)和外国直接投资(FDI)均不能通过显著水平为 10% 的显著性检验[①],因而认为这三个影响因素对中东欧十一国 2001—2011 年的总体产业内贸易没有显著的影响,其符号的经济意义也不必进一步解释。另三个对 11 国产业内贸易(IIT)有显著影响的变量经济意义解释如下。

(1) 工业化水平(IDI)符号为正,这和预期的一样,表明一国工业化水平的提高将增加其产业内贸易水平,大小为 1.277。这表明工业化水平每提高 1 个百分点,平均来讲,该国的产业内贸易指数就会增加 1.277 个百分点。这一因素是三个影响因素中影响最大的一个,可以很好地解释十一国 2001—2011 年产业内贸易变化的三个主要特征:第一,工业化程度高的国家产业内贸易水平也高;第二,工业化水平低的国家工业化程度在 2001—2011 年提高得快,由此产业内贸易水平提高得也较快;第三,十一国的工业化水平有趋于一致的特征,由此对产业内贸易水平的影响也会使产业内贸易的大小趋于一致。

(2) 贸易不平衡度(TMB)的影响次之,其符号为负,和预设的符号一致,表明贸易不平衡因素对型产业内贸易起到明显低估作用。其大小为 0.489,表示贸易不平度每增加 1 个百分点,该国的总体产业内贸易指数将被低估 0.489 个百分点。贸易不平衡度对 11 国产业内贸易变化的三个主要特征亦有很好的解释,贸易不平衡度的变化趋势总体上和产业内贸易指数的变化趋势正好相反:首先,中东欧十一国的贸易不平衡度在一致下降,而产业内贸易指数则在一致上升;其次,初期贸易不平衡度高的其下降快,而初期产业内贸易指数低的上升也较快;最后,11 国贸易都有趋于贸易平衡的趋势,而产业内贸易水平也有趋于一致的趋势。

(3) 人均收入水平(PGDP)影响较小,其符号为正,和预期的一致,表明随着消

---

① 为谨慎起见,在分析的过程中,笔者还试过用外国直接投资(FDD)的净流入量来替代其存量数据,结果同样是无法通过 t 检验。因而认为外国直接投资对中东欧十一国的产业内贸易影响不显著。

费者收入水平的提高,其对差异化产品的需求会上升,因而对产业内贸易有正向的影响。其大小为0.064,表示人均收入每增加1万美元,产业内贸易指数才增加6.4个百分点。人均收入可以很好地解释产业内贸易变化的一致上升特征,但对另外两个特征的解释力要差些,其趋于一致的变化特征不明显,因而可以认为其对产业内贸易的影响没有工业化水平和贸易不平衡度的影响大。

16.4 结论

中东欧十一国2001—2011年的产业内贸易总体上呈现出三个方面的变化特征:第一,一致递增;第二,初期产业内贸易低的国家G-L指数增长较快;第三,产业内贸易有趋于一致的趋势。

为解释这些国家产业内贸易的变化情况,根据相关产业内贸易理论选取了经济规模、收入水平、贸易不平衡度、贸易依存度、工业化水平和外国直接投资等6个影响因素来研究其对产业内贸易的影响。这些影响因素与产业内贸易指数构成了一个面板数据,通过对这个面板数据的计量分析发现影响中东欧十一国产业内贸易大小的主要因素是:工业化程度、贸易不平衡度和人均收入水平等三个因素。其中,工业化程度对产业内贸易的影响最大,且为正向影响;贸易不平衡度的影响程度次之,且为负相关影响;人均收入水平的影响较小,且为正相关影响。这三个影响因素可以非常好地解释中东欧十一国2001—2011年产业内贸易变化的三个主要特征。

附件1

中东欧十一国2001—2011年的产业内贸易指数

IIT	2001年	2002年	2003年	2004年	2005年	2006年	2007年	2008年	2009年	2010年	2011年
拉脱维亚	31.55	33.01	34.17	42.81	49.32	47.24	50.18	54.12	58.68	58.74	60.98
罗马尼亚	36.98	35.20	35.61	37.80	38.09	39.49	43.51	46.78	53.77	57.77	57.85
爱沙尼亚	57.10	55.20	53.70	55.15	59.70	60.74	63.76	65.64	70.11	69.55	70.53
波 兰	53.14	55.84	57.20	60.11	59.79	60.57	62.41	64.09	62.90	63.54	64.08

续表

IIT	2001 年	2002 年	2003 年	2004 年	2005 年	2006 年	2007 年	2008 年	2009 年	2010 年	2011 年
立陶宛	41.42	43.28	42.67	41.09	42.61	47.56	52.85	46.84	49.40	49.52	51.20
保加利亚	42.30	43.12	44.02	43.84	41.79	41.41	43.99	43.94	49.46	52.08	51.48
斯洛伐克	52.73	53.61	55.73	56.93	56.44	54.44	54.55	57.03	59.31	60.87	61.89
克罗地亚	45.19	44.28	45.72	47.59	49.83	51.11	49.95	51.54	49.66	51.86	52.73
匈牙利	64.63	64.11	66.03	66.87	69.39	69.82	72.52	71.24	69.03	70.00	69.37
捷 克	67.06	66.94	69.96	70.04	68.04	68.00	69.20	69.41	68.91	68.43	70.80
斯洛文尼亚	62.14	61.54	62.75	62.86	62.28	64.89	66.32	65.93	65.43	64.98	65.42

资料来源:根据联合国商品贸易统计数据库(UN-comtrade)第三版《国际贸易标准分类》(SITC.Rev3)下的 3 级代码计算而得。

第17章

中国与中东欧国家货物贸易结构与互补性分析①

17.1　中国与中东欧国家货物贸易结构

12个中东欧国家均为转型国家,在20世纪末都经历了转型衰退期,进入21世纪以来,各国经济基本上都得到了快速稳定的发展。21世纪初中国加强了与这些国家的高层往来,双边贸易迅速提升:2001年双方货物贸易额仅为42亿美元,2011年就达到了520亿美元,年均增长28.6%,远远超出了同期全球对外货物贸易平均10%的增长速度,也超出了同期中东欧国家对外货物贸易15.7%的增长速度,及中国对外货物贸易21.7%的增长速度。到2011年中国已成为中东欧国家在欧盟之外的第二大贸易伙伴国,仅次于俄罗斯。

中国与中东欧国家的贸易结构可以从双方货物贸易的地域结构、产品结构及贸易的相互依赖度等三个方面予以说明。

---

① 由于2001—2011年间UN-comtade数据的可得性问题,本章及后面四章的中东欧国家只涉及12个,即阿尔巴尼亚、保加利亚、克罗地亚、捷克、爱沙尼亚、匈牙利、拉脱维亚、立陶宛、波兰、罗马尼亚、斯洛伐克和斯洛文尼亚等十二国(以下简称中东欧十二国)。与十六国相比还差了波黑、马其顿、黑山与塞尔维亚4个国家,而这四国同中国的贸易量与16国总体同中国的贸易量相比较,所占份额不到10%,几乎可以忽略。故本部分的大部分结论对整个中东欧国家,尤其总量分析部分也都是成立的。

17.1.1　中国与中东欧十二国货物贸易的地域结构

为简化起见,把 2001—2011 年分为 2001—2004 年、2005—2008 年及 2009—2011 年三个阶段①。分阶段后的计算结果见表 17.1。

表 17.1　中国与中东欧国家货物贸易的地区结构(2001—2011 年)(亿美元,%)

	2001—2004 年		2005—2008 年		2009—2011 年		2001—2011 年		
	总额	出口/进口	总额	出口/进口	总额	出口/进口	总额	出口/进口	平均增速
阿尔巴尼亚	1.4	21.3	6.1	2.5	10.6	1.9	18.0	2.3	39.1
保加利亚	8.7	3.9	47.2	7.6	31.8	2.4	87.7	4.3	28.7
克罗地亚	8.1	19.4	49.6	20.2	42.1	19.5	99.8	19.9	27.1
捷　克	49.5	4.0	164.2	5.0	249.8	3.8	462.9	4.2	32.1
爱沙尼亚	8.4	7.6	24.6	3.7	26.4	4.6	59.4	4.4	17.2
匈牙利	85.0	6.9	205.6	4.6	248.2	3.1	538.0	4.0	23.1
拉脱维亚	4.5	8.2	23.2	36.6	25.7	19.1	53.4	21.3	37.5
立陶宛	6.5	12.8	28.6	36.6	31.4	17.7	66.4	21.8	36.5
波兰	69.3	4.4	259.3	6.0	331.5	5.3	661.0	5.4	26.5
罗马尼亚	34.6	1.7	135.6	10.7	109.8	4.1	280.9	5.1	28.7
斯洛伐克	7.5	1.5	65.6	1.9	120.2	1.0	192.9	1.2	55.1
斯洛文尼亚	6.5	4.4	27.7	6.0	43.4	7.6	77.6	6.6	35.5
合计	290.0	4.3	1 037.0	5.7	1 271.0	3.6	2 598.0	4.3	28.6
平均增速	36.6		43.5		27.8		28.6		
出口增速	34.3		43.9		23.6		27.2		
进口增速	48.0		41.3		44.4		34.7		

2004—2005 年的贸易增速为 19%;2008—2009 年的贸易增速为—15.7%

注:本书数据均采用的是《国际贸易标准分类》的第 3 次修订(SITC.Rev3)标准。考虑到中国与中东欧十二国关于两者间的进出口贸易额数据报告略有差异,本部分涉及的该部分数据统一为中国报告中的数据。

资料来源:根据联合国商品贸易统计数据库中相应数据计算得出。

---

① 2004年中东欧十二国中有 8 个加入欧盟,2008 年是全球金融危机开始的年份,考虑到这两大事件对贸易的影响较大,故以此为分界点。

从表 17.1 中可以发现中国与中东欧贸易的地域结构呈现出以下三个特点。

（1）高增长。2001—2011 年中国与中东欧十二国间的贸易保持了平均 28.6％的高增长速度，尤其是在 2005—2008 年间，平均增速达到 43.5％，即便是在 2009—2011 年欧洲主权债务危机发生期间也保持了 27.8％的增速。而且，中国从中东欧国家的进口贸易增速普遍高于出口增速，只有 2004—2008 年间出口增速略高于进口增速。值得关注的是在全球金融危机期间（2008—2011 年），中国从中东欧国家的进口保持了 44.4％的增速；而在此期间，中国从全球进口商品额的平均增速只有 15％，中东欧国家对全球的出口增速只有 3％，全球的进出口贸易增速为－1％。正是这一点使得近年来中东欧国家有了加强同中国经贸合作关系的强烈意愿。

（2）高顺差。2001—2011 年，中国同中东欧十二国的贸易保持了非常大的贸易顺差，中国对中东欧的出口额与进口额之比平均达到 4.3 倍，这一相对的贸易顺差随着进口增速高于出口增速的变化总体在减少，出口与进口比已从 2004—2008 年的 5.7 减少到 2009—2011 年的 3.6。但随着两者间贸易总额的不断增加，中国对中东欧的绝对贸易顺差实际上是在不断扩大，这一问题构成了中国与中东欧国家加强经贸合作的主要障碍之一。

（3）高差异。2001—2011 年，中东欧十二国同中国的贸易额无论是在总量上还是在增长速度上，都呈现出高度差异的非均衡特点。从贸易量上讲，同中国贸易量最大的前 5 个国家（按贸易额排序依次为波兰、匈牙利、捷克、罗马尼亚和斯洛伐克）同中国的贸易总额平均占十二国总额的 82％。贸易额最大的两个国家是波兰与匈牙利，他们同中国的贸易额占 46％；贸易量最小的两个国家是阿尔巴尼亚和拉脱维亚，他们同中国的贸易总额仅占十二国的 2.8％。从增长速度上讲，2001—2011 年间，斯洛伐克同中国货物贸易总额的增长速度最快，年均达到 55.1％；而爱沙尼亚同中国的贸易年均增长速度仅 17.2％。在同中国贸易量大小的排名方面，变化基本不大，这主要是由十二国本身的经济总量所决定的。

17.1.2　中国与中东欧国家货物贸易的商品结构

2001—2011 年间中国与中东欧国家货物贸易的商品结构及其变化情况如表

17.2 所示。

表 17.2　中国与中东欧国家货物贸易的商品结构(2001—2011 年)(亿美元,%)

SITC	2001—2004 年		2005—2008 年		2009—2011 年		2001—2011 年		
	总额	比重	总额	比重	总额	比重	比重	出口/进口	增速
0	7.0	2.4	13.1	1.3	13.7	1.1	1.3	9.9	16.6
1	0.1	0.0	0.5	0.0	0.8	0.1	0.1	3.0	40.5
2	8.4	2.9	19.4	1.9	28.0	2.2	2.1	0.6	22.1
3	1.2	0.4	0.8	0.1	2.7	0.2	0.2	0.9	19.4
4	0.0	0.0	0.0	0.0	0.1	0.0	0.0	25.1	49.7
5	13.0	4.5	39.2	3.8	46.2	3.6	3.8	1.9	27.2
6	38.1	13.1	134.8	13.0	147.7	11.6	12.3	3.2	31.0
7	**127.0**	**43.9**	**531.5**	**51.2**	**756.3**	**59.5**	**54.4**	3.8	35.2
8	95.0	32.8	297.9	28.7	275.3	21.7	25.7	17.8	20.1
9	0.0	0.0	0.0	0.0	0.1	0.0	0.0	45.4	15.9
合计	290.0	100.0	1 037.0	100.0	1 270.0	100.0	100.0	4.3	28.6

资料来源:同表 17.1。

从表 17.2 中可以看出,2001—2011 年中国与中东欧国家间贸易的商品结构有以下三个特点。

(1) 结构单一。在中国与中东欧十二国的货物贸易中,主要是 SITC6—8 三类产品,即原料分类的制成品、机械及运输设备及杂项制品,这三类商品贸易额的比重在三个时期分别高达 89.8%、92.9%、92.8%,平均高达 92.4%;而同期全球进出口贸易中这三类商品的贸易额平均比重仅为 61.6%。结构单一还表现为:单是机械及运输设备类产品就占贸易总额的 54.4%,而且这一比重还有上升的趋势;而同期该类商品全球平均贸易额比重仅为 36.7%。与此相比,饮料及烟草(SITC1),矿物燃料、润滑油及有关原料(SITC3),动植物油、脂和蜡(SITC4)以及未分类商品(SITC9)这四类商品贸易额之和占比平均不到 0.4%,几乎可以忽略不计;而同期这四类商品在全球范围内的平均贸易额比重则高达 18.5%。

(2) 资源禀赋特征明显。如按产品的资源禀赋分类,2001—2011 年中国与中东欧十二国间的商品贸易中,资源密集型产品(SITC0—4)平均占比 3.7%、劳动密集型产品(SITC6、SITC8)平均占比 38%、资本与技术密集型产品(SITC5、SITC7、SITC9)平均占比 58.3%。从动态角度看,劳动密集型产品占比在逐渐下降,资本与技术密集型产品占比有所提升,而资源密集型产品占比基本没变。这也是同中国与中东欧国家的资源禀赋特征是相一致的。

(3) 各类商品的贸易顺差与增速差距较大。2001—2011 年,总的来讲各类商品都呈现出较高的相对贸易顺差与增长速度。最高的贸易相对顺差是第 9 类产品(SICT9,未分类产品),中国对中东欧十二国的出口总额与进口总额比高达 45 倍;其次是第 4 类产品(SITC4,动植物油、脂和蜡)出口与进口比高达 25 倍。但是,由于这两类产品的总量都相对极小,因而由此形成的绝对贸易顺差也最小。绝对贸易顺差最大的是第 7 类商品(SITC7,机械及运输设备),尽管该类产品的出口与进口比只有 3.8 倍,略低于出口总额与进口总额之比(4.3 倍),但该类商品的比重占 54.4%,因而对总体贸易顺差的影响最大。各类商品的增长速度也不均衡,2001—2011 年增长最快的是 SITC4,平均年增长速度高达 50%;最慢的是 SITC9,平均年增长速度只有 16%。但这两类产品对总体增长速度的影响几乎可以忽略不计,对总体增速影响最大的还是 SITC7,其年均增速为 35.2%,远远超出了总体贸易额年均 28.6% 的增速。总的来讲,表 17.2 体现的中国与中东欧十二国间贸易的顺差与增速表现和表 17.1 是相吻合的。

17.1.3　中国与中东欧国家贸易依赖度

虽说中国与中东欧国间的双边贸易增长速度很快,但由于初期(2001 年)的贸易量基数小,双方间的贸易额占各自对外贸易总额的比重并不大。以 2011 年为例,双方的贸易额仅占中国进出口贸易总额的 1.43%,也仅占中东欧国家的 3.53%。这一特征及中国与中东欧国家间的双边贸易发展态势,可用贸易依赖度来更直观地反映[①]。贸易依赖度(trade combination degree, TCD)是指一国对贸易伙伴国的出口额占本国出口额的比重与贸易伙伴国进口占世界进口总额的比重

---

① 国内多数学者把贸易指标 TCD_{ij} 称为贸易结合度,认为该指标反映了两国在贸易方面相互依存的程度,其数值越大,表明两国间在贸易方面的联系越紧密(陈建军、肖晨明,2004)。但一般情况下 $TCD_{ij} \neq TCD_{ji}$,从 TCD_{ij} 的计算公式中不难看出,该指标仅衡量了 I 国对 J 国的贸易依存程度,并不能同时反映 J 国对 I 国的依存程度,尤其是在贸易严重失衡的情况下。故本书把该指标称为贸易依赖度,以示该指标的单向性。

之比,具体计算公式如下(汪斌,2001):

$$TCD_{ij} = \frac{X_{ij}/X_i}{M_j/M_w} \tag{17.1}$$

其中,X_{ij}表示I国对J国的出口额;X_i表示I国的出口总额;M_j表示J国的进口总额;M_w表示全世界的进口额。TCD_{ij}实质上反映了较世界出口对J国的平均依赖水平(M_j/M_w)而言,I国对J国的贸易依赖程度(严格来讲应是出口依赖程度)。如$TCD_{ij}=1$,则为世界平均水平;如$TCD_{ij}<1(>1)$,则表明I国在贸易上对J国的依赖较弱(强)。需要强调的是贸易依赖度并不是一个对称的指标,即一般情况下$TCD_{ij}\neq TCD_{ji}$。根据公式17.1计算出来的中国与中东欧国家之间的贸易依赖度,结果如表17.3所示。另外,为了动态地反映两者贸易依赖程度的变化情况,将2001—2011年的贸易依赖指数绘制成曲线图,见图17.1。

表17.3 中国与中东欧国家的贸易依赖度

	2001年	2002年	2003年	2004年	2005年	2006年	2007年	2008年	2009年	2010年	2011年
中国对中东欧国家	0.41	0.39	0.41	0.36	0.34	0.50	0.41	0.44	0.47	0.49	0.41
中东欧国家对中国	0.10	0.13	0.13	0.11	0.09	0.10	0.12	0.12	0.14	0.16	0.15

资料来源:同表17.1。

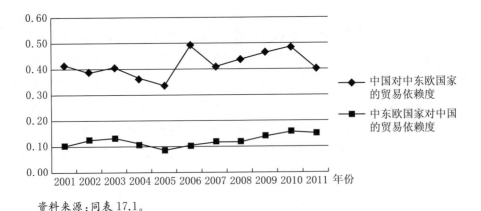

资料来源:同表17.1。

图17.1 中国与中东欧国家的贸易依赖度变化趋势

从表 17.3 和图 17.1 中可以看出：(1)2001—2011 年中国与中东欧国家的贸易依赖度均较低，中东欧国家对中国的贸易依赖度更低，说明中国市场对中东欧国家并不重要。(2)中国对中东欧国家的贸易依赖度在 2001—2011 年间比较平稳，没有多大变化，而中东欧国家对中国的贸易依赖度则从 2005 年开始有逐步上升的趋势，说明中国市场对中东欧国家的重要性在逐渐变强。(3)中国与中东欧国家间较低的贸易依赖度，一方面反映了过去和当前双方的市场对对方均不重要，但另一方面也反映出未来双方贸易发展的巨大潜力。特别是在欧洲经济出现衰退的当前，中国市场对中东欧国家的潜力巨大，不过这一潜力的挖掘还有赖于双边货物贸易结构的互补性。

17.2　中国与中东欧国家货物贸易互补性

贸易的互补性可以很好地解释现有贸易结构的形成原因及未来的发展潜力。一般认为，如果 I 国集中出口的产品正好与 J 国集中进口的产品一致，那么，两国的贸易就具有互补性（于津平，2003）。衡量贸易互补性比较直观的方法是贸易互补性指数（trade complementarity index）。

17.2.1　计算方法

根据 Petet Drysdale 在 1967 年提出的贸易互补性指数（C_{ij}），I 国与 J 国（地区）间的贸易互补性可由以下公式衡量：

$$C_{ij} = \sum_k C_{ij}^k \frac{X_w^k}{X_w} = \sum_k RCA_{xi}^k RCA_{mj}^k \cdot \frac{x_w^k}{X_w} \tag{17.2}$$

其中，$C_{ij}^k = RCA_{xi}^k \cdot RCA_{mj}^k$ 为 I 国与 J 国间单个产品 k 的贸易互补指数；RCA_{xi}^k 表示用出口来衡量的 I 国在产品 k 上的显性比较优势；RCA_{mj}^k 则表示用进口来衡量的 J 国在产品 k 上的显性比较劣势。具体的计算公式如下：

$$RCA_{xi}^k = \frac{X_i^k/X_i}{X_w^k/X_w} \tag{17.3}$$

$$RCA_{mj}^k = \frac{M_j^k/M_j}{X_w^k/X_w} \tag{17.4}$$

其中，X_i^k 与 X_w^k 分别为 I 国和世界在 k 产品上的出口额；而 X_i 和 X_w 分别为 I 国和世界的出口总额；M_j^k 为 J 国 k 产品的进口额；M_j 为 J 国 k 产品的进口总额。RCA_{xi}^k（RCA_{mj}^k）越大，表示 I（J）国在 k 产品上的显性比较优势（劣势）越大。当两者均较大时，表示 I 国在 k 产品上有较强的比较优势，而此时 J 国在 k 产品上恰好有较大的比较劣势，因而认为两国在 k 产品上呈现较强的互补性。$C_{ij}^k = RCA_{xi}^k \cdot RCA_{mj}^k$ 的值越大，贸易的互补性就越强。

在此基础上，用世界贸易中各类产品的份额作为权数，对单品种互补指数加总，即可得到两国的综合贸易互补指数（C_{ij}）。当 $C_{ij} > 1$ 时，说明两国的贸易互补性强，且 C_{ij} 越大，互补性越强；当 $C_{ij} \leqslant 1$ 时，说明两国的贸易互补性弱，且 C_{ij} 越小，互补性越不明显[①]。

17.2.2 计算结果及数据分析

根据公式(17.2)计算出中国与中东欧国家贸易互补指数的结果参见表17.4。

表17.4 2001—2011年中国与中东欧国家贸易互补性指数

SITC	2001年	2002年	2003年	2004年	2005年	2006年	2007年	2008年	2009年	2010年	2011年
0	0.72	0.63	0.58	0.53	0.54	0.51	0.47	0.43	0.46	0.47	0.49
1	0.23	0.21	0.15	0.18	0.17	0.14	0.14	0.13	0.15	0.15	0.17
2	0.53	0.46	0.37	0.32	0.28	0.21	0.17	0.18	0.14	0.13	0.13
3	0.34	0.32	0.24	0.21	0.17	0.11	0.11	0.11	0.11	0.12	0.17
4	0.12	0.06	0.05	0.04	0.06	0.07	0.03	0.04	0.04	0.03	0.03
5	0.61	0.53	0.46	0.44	0.46	0.47	0.46	0.55	0.47	0.52	0.57

---

① 一般来讲，$C_{ij} \neq C_{ji}$。C_{ij} 表示因 I 国的比较优势与 J 国的比较劣势相吻合而体现出来的互补性；而 C_{ji} 则表示因 J 国的比较优势与 I 国的比较劣势相吻合而体现出来的互补性。在本书的例子中计算结果差别不大，故未做区分处理。

SITC	2001 年	2002 年	2003 年	2004 年	2005 年	2006 年	2007 年	2008 年	2009 年	2010 年	2011 年
6	1.79	1.74	1.73	1.75	1.69	1.75	1.67	1.78	1.59	1.53	1.52
7	0.84	0.93	1.10	1.19	1.19	1.27	1.35	1.48	1.51	1.49	1.32
8	1.99	1.93	1.86	1.78	1.74	1.81	1.77	1.94	1.85	1.79	1.67
9	0.02	0.01	0.01	0.01	0.05	0.05	0.03	0.02	0.02	0.01	0.02
合计	0.99	0.99	1.01	1.03	1.00	1.02	1.03	1.05	1.04	1.03	0.98

资料来源：同表 17.1。

从表 17.4 中可以得出如下结论。

（1）2001—2011 年中国与中东欧国家综合贸易互补指数总体上保持相对平稳的状态,基本稳定在 1 以上。这说明中国与中东欧国家存在显著且稳定的贸易互补关系,这与两者生产要素禀赋及比较优势的稳定性相吻合。

（2）中国与中东欧国家贸易的互补性明显存在行业（或产品）差异。第 0 类产品（食品和活动物）表现出较弱的互补性,且有下降的趋势;第 1—5 类产品及第 9 类产品（饮料及烟草,非食用原料,矿物燃料、润滑油及有关原料,动植物油、脂和蜡及未另列明的化学品和有关产品,未分类商品）表现出非常弱的互补性,或者说没有互补性。

（3）第 6—8 类产品（原料分类的制成品,机械及运输设备类产品,杂项制品）表现出很强的互补性,贸易互补指数均超过 1。其中,原料分类的制成品与杂项制品的互补性最大,均超过 1.5,但有下降的趋势;机械及运输设备类产品的贸易互补指数则呈现出明显的上升趋势。机械和运输设备类产品是典型的资本与技术密集型产品,其贸易额已占 60% 以上。这说明在中国与中东欧国家贸易中,资本与技术密集型产品对总体贸易互补性的影响越来越大。

17.3　中国与中东欧国家货物贸易互补性的性质

两国贸易互补性的性质还可以进一步区分为产业间互补与产业内互补。产业间互补反映了两国不同产业间的横向互补,是一种初级的调节余缺似的贸易互补关系;而产业内互补则反映了产业内分工情况。产业内分工使贸易双方形成一种产业关联机制,使得双方相互之间的经济联系更为紧密,因而产业内互补具有更重要的意义。以下用贸易专业化系数指标从产业间互补和产业内互补两个维度,来判断中国与中东欧国家间贸易互补性的性质及其变化。

17.3.1 计算方法

贸易专业化系数(trade specialization coefficient,TSC)可用于测度两国(地区)的贸易互补是属于产业间还是产业内互补(杜莉、谢皓,2011),计算公式如下:

$$TSC_{ij}^k = \frac{X_{ij}^k - M_{ij}^k}{X_{ij}^k + M_{ij}^k} \tag{17.5}$$

其中,TSC_{ij}^k 表示 I 国与 J 国之间 k 产品的贸易专业化系数;X_{ij}^k 和 M_{ij}^k 分别表示 I 国对 J 国在 k 产品上的出口额与进口额。一般认为,当 $|TSC_{ij}^k| \leqslant 0.25$ 时,产品 k 的双边贸易性质主要体现为两国的产业内互补;当 $TSC_{ij}^k \geqslant 0.8 (\leqslant -0.8)$ 时,表明 I 国在 k 产品上具有强(弱)的竞争力或大的比较优势(劣势),此时,产品 k 在 I 国与 J 国间的贸易主要表现为产业间互补;TSC_{ij}^k 其他值的情况表明产品 k 的贸易在 I 国与 J 国间没有互补关系。

17.3.2 计算结果及数据分析

《国际贸易标准分类》(SITC)第三版的第二级指标将商品分为 67 类,2011 年中国与中东欧国家的贸易涵盖了其中的 63 类。根据公式(17.5),中国为 I 国,中东欧各国总和为 J,计算 2011 年这 63 类商品的贸易专业化指数(TSC)值,结果如表 17.5 所示。

从表 17.5 中可以看出以下结论。

(1) 2011 年,在中国与中东欧国家间的货物贸易中,具有互补性的产品贸易额合计 360.4 亿美元,占两者贸易总额的 69.3%;不具互补性的商品贸易额合计

表 17.5　2011 年中国与中东欧国家货物互补情况

| 产业内互补 | | 产业间互补产品中比较优势高的一方 | | | | | | 无互补关系 | |
| | | 中　国 | | | | 中东欧国家 | | | |
SITC	TSC 值（占比）	SITC	TSC 值（占比）	SITC	TSC 值（占比）	SITC	TSC 值（占比）	SITC	TSC 值（占比）
11	0.29 (0.06%)	01	1.00 (0.02%)	64	0.82 (0.35%)	00	−1.00 (0.00%)	42	0.62 (0.00%)
23	−0.32 (0.10%)	03	0.91 (0.36%)	65	0.95 (2.50%)	02	−0.97 (0.05%)	52	0.67 (0.35%)
27	0.35 (0.10%)	04	0.89 (0.04%)	66	0.78 (1.41%)	21	−1.00 (0.05%)	53	0.67 (0.10%)
32	0.33 (0.07%)	05	0.80 (0.48%)	67	0.80 (1.31%)	24	−0.86 (0.42%)	54	0.37 (0.39%)
33	−0.08 (0.18%)	06	0.83 (0.05%)	69	0.80 (3.14%)	25	−0.90 (0.09%)	56	−0.70 (0.02%)
51	0.35 (1.28%)	07	0.85 (0.04%)	75	0.92 (11.7%)	28	−1.00 (0.11%)	58	0.72 (0.40%)
57	0.17 (0.60%)	08	0.73 (0.03%)	76	0.90 (16.20%)			59	0.67 (0.47%)
61	0.03 (0.05%)	09	0.90 (0.03%)	81	0.86 (0.98%)			68	−0.56 (2.65%)
62	0.31 (0.84%)	22	0.99 (0.03%)	83	0.93 (0.64%)			71	−0.36 (3.35%)
73	0.22 (0.50%)	26	0.86 (0.24%)	84	0.86 (5.10%)			72	0.46 (1.13%)
74	0.35 (5.67%)	29	0.68 (0.29%)	85	0.93 (2.44%)			77	0.54 (11.01%)
		34	1.00 (0.00%)	87	0.75 (7.49%)			78	−0.60 (8.80%)
		41	1.00 (0.00%)	88	0.89 (0.33%)			79	−0.51 (0.46%)

续表

产业内互补		产业间互补产品中比较优势高的一方						无互补关系	
		中　　国				中东欧国家			
SITC	TSC 值（占比）	SITC	TSC 值（占比）	SITC	TSC 值（占比）	SITC	TSC 值（占比）	SITC	TSC 值（占比）
		43	1.00 (0.00%)	89	0.87 (3.11%)			82	0.49 (1.59%)
		55	0.86 (0.15%)	93	1.00 (0.00%)				
		63	0.77 (0.36%)	96	0.96 (0.00%)				
各类产品占比	非互补性产品:30.7% 互补性产品:69.3% 其中,产业内互补:9.5% 产业间互补:59.8%				其中,在互补产品中: 资源密集型互补性产品:1.7% 劳动力密集型互补性产品:31.1% 资本与技术密集型互补性产品:36.5%					

资料来源:同表17.1。

159.6 亿美元,占两者贸易总额的 30.7%。可见,中国与中东欧国家间的货物贸易主要表现为互补性,这和本章第二部分中依据贸易互补指数的计算所得结果是一致的。这构成了双边贸易能够持续快速发展的一个重要动力。

(2) 在中国与中东欧国家间的互补性贸易中,体现为产业间互补的贸易额合计 310.9 亿美元,占双边贸易额的 59.8%;体现为产业内互补关系的贸易额合计 49.4 亿美元,占两者总贸易额的 9.5%。这表明中国与中东欧国家间的互补贸易主要以产业间贸易互补为主,产业内互补贸易规模比较小。

(3) 在互补性贸易中,1.7% 为资源密集型产品(SITC00—09、11、21—29、32—34);31.1% 为劳动密集型产品(SITC61—69、81、83—89);36.5% 为资本与技术密集型产品(SITC51、55、57、73—76、93、96)。可见,中国与中东欧国家贸易互补关系更多地体现在资本与技术密集型产品与劳动密集型产品上。

(4) 在占比仅有 9.5% 的产业内互补贸易中,资源密集型产品占比 0.51%、劳动密集型产品占比 0.89%、资本与技术密集型产品占比 8.05%。这说明中国与中东欧国家的产业内贸易基本都集中在资本与技术密集型的工业制品(SITC51、

57、73、74)上。

（5）在占比高达 59.8％的产业间互补贸易中,中国比较优势大(或者说竞争力强)的产品占了 59％,而中东欧国家比较优势大的产品仅占 0.8％。在中国竞争力强的产品中 99％为工业制品,贸易量最大的是电信、录音及重放装置与设备(占27％),其次是办公用机器及自动数据处理设备(占 20％),这说明中国向中东欧国家出口产品的科技含量较高。而在不到 1％的中东欧国家竞争力强的产品中,全部都是资源密集型的初级产品(SITC00、02、21、24、25、28),其中软木及木材占了一半。总之,在中国与中东欧国家的产业间贸易中,中国货物贸易的竞争力远远超过中东欧国家,这也在一定程度上解释了中国与中东欧国家货物贸易顺差远远超出中国平均水平的现实问题。

17.4　结论及启示

根据以上研究可以得出如下结论。

（1）2001—2011 年,中国与中东欧十二国货物贸易发展迅速,按目前的贸易增长速度,到 2015 年年贸易额可以突破 1 000 亿美元关口。但是,中国与中东欧国家间的贸易仍然存在一些不利于进一步扩大双边经贸合作的问题,这些问题长期都没有得到解决,概括起来包括三点:第一,进出口严重失衡,中国对中东欧国家巨大的贸易顺差远远超出了中国对全球的平均贸易顺差水平;第二,产品结构过于单一,中国与中东欧十二国的贸易主要集中在机械及运输设备类与杂项制品上,这两类产品的贸易总额约占总贸易额的 80％左右;第三,贸易依赖度过低,中国与中东欧十二国间的贸易额,无论是对中国还是对这 12 个国家来讲,占各自对外贸易总额的比例都很小,对各自进出口贸易的影响也就很小。

（2）2001—2011 年,中国与中东欧十二国的贸易互补性总体来讲比较高,尤其是劳动密集型产品和资本与技术密集型产品的互补性更高,说明中国的比较优势产品类型同中东欧国家的比较劣势产品类别相吻合。但是,进一步对贸易互补性的性质分析后发现:虽然具有互补性特征的产品几乎占总贸易额的

70％，但是，其中能反映经济合作更紧密的产业内互补贸易仅占总贸易额的10％，60％的互补性是产业间互补，说明中国与中东欧国家间的贸易关系还处于调节余缺、互通有无的初级合作阶段。研究还表明在比较优势方面，中国产品的竞争力占了绝对优势，这也解释了形成中国与中东欧国家间长期巨大贸易顺差问题的原因。

基于以上研究结论，对中国与中东欧国家贸易的发展得出以下几点启示。

（1）中国和中东欧十二国之间的贸易规模还相对较小，但双方的贸易结构高度互补，这将成为加强未来经济合作、扩大贸易往来的巨大潜力和动力。考虑到中东欧国家得天独厚的自然地理位置，及其日益提升的国际地位与影响力，加强中国与中东欧国家经贸合作，不但有利于双方的经济发展和社会福利的提高，而且对中国的对外经贸关系具有重要的战略意义。

（2）中国要改善和提升同中东欧国家的经贸关系，必须解决好长期存在的两个突出问题：第一个是中国对中东欧国家长期的贸易顺差问题。中国对中东欧国家贸易失衡程度，远远超过与西方发达国家的贸易失衡程度。第二个是贸易结构单一问题。通过互补性部分的研究，笔者认为解决这两个问题的关键是充分发挥出双方贸易优势互补的潜力。从贸易互补性研究中可以看出，贸易失衡的主要原因有两个：一个是中国具有高竞争力的产品类别多；另一个则是贸易量集中到了少数中国具有高竞争力的产品上，而大多数双方有互补性的产品贸易量都很小，尤其是中东欧国家具有优势竞争力的互补产品，同中国的贸易量极小，没有发挥出其应有的互补优势，在这方面还有很大的潜力可挖。其实，中东欧国家在初级产品中显示出比较强的竞争优势，例如，波兰的煤、硫黄、铜和银的产量和出口量均居世界前列(王屏，2007)。中国应充分利用中东欧国家的自然资源，通过扩大进口，一方面为迅速发展的经济提供原料，另一方面也可以缓解严重的贸易失衡问题。对于贸易失衡问题，中国还可以给予中东欧企业更优惠的贸易政策，鼓励其扩大对中国的出口，同时积极鼓励国内优秀企业到中东欧国家投资，实现投资替代效应。

（3）中国与中东欧国家的贸易互补性主要体现为初级的产业间互补，缺乏更为紧密合作关系的产业内互补。为此，中国与中东欧国家应积极鼓励各自企业开展更为深入的经济合作，进一步扩大到对方国家的投资力度，特别是应扩大 FDI

的投资力度。中国同中东欧国家在至少 14 类产品上的互补性并不显著,说明双方还存在较大的合作潜力。例如,中国在加工制造业和基础设施建设等行业拥有优势;而汽车制造、造船、航空工业、污水处理、酿酒和生物制药、生命科学等行业则是中东欧国家的强项(朱晓中,2012)。如能在这些产品上进行更为深度的经贸合作,不但可以在更大程度与范围上促进中国与中东欧国家的贸易,也有利于提升双方企业的国际竞争力。

第18章

美国与中东欧国家货物贸易结构与互补性分析

18.1 美国与中东欧国家货物贸易结构

2001—2011 年,美国是中东欧十二国在北美的最大贸易伙伴国,也是十二国在全球的重要贸易伙伴国之一;而美国则一直是全球最大的对外贸易国。在此期间,双边贸易稳步提升,2001 年双方货物贸易额为 106.9 亿美元,2011 年达到了 288.2 亿美元,年均增长 10.4%,远高于同期美国对外货物贸易 6.95% 的平均增长率,略高于同期全球对外货物贸易 10% 的平均增长速度,但低于同期中东欧国家对外货物贸易 15.7% 的增长速度。美国与中东欧国家的贸易结构可以从双方货物贸易的地域结构、产品结构及贸易的相互依赖度等三个方面予以说明。

18.1.1 美国与中东欧十二国货物贸易的地域结构

为保持与前文分析的一致性,此处把 2001—2011 年分为 2001—2004 年、2005—2008 年及 2009—2011 年三个阶段,分阶段后的计算结果见表 18.1。

从表 18.1 中可以发现美国与中东欧贸易的地域结构呈现出以下三个特点。

表 18.1　美国与中东欧国家货物贸易的地区结构(2001—2011 年)(亿美元,%)

	2001—2004 年		2005—2008 年		2009—2011 年		2001—2011 年		
	总额	出口/进口	总额	出口/进口	总额	出口/进口	总额	出口/进口	平均增速
阿尔巴尼亚	0.9	1.9	2.1	1.4	2.2	1.9	5.2	1.7	12.5
保加利亚	23.0	0.3	32.4	0.7	16.0	0.7	71.3	0.6	3.8
克罗地亚	13.0	0.7	23.8	0.8	21.0	1.0	57.7	0.8	14.2
捷　克	86.2	0.5	147.7	0.5	120.4	0.5	354.3	0.5	10.6
爱沙尼亚	14.5	0.4	26.6	0.5	24.9	0.4	66.1	0.4	15.5
匈牙利	145.6	0.3	162.7	0.4	118.1	0.5	426.4	0.4	1.9
拉脱维亚	16.1	0.4	25.0	0.9	19.5	1.7	60.6	0.9	13.5
立陶宛	20.7	0.5	50.9	1.0	45.6	0.9	117.2	0.8	23.0
波　兰	87.3	0.6	200.1	1.1	181.9	0.9	469.3	0.9	15.5
罗马尼亚	45.0	0.5	77.1	0.6	56.5	0.7	178.6	0.6	10.0
斯洛伐克	32.1	0.1	72.3	0.4	39.4	0.2	143.8	0.3	18.4
斯洛文尼亚	22.4	0.4	30.1	0.6	25.9	0.8	78.3	0.6	10.5
合　计	506.8	0.4	850.8	0.6	671.4	0.7	2 028.8	0.6	10.4
平均增速	14.2		12.1		31.6		10.4		
出口增速	12.2		27.2		25.3		12.9		
进口增速	15.1		3.8		36.0		9.2		

2004—2005 年贸易增速为 11.6%;2008—2009 年贸易增速为-33.6%

资料来源:根据联合国商品贸易统计数据库中相应数据计算得出。

(1)持续稳定增长。2001—2011 年美国与中东欧十二国间的贸易保持
10.4%的平均增长速度,尤其在 2009—2011 年期间,平均增速达到 31.6%,这主
要是因为全球金融危机造成双边贸易的大幅卜降,危机后时期货物贸易的恢复性
增长带来的。而且,美国从中东欧国家的进口贸易增速普遍高于出口增速,只有
2005—2008 年间出口增速显著高于进口增速。值得关注的是在全球金融危机期
间(2009—2011 年),美国从中东欧国家的进口保持了 36%的增速;而在此期间,
美国从全球进口商品额的平均增长只有 18.9%,中东欧国家对全球的出口增速只
有 3%,全球的进出口贸易的增速为-1%。正是这一点使得近年来中东欧国家加

强了同美国的经贸合作。

(2) 贸易逆差显著。2001—2011 年,美国同中东欧十二国的贸易保持了非常大的贸易逆差,美国对中东欧的出口额与进口额之比平均为 0.6,但对阿尔巴尼亚则保持了顺差,这一比值为 1.7。这一相对的贸易逆差随进口增速与出口增速的变化总的来讲在减少,出口与进口的比值已从 2001—2004 年的 0.4 增加到 2009—2011 年的 0.7。但随着两者间贸易总额的不断增加,美国对中东欧的绝对贸易逆差实际上是在不断地扩大。只在 2005—2008 年间出口急剧增长,同时进口小幅提高,贸易逆差大幅降低,而危机后进口增长的恢复使这一差距进一步扩大化。

(3) 国别贸易差异化。2001—2011 年,中东欧十二国同美国的贸易额无论是在总量上还是在增长速度上都呈现出高度差异的非均衡特点。从贸易量上讲,同美国贸易量最大的前 5 个国家(按贸易额排序依次为波兰、匈牙利、捷克、罗马尼亚和斯洛伐克)同美国的贸易总额平均占十二国总额的 77.5%。贸易额最大的两个国家是波兰与匈牙利,他们同美国的贸易额占 44%;贸易量最小的国家是阿尔巴尼亚,同美国的贸易总额仅占十二国的 0.3%;但阿尔巴尼亚同美国的货物贸易却保持了较快的增长,年均增速达到 12.5%。从增长速度上讲,2001—2011 年间,立陶宛同美国货物贸易总额的增长速度最快,年均达到 23%;而匈牙利同美国的贸易年均增长速度仅 1.9%。在同美国贸易量大小的排名方面,波兰因较快的增长速度超过匈牙利成为十二国中美国最大的贸易伙伴国。

18.1.2 美国与中东欧国家货物贸易的商品结构

根据《国际贸易标准分类》(SITC.Rev3)第一级指标中的 10 个商品类别,可计算出 2001—2011 年间美国与中东欧国家货物贸易的商品结构及其变化情况,如表 18.2 所示。

从表 18.2 中可以看出,2001—2011 年到美国与中东欧国家间贸易的商品结构有以下三个特点。

(1) 结构比较单一。在美国与中东欧十二国的货物贸易中,主要是 SITC6—8 三类产品,即原料分类的制成品、机械及运输设备类产品及杂项制品。这三类商

表 18.2　美国与中东欧国家货物贸易的商品结构(2001—2011 年)(亿美元,%)

SITC	2001—2004 年		2005—2008 年		2009—2011 年		2001—2011 年		
	总额	比重	总额	比重	总额	比重	比重	出口/进口	平均增速
0	20.3	4.0	25.5	3.0	20.5	3.1	3.3	1.2	4.5
1	7.4	1.5	12.7	1.5	11.2	1.7	1.5	0.5	11.4
2	10.0	2.0	17.8	2.1	11.1	1.7	1.9	2.0	7.5
3	30.2	6.0	64.4	7.6	50.1	7.5	7.1	0.5	20.5
4	**0.1**	**0.0**	**0.2**	**0.0**	**0.1**	**0.0**	**0.0**	1.6	7.2
5	59.9	11.8	69.4	8.2	58.6	8.7	9.3	0.4	6.0
6	61.8	12.2	96.9	11.4	76.7	11.4	11.6	0.2	11.2
7	**226.2**	**44.6**	**424.7**	**49.9**	**305.4**	**45.5**	**47.1**	0.7	10.8
8	75.9	15.0	114.4	13.5	91.1	13.6	13.9	0.4	7.2
9	14.9	2.9	24.6	2.9	46.5	6.9	4.2	1.5	19.6
合计	506.7	100.0	850.6	100.0	671.4	100.0	100.0	0.6	10.5

资料来源:同表 18.1。

品贸易额的比重在三个时期分别高达 71.8%、74.8%、70.5%,平均高达 72.6%;而同期全球进出口贸易中这三类商品的贸易额平均比重仅为 61.6%。结构单一还表现为:单是机械及运输设备类产品就平均占贸易总额的 47.1%,高于同期该类商品全球平均贸易额 36.7% 的比重。与此相比,饮料及烟草(SITC1),非食用原料及动植物油(SITC2)、脂和蜡(SITC4)这三类商品贸易额之和占比平均只有 3.4%,低于同期这三类商品在全球范围内的平均贸易额比重 4.9%。

(2) 资源禀赋特征明显。如按产品的资源禀赋分类,2001—2011 年美国与中东欧十二国间的商品贸易中,资源密集型产品(SITC0—4)平均占比 13.8%、劳动密集型产品(SITC6、SITC8)平均占比 25.5%、资本与技术密集型产品(SITC5、SITC7、SITC9)平均占比 60.6%。从动态角度看,资源密集型产品比重先上升后下降,不过变化幅度并不大,这一比重从全球金融危机前的 13.5% 上升到全球金融危机后的 14%;劳动密集型产品比重持续下降,而资本与技术密集型产品比重持续上升。这也是同美国与中东欧国家的资源禀赋特征是相一致的。

(3) 各类商品的贸易失衡与增速差距显著。2001—2011 年,总的来讲多数商品呈现出较大的相对贸易逆差与较高的增长速度。最高的贸易相对顺差是第 4 类商品(SICT4,动植物油、脂和蜡),美国对中东欧十二国的出口总额与进口总额比为 1.6 倍,但是,由于这类商品的总量相对极小,因而由此形成的绝对贸易顺差也最小;货物贸易总额最大的是第 7 类商品(SITC7,机械及运输设备),该类商品的比重高达 47.1%,美国为该类商品的净进口国,出口进口总额之比为 0.7。此外,各类商品的贸易增速并不均衡,2001—2011 年增长最快的是 SITC3,平均年增长速度高达 20.5%,但这类商品对总体增长速度的影响很小;对总体增速影响最大的还是 SITC7,其年均增速为 10.8%,略高于总体贸易额年均 10.5%的增速。总的来讲,美国与中东欧十二国的主要贸易品(SITC6—8)稳定增长,而比重较小的 SITC3、SITC9 两类商品则出现了高速增长。

18.1.3　美国与中东欧国家贸易依赖度

尽管美国与中东欧国家间的双边贸易增长速度较快,但由于初期(2001 年)的贸易量基数小,双方间的贸易额占各自对外贸易总额的比重并不大。以 2011 年为例,双方的贸易额仅占美国进出口贸易总额的 0.8%,也仅占中东欧国家的 1.9%。这一特征及美国与中东欧国家间的双边贸易发展态势可用贸易依赖度来更直观地反映。贸易依赖度是指一国对贸易伙伴国的出口额占本国出口额的比重与贸易伙伴国进口占世界进口总额的比重之比。根据贸易依赖度定义,表 18.3 给出了美国与中东欧国家之间的贸易依赖度结果。另外,为了动态地反映两者贸易依赖程度的变化情况,将 2001—2011 年的贸易依赖指数绘制成曲线图,参见图 18.1。

表 18.3　美国与中东欧十二国的贸易依赖度

	2001 年	2002 年	2003 年	2004 年	2005 年	2006 年	2007 年	2008 年	2009 年	2010 年	2011 年
美国对中东欧国家	0.14	0.12	0.14	0.14	0.15	0.16	0.17	0.18	0.15	0.16	0.17
中东欧国家对美国	0.17	0.17	0.17	0.18	0.17	0.16	0.14	0.14	0.14	0.14	0.16

资料来源:同表 18.1。

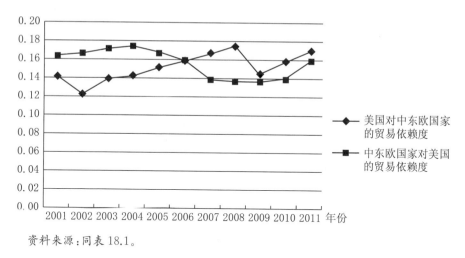

资料来源:同表 18.1。

图 18.1　美国与中东欧国家的贸易依赖度变化趋势

从中可以看出:(1)2001—2011 年,美国与中东欧国家的贸易依赖度均较低,这说明美国与中东欧国家市场过去对对方而言的重要性并不大。(2)美国与中东欧国家的贸易依赖度在 2001—2011 年间比较平稳,没有显著变化。但值得注意的是,双方间的贸易依赖性在 2006 年前后出现逆转,这可能是由于 2004 年匈牙利等八国加入欧盟后,加强了其与欧盟内部成员的经贸往来,造成中东欧国家对美国的贸易依赖度降低。(3)美国与中东欧国家贸易依赖度数值较低,但变化较为平稳,一方面反映了过去和当前双方的市场对对方均不重要;另一方面也反映出未来双方贸易发展的巨大潜力,不过这一潜力的挖掘还有赖于双边货物贸易结构的互补性。

18.2　美国与中东欧国家货物贸易互补性

一般认为,如果一国出口的产品结构正好与另一国进口的产品结构一致,那么两国的贸易就具有互补性。此处分别采用单品种贸易互补性指数和综合贸易互补指数(以世界贸易中各类产品的份额作为权数,对单品种互补指数加总)来衡量美国与中东欧国家在各类商品上的比较优势,及双方间的贸易互补性程度。计算结果如表18.4所示。

表18.4 美国与中东欧国家的贸易互补性指数(2001—2011年)

SITC	2001年	2002年	2003年	2004年	2005年	2006年	2007年	2008年	2009年	2010年	2011年
0	0.85	0.81	0.87	0.92	0.98	1.00	1.11	1.24	1.15	1.19	1.17
1	0.60	0.49	0.46	0.53	0.54	0.57	0.57	0.52	0.51	0.54	0.54
2	**1.25**	**1.26**	**1.42**	**1.36**	**1.25**	**1.15**	**1.14**	**1.25**	1.18	1.14	1.11
3	0.17	0.18	0.16	0.17	0.16	0.17	0.17	0.22	0.26	0.31	0.40
4	0.56	0.58	0.49	0.42	0.37	0.35	0.33	0.39	0.41	0.41	0.33
5	**1.34**	**1.27**	**1.30**	**1.33**	**1.29**	**1.30**	**1.25**	**1.33**	**1.35**	**1.39**	**1.39**
6	0.98	0.96	1.00	0.97	0.98	0.94	0.90	0.91	0.91	0.92	0.93
7	**1.22**	**1.18**	**1.24**	**1.26**	**1.26**	**1.28**	**1.35**	**1.37**	1.08	1.10	1.12
8	0.74	0.72	0.77	0.79	0.79	0.83	0.81	0.86	0.84	0.81	0.76
9	0.53	0.34	0.43	0.36	1.21	1.10	0.98	1.14	2.00	2.04	2.12
合计	0.98	0.95	0.99	0.99	0.99	0.99	1.01	1.01	0.98	0.99	0.99

资料来源:同表18.1。

从表18.4中可以得出如下结论。

(1) 2001—2011年美国与中东欧国家综合贸易互补指数总体上保持相对平稳的状态,基本围绕在1.0左右小幅波动。这说明美国与中东欧国家并不存在显著的贸易互补关系,这与两者生产要素禀赋及比较优势的稳定性相吻合。

(2) 美国与中东欧国家贸易的互补性明显存在行业(或产品)差异。第0、9类产品(食品和活动物、未分类产品)表现出较弱的互补性,但互补性逐渐增强;第1、3、4、6、8类产品(饮料及烟草,矿物燃料、润滑油及有关原料,动植物油、脂和蜡,按原料分类的制成品及杂项制品)并没有表现出互补性;而第2、5、7类产品(非食用原料,未另列明的化学品和有关产品,机械及运输设备类产品)则表现出较强的互补性。

(3) 第2、5、7类产品(非食用原料,未另列明的化学品和有关产品,机械及运输设备类产品)表现出很强的互补性,贸易互补指数均超过了第1类产品。而第9类产品的贸易互补指数在2005年大幅提高,甚至超过了第2类产品;机械及运输设备类产品(SITC 7)的贸易互补指数则呈现出下降趋势。尽管资本与技术密集型产品(SITC 5、7、9)对美国与中东欧十二国总体贸易的互补性贡献较大,但这种影响被众多非互补性产品的贸易削弱,导致综合贸易互补指数并不显著。

18.3　美国与中东欧国家货物贸易互补性的性质

本部分利用贸易专业化系数指标,从产业间互补和产业内互补两个维度来考察美国与中东欧国家间贸易互补性的性质及其变化。依照《国际贸易标准分类》(SITC)第三版的第二级指标将商品分为 67 类,2011 年美国与中东欧国家的贸易涵盖了其中的 64 类。根据贸易专业化指数计算公式,美国为 I 国,中东欧各国总和为 J,计算了 2011 年这 64 类商品的贸易专业化指数(TSC)值,结果如表 18.5 所示。

表 18.5　2011 年美国与中东欧国家货物互补情况

产业内互补		产业间互补产品中比较优势较高一方				无互补关系			
		美　国		中东欧国家					
SITC	TSC 值	SITC	TSC 值	SITC	TSC 值	SITC	TSC 值	SITC	TSC 值
03	0.07	22	0.77	02	−0.94	01	0.54	74	−0.42
05	0.10	23	0.87	06	−0.75	08	0.47	76	−0.43
09	0.24	25	1.00	56	−0.99	12	0.50	83	−0.73
24	0.23	26	0.85	67	−0.80	21	0.40	89	−0.42
27	0.23	32	0.92	68	−0.86	41	0.59		
51	−0.16	43	0.93	82	−0.93	42	0.38		
52	−0.33			84	−0.90	58	0.33		
53	−0.12			85	−0.97	93	0.44		
55	0.21					96	0.75		
57	0.27					00	−0.41		
59	−0.02					04	−0.56		

| 产业内互补 | | 产业间互补产品中比较优势较高一方 | | | | 无互补关系 | | | |
| | | 美 国 | | 中东欧国家 | | | | | |
SITC	TSC 值	SITC	TSC 值	SITC	TSC 值	SITC	TSC 值	SITC	TSC 值
64	0.21					07	−0.66		
69	−0.11					11	−0.55		
72	0.21					28	−0.55		
73	−0.01					29	−0.41		
75	−0.17					33	−0.49		
77	−0.31					54	−0.71		
78	−0.14					61	−0.42		
79	−0.19					62	−0.68		
81	−0.13					63	−0.47		
87	−0.12					65	−0.48		
88	0.31					66	−0.60		
97	0.03					71	−0.38		

各类产品占比	非互补性产品:43.1%	互补产品中:
	互补性产品:56.9%	资源密集型互补性产品:6.5%
	其中,产业内互补:39.7%	劳动力密集型互补性产品:18.0%
	产业间互补:17.3%	资本与技术密集型互补性产品:32.5%

资料来源:同表 18.1。

从表 18.5 中可以看出以下结论。

(1) 2011 年,在美国与中东欧国家间的货物贸易中,具有互补性的产品贸易额合计 164.1 亿美元,占两者贸易总额的 56.9%,不具互补性的商品贸易额合计 124.1 亿美元,占两者贸易总额的 43.1%。可见,美国与中东欧国家间的货物贸易中互补性产品略胜一筹;但互补性与非互补性产品贸易总量的差别并不大,这和本章第二部分中依据贸易互补指数的计算所得结果是一致的。

(2) 在美国与中东欧国家间的互补性贸易中,体现为产业内互补关系的贸易额合计 114.3 亿美元,占两者总贸易额的 39.7%;体现为产业间互补的贸易额合计 49.8 亿美元,占双边贸易额的 17.3%。这表明美国与中东欧间的互补贸易主要以产业内贸易互补为主,产业间互补贸易规模比较小。

(3) 在互补性贸易中,6.5％为资源密集型产品(SITC02、03、05、06、09、22—27、32、43);18.0％为劳动密集型产品(SITC64、67—69、81、82、84、85、87、88);32.5％为资本与技术密集型产品(SITC51—53、55—57、59、72、73、75、77—79、97)。可见,美国与中东欧国家贸易互补关系更多地体现在资本与技术密集型产品上。

(4) 在占比为 39.7％的产业内互补贸易中,资源密集型产品占比 1.2％、劳动密集型产品占比 7.6％、资本与技术密集型产品占比 30.8％。这说明美国与中东欧国家的产业内贸易基本都集中在资本与技术密集型的工业制品(SITC72、75、77、78)上。

(5) 在占比仅有 17.3％的产业间互补贸易中,美国比较优势较明显(或者说竞争力强)的产品占 5.1％,而中东欧国家比较优势较强的产品占 12.3％。美国的比较优势全部来自于资源密集型产品,其中贸易量最大的是煤、焦煤及煤球(SITC32,占 81％)。而在 12.3％的中东欧国家竞争力强的产品中,出口量最大的是有色金属(SITC68,占比 28.4％[①]),其次是钢铁(SITC67,占比 21.6％)等劳动密集型产品(SITC82、84、85)。

综上所述,在美国与中东欧国家的产业间贸易中,中东欧国家的货物贸易竞争力超过美国,这也在一定程度上解释了美国与中东欧国家货物贸易逆差高出美国平均水平的现象。

18.4 结论

根据以上研究可以得出如下结论。

(1) 2001—2011 年,美国与中东欧十二国货物贸易保持持续稳定增长,2011 年双边贸易总额达 288 亿美元。但是,美国与中东欧国家间的贸易仍然存一些不

---

① 此处为该类产品出口占中东欧国家比较优势产品出口总额的比重。

利于进一步扩大双边经贸合作的问题,如果这些问题得不到解决,只会使双边经贸关系渐行渐远。概括起来包括以下两个方面:第一,产品结构过于单一,美国与中东欧十二国的贸易主要集中在单一类别的产品上(SITC7);第二,贸易依赖度减弱,中东欧十二国依次入盟后不断加深与欧盟内部其他成员的贸易往来,导致其对美国的依赖性下降,美国作为中东欧十二国贸易伙伴的重要性减弱,对中东欧进出口贸易的影响下降。

(2) 2001—2011年,美国与中东欧十二国的贸易互补性总体来讲一般。不过,双方的劳动密集型产品与资本与技术密集型产品的互补性较高,在这两类商品上,美国的比较优势产品类型同中东欧国家的比较劣势产品类别相吻合。进一步对贸易互补性的性质分析后发现:具有互补特性的产品接近总贸易额的57%,而不具互补性的产品占43%。在具有互补性的产品贸易中,能反映经济合作更紧密的产业内互补贸易占总贸易额的39.7%,还有17.3%的互补性是产业间互补。这一贸易结构说明,美国与中东欧国家间的贸易以水平型分工为主,垂直型分工为辅。

第 19 章

德国与中东欧国家货物贸易结构与互补性分析

19.1　德国与中东欧国家货物贸易结构

2001—2011 年,德国一直都是中东欧十二国的第一大贸易伙伴国,双边贸易稳步提升。2001 年双方货物贸易额为 946.6 亿美元,2011 年达到了 3 266.5 亿美元,年均增长 13.2%,高于同期德国对外货物贸易 10.0% 的平均增长率,超过同期全球对外货物贸易平均 10% 的增长速度,但低于同期中东欧十二国对外货物贸易 15.7% 的增长速度。德国与中东欧国家的贸易结构可以从双方货物贸易的地域结构、产品结构及贸易的相互依赖度等三个方面予以说明。

19.1.1　德国与中东欧十二国货物贸易的地域结构

为保持同上一章分析的一致性,此处把 2001—2011 年分为 2001—2004 年、2005—2008 年及 2009—2011 年三个阶段,分阶段后的计算结果见表 19.1。

从表 19.1 中可以发现德国与中东欧贸易的地域结构呈现出以下三个特点。

(1) 持续稳定增长。2001—2011 年德国与中东欧十二国间的贸易保持了平均 13.2% 的增长速度,尽管在 2009—2011 年期间,平均增速较前期有所下降,仅

表 19.1　德国与中东欧国家货物贸易的地区结构(2001—2011 年)(亿美元,%)

	2001—2004 年		2005—2008 年		2009—2011 年		2001—2011 年		
	总额	出口/进口	总额	出口/进口	总额	出口/进口	总额	出口/进口	平均增速
阿尔巴尼亚	4.2	3.8	9.3	4.9	8.9	3.8	22.3	4.2	14.5
保加利亚	88.4	1.6	193.9	1.7	160.9	1.2	443.2	1.5	15.1
克罗地亚	106.6	3.1	182.8	3.5	120.8	2.9	410.3	3.2	8.3
捷　克	1 375.9	1.0	2 559.7	1.0	2 285.9	0.9	6 221.4	1.0	13.0
爱沙尼亚	45.3	1.6	91.2	3.7	69.2	2.7	205.7	2.7	14.7
匈牙利	1 013.2	0.9	1 752.2	1.0	1 245.8	0.9	4 011.3	0.9	9.0
拉脱维亚	53.9	2.0	96.5	2.9	66.4	1.9	216.7	2.3	9.4
立陶宛	91.8	2.0	165.9	2.1	134.3	1.3	391.9	1.7	12.1
波　兰	1 332.0	1.1	2 922.9	1.5	2 691.9	1.4	6 946.1	1.3	15.3
罗马尼亚	265.4	1.4	613.7	1.7	593.8	1.1	1 472.9	1.4	17.3
斯洛伐克	464.7	0.8	851.1	1.0	731.9	0.9	2 047.7	0.9	15.1
斯洛文尼亚	208.3	1.0	377.5	1.2	303.0	0.9	888.7	1.0	10.2
合　计	5 049.6	1.1	9 816.0	1.2	8 412.8	1.1	23 278.2	1.1	13.2
平均增速	19.9		21.2		16.6		13.2		
出口增速	20.7		22.3		15.7		13.3		
进口增速	19.0		19.8		17.6		13.1		

2004—2005 年贸易增速为 8.0%;2008—2009 年贸易增速为—23.4%

资料来源:根据联合国商品贸易统计数据库中相应数据计算得出。

为 16.6%,仍高于整个时期的平均增长率。这主要是因为全球金融危机造成双边贸易大幅下降后,货物贸易总量的恢复尚需时日。此外,德国从中东欧国家的出口贸易增速普遍高于进口增速,但二者之间的差距并不大。值得关注的是在金融危机期间(2009—2011 年),德国从中东欧国家的进口保持了 17.6%的增速;而在此期间,德国从全球进口商品额的平均增速只有 15.9%,中东欧国家对全球的出口增速只有 3%,全球的进出口贸易的增速为—1%。正是这一点,印证了中东欧国家与德国之间密切的经贸合作关系。

(2)贸易顺差。2001—2011 年,德国同中东欧十二国的贸易总体保持了顺差,德国对十二国总体的出口额与进口额之比平均为 1.1;但对阿尔巴尼亚则保持了相对较高的顺差,这一比值为 4.2。在此期间,因进口增速与出口增速的差距基本保持不变,因此,这一相对的贸易顺差也保持稳定。只在 2005—2008 年间略有提高,而后又恢复到前期水平。但随着两者间贸易总额的不断增加,德国对中东欧国家的绝对贸易顺差实际上是在不断地扩大。

(3) 国别贸易差异化。2001—2011 年,中东欧十二国同德国的贸易额无论是在总量上还是在增长速度上都呈现出高度差异的非均衡特点。从贸易量上讲,同德国贸易量最大的前 5 个国家(按贸易额排序依次为波兰、捷克、匈牙利、斯洛伐克和罗马尼亚)同德国的贸易总额平均占十二国总额的 88.9%。贸易额最大的两个国家是波兰与捷克,他们同德国的贸易额占 56.6%;贸易量最小的国家是阿尔巴尼亚,同德国的贸易总额仅占十二国的 0.1%,几乎可以忽略不计,但阿尔巴尼亚同德国的货物贸易却保持了较快的增长,年均增速达到 14.5%。从增长速度上讲,2001—2011 年间,罗马尼亚同德国货物贸易总额的增长速度最快,年均达到 17.3%;而克罗地亚同德国的贸易年均增长速度仅 8.3%。在同德国贸易量大小的排名方面,波兰因较快的增长速度超过捷克成为十二国中德国最大的贸易伙伴国。

19.1.2　德国与中东欧国家货物贸易的商品结构

根据《国际贸易标准分类》(SITC.Rev3)第一级指标中的 10 个商品类别,可计算出 2001—2011 年间德国与中东欧国家的货物贸易的商品结构及其变化情况,如表 19.2 所示。

表 19.2　德国与中东欧国家货物贸易的商品结构(2001—2011 年)(亿美元,%)

SITC	2001—2004 年		2005—2008 年		2009—2011 年		2001—2011 年		
	总额	比重	总额	比重	总额	比重	比重	出口/进口	平均增速
0	139.3	2.8	352.0	3.6	385.6	4.6	3.8	1.1	18.9
1	16.2	0.3	32.3	0.3	34.7	0.4	0.4	2.0	15.4
2	95.7	1.9	198.7	2.1	189.8	2.3	2.1	0.6	15.4
3	70.4	1.4	184.3	1.9	182.4	2.2	1.9	1.0	17.8
4	9.6	0.2	22.6	0.2	19.9	0.2	0.2	2.0	18.3

续表

SITC	2001—2004 年		2005—2008 年		2009—2011 年		2001—2011 年		
	总额	比重	总额	比重	总额	比重	比重	出口/进口	平均增速
5	356.1	7.1	753.0	7.8	722.5	8.6	7.9	3.3	15.5
6	971.1	19.4	1 785.4	18.4	1 454.6	17.3	**18.2**	1.3	11.7
7	**2 448.9**	**48.9**	**4 557.4**	**47.0**	**3 687.6**	**43.9**	**46.3**	**1.1**	**12.5**
8	692.6	13.8	1 048.8	10.8	944.9	11.3	11.6	0.8	9.7
9	208.1	4.2	756.6	7.8	775.3	9.2	7.5	0.9	26.2
合计	5 007.9	100.0	9 691.1	100.0	8 397.4	100.0	100.0	1.1	13.2

资料来源:同表 19.1。

从表 19.2 中可以看出,2001—2011 年到德国与中东欧国家间贸易的商品结构有以下三个特点。

(1) 结构单一。在德国与中东欧十二国的货物贸易中,主要是 SITC6—8 三类产品,即原料分类的制成品、机械及运输设备类商品及杂项制品,这三类商品贸易额的比重在三个时期分别高达 82.1%、76.2%、72.5%,平均高达 76.1%,而同期全球进出口贸易中这三类商品的贸易额平均比重仅为 61.6%。结构单一还表现为:单是机械及运输设备类产品就平均占贸易总额的 46.3%,高于同期该类商品全球平均贸易额 36.7%的比重。与此相比,饮料及烟草(SITC1)、矿物燃料、润滑油及有关原料(SITC3)、动植物油、脂和蜡(SITC4)等三类商品贸易额之和占比平均只有 2.5%,远低于同期这三类商品在全球范围内的平均贸易额比重14.3%。

(2) 资源禀赋特征明显。如按产品的资源禀赋分类,2001—2011 年德国与中东欧十二国间的商品贸易中,资源密集型产品(SITC0—4)平均占比 8.4%、劳动密集型产品(SITC6、SITC8)平均占比 29.8%、资本与技术密集型产品(SITC5、SITC7、SITC9)平均占比 61.7%。从动态角度看,资源密集型产品占比持续上升,这一比重从全球金融危机前的 6.6%上升到全球金融危机后的 9.7%,尽管如此,其在贸易总额的比重仍然较小;劳动密集型产品占比持续下降,而资本与技术密集型产品占比先上升后受危机影响小幅下降。这也是同德国与中东欧国家的资源禀赋特征相一致的。

（3）各类商品的贸易失衡与增速差距显著。2001—2011 年,总的来讲多数商品呈现出相对贸易顺差与较高的增长速度。最高的贸易相对顺差是第 5 类产品(SICT5,未另列明的化学品和有关产品),德国对中东欧十二国的出口总额为进口总额的 3.3 倍,但是,由于这类商品的总量相对不大,因而由此形成的绝对贸易顺差也较小;货物贸易总额最大的是第 7 类商品(SITC7,机械及运输设备类产品),该类商品的比重高达 46.3%,德国为该类商品的净出口国,出口进口总额之比为 1.1。此外,各类商品的贸易增速并不均衡,2001—2011 年增长最快的是 SITC9,平均年增长速度高达 26.2%,但这类商品对总体增长速度的影响并不大;对总体增速影响最大的还是 SITC7,其年均增速为 12.5%,略低于总体贸易额年均 13.2% 的增速。总的来讲,德国与中东欧十二国间主要贸易产品(SITC6—8)稳定增长,而比重较小的 SITC4、SITC9 两类产品则出现了高速增长。

19.1.3　德国与中东欧国家贸易依赖度

德国与中东欧国家间的双边贸易稳定增长,加之初期(2001 年)双边的贸易量基数较大,双方间的贸易额占各自对外贸易总额的比重逐年增加。以 2011 年为例,双方的贸易额占德国进出口贸易总额的 11.9%,占中东欧国家的 21.6%。这一特征及德国与中东欧国家间的双边贸易发展态势可用贸易依赖度来更直观地反映。表 19.3 给出了德国与中东欧国家之间的贸易依赖度结果。另外,为了动态地反映两者贸易依赖程度的变化情况,将 2001—2011 年的贸易依赖指数绘制成曲线图,参见图 19.1。

表 19.3　德国与中东欧十二国的贸易依赖度

	2001 年	2002 年	2003 年	2004 年	2005 年	2006 年	2007 年	2008 年	2009 年	2010 年	2011 年
德国对中东欧国家	2.71	2.55	2.55	2.38	2.45	2.50	2.40	2.40	2.47	2.62	2.64
中东欧国家对德国	3.81	3.74	3.57	3.45	3.37	3.16	3.07	3.02	3.10	3.27	3.31

资料来源:同表 19.1。

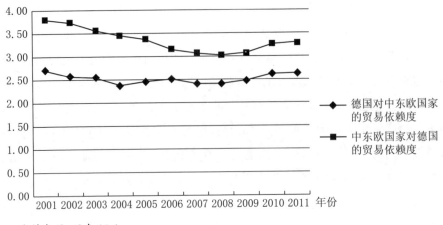

资料来源:同表 19.1。

图 19.1　德国与中东欧国家的贸易依赖度变化趋势

　　从图中可以看出:(1)2001—2011 年,德国与中东欧国家间存在较高的贸易依赖度,但中东欧对德国的贸易依赖度高于德国对中东欧的依赖。这说明德国市场对中东欧国家的重要性较中东欧对德国更为重要。(2)德国与中东欧国家的贸易依赖度在 2001—2011 年间总体呈现下降的趋势。值得注意的是,全球金融危机期间双方之间贸易依赖性到达历史最低点,反而危机后依赖度有所反弹,说明随着中东欧国家开放进程的加快,各国都在加强同其他贸易伙伴的往来,而忽视了对德国市场的开发。(3)德国与中东欧国家间数值较高(TCD 值远大于 1)但趋于下降的贸易依赖度,一方面反映了过去和当前双方的市场对对方的重要性,另一方面也反映出双方对对方市场缺乏应有的重视程度,近年来双边贸易关系停滞不前。

19.2　德国与中东欧国家货物贸易互补性

　　一般认为,如果 I 国集中出口的产品正好与 J 国集中进口的产品一致,那么,两国的贸易就具有互补性。此处分别采用单品种贸易互补性指数和综合贸易互补指数(以世界贸易中各类产品的份额作为权数,对单品种互补指数加总)来衡量德国与中东欧国家在各类商品上的比较优势,及双方间的贸易互补性程度,结果参见表19.4。

表19.4　德国与中东欧十二国的贸易互补性指数

SITC	2001 年	2002 年	2003 年	2004 年	2005 年	2006 年	2007 年	2008 年	2009 年	2010 年	2011 年
0	0.55	0.50	0.50	0.55	0.66	0.67	0.66	0.72	0.77	0.77	0.73
1	0.53	0.51	0.47	0.56	0.79	0.81	0.84	0.87	0.92	0.98	1.06
2	0.48	0.47	0.42	0.43	0.43	0.42	0.38	0.38	0.31	0.33	0.35
3	0.14	0.15	0.13	0.14	0.12	0.13	0.11	0.10	0.10	0.09	0.10
4	0.59	0.49	0.34	0.33	0.31	0.27	0.18	0.22	0.25	0.23	0.25
5	**1.61**	**1.40**	**1.33**	**1.33**	**1.36**	**1.39**	**1.30**	**1.41**	**1.36**	**1.39**	**1.43**
6	**1.51**	**1.43**	**1.42**	**1.34**	**1.38**	**1.36**	**1.31**	**1.30**	**1.30**	**1.28**	**1.32**
7	**1.22**	**1.21**	**1.27**	**1.29**	**1.32**	**1.32**	**1.39**	**1.48**	**1.38**	**1.44**	**1.55**
8	0.59	0.62	0.63	0.63	0.68	0.73	0.71	0.79	0.78	0.78	0.81
9	0.50	0.31	0.74	0.67	1.20	1.14	1.51	1.80	1.36	1.43	1.09
合计	**1.02**	**0.98**	**1.00**	**0.99**	**1.01**	**1.02**	**1.03**	**1.05**	**1.03**	**1.04**	**1.05**

资料来源:同表19.1。

从表19.4中可以得出如下结论。

(1)2001—2011 年德国与中东欧国家综合贸易互补指数总体上保持相对平稳的状态,基本稳定在 1 以上。这说明德国与中东欧国家存在显著且稳定的贸易互补关系,这与两者生产要素禀赋及比较优势的稳定性相吻合。

(2)德国与中东欧国家贸易的互补性明显存在行业(或产品)差异。第 1、9类产品(饮料及烟草、未分类商品)表现出较弱的互补性,但互补性逐渐增强;第 0、2、3、4、8 类产品(食品和活动物,非食用原料,矿物燃料、润滑油及有关原料,动植物油、脂和蜡及杂项制品)并没有表现出互补性;而第 5、6、7 类产品(未另列明的化学品和有关产品,按原料分类的制成品及机械及运输设备类产品)则表现出较强的互补性。

(3)第 5、6、7 类产品(未另列明的化学品和有关产品,按原料分类的制成品及机械及运输设备类产品)表现出很强的互补性,贸易互补指数均超过了 1。而第

9类产品的贸易互补指数在2005年大幅提高,超过了1;按原料分类的制成品(SITC6)的贸易互补指数则呈现出下降趋势。尽管资本与技术密集型产品(SITC5、7)对德国与中东欧十二国总体贸易的互补性贡献较大,但这种影响被众多非互补性产品的贸易削弱,导致综合贸易互补指数值较小。

19.3　德国与中东欧国家货物贸易互补性的性质

本部分利用贸易专业化系数指标,从产业间互补和产业内互补两个维度来考察德国与中东欧国家间贸易互补性的性质及其变化。依照《国际贸易标准分类》(SITC)第三版的第二级指标将商品分为67类,2011年德国与中东欧国家的贸易涵盖了其中的66类。根据贸易专业化指数计算公式,德国为 I 国,中东欧各国总和为 J,计算了2011年这66类商品的贸易专业化指数(TSC)值,结果如表19.5所示。

表 19.5　2011 年德国与中东欧国家货物互补情况

| 产业内互补 | | | | 产业间互补产品中比较优势较高一方 | | | | 无互补关系 | |
| | | | | 德　　　国 | | 中东欧国家 | | | |
SITC	TSC 值	SITC	TSC 值	SITC	TSC 值	SITC	TSC 值	SITC	TSC 值
02	0.15	87	0.19	53	0.81	32	−0.91	00	0.49
05	−0.18	88	0.32	43	0.75			01	0.35
06	−0.02	89	0.15	59	0.72			03	−0.52
12	−0.06	93	−0.01					04	−0.35
21	−0.19	96	0.20					07	0.67
29	0.29	97	−0.25					08	0.45
35	−0.17							09	0.55
42	0.17							11	0.56
51	0.19							22	−0.67
52	0.08							23	0.66
62	−0.27							24	−0.48

| 产业内互补 | | | | 产业间互补产品中比较优势较高一方 | | | | 无互补关系 | |
| | | | | 德　　国 | | 中东欧国家 | | | |
SITC	TSC 值	SITC	TSC 值	SITC	TSC 值	SITC	TSC 值	SITC	TSC 值
63	−0.28							25	−0.38
64	0.33							26	0.59
65	0.33							27	0.41
66	0.02							28	−0.56
67	0.22							33	0.40
68	0.05							34	−0.37
69	0.10							41	0.43
71	−0.12							54	0.38
72	0.33							55	0.42
74	0.08							56	−0.49
75	0.00							57	0.36
76	−0.20							58	0.58
77	−0.06							61	0.51
78	−0.11							73	0.42
81	−0.16							79	−0.40
84	0.00							82	−0.64
85	0.04							83	0.36
各类产品占比	非互补性产品:16.9% 互补性产品:83.1% 其中,产业内互补:80.6% 产业间互补:2.5%			互补产品中: 资源密集型互补性产品:3.1% 劳动力密集型互补性产品:26.6% 资本和技术密集型互补性产品:53.4%					

资料来源:同表 19.1。

从表 19.5 中可以看出以下结论。

(1) 2011 年,在德国与中东欧国家间的货物贸易中,具有互补性的产品贸易额合计 2 713.9 亿美元,占两者贸易总额的 83.1%;不具互补性的商品贸易额合计 552.6 亿美元,占两者贸易总额的 16.9%。可见,德国与中东欧国家间的货物贸易主要表现为互补性,这和本章第二部分中依据贸易互补指数的计算所得结果是一致的,说明互补性是双边贸易能够持续稳定发展的重要基础之一。

(2) 在德国与中东欧国家间的互补性贸易中,体现为产业内互补关系的贸易额合计2 631.3亿美元,占两者总贸易额的80.6%;体现为产业间互补的贸易额合计82.6亿美元,占双边贸易额的2.5%。这表明德国与中东欧间的互补贸易目前主要以产业内贸易互补为主,产业间互补贸易规模比较小。

(3) 在互补性贸易中,3.1%为资源密集型产品(SITC02、05、06、12、21、29、35、42);26.6%为劳动密集型产品(SITC62—69、81、84、85、87—89);53.4%为资本与技术密集型产品(SITC51—53、59、71、72、74—78、93、96、97)。可见,德国与中东欧贸易互补关系目前更多地体现在资本与技术密集型产品上。

(4) 在占比为80.6%的产业内互补贸易中,资源密集型产品占比1.2%、劳动密集型产品占比26.6%、资本与技术密集型产品占比51.5%。其中,贸易量最大的是道路车辆(SITC78,占26.6%),其次是电气机械、仪器和用具(SITC77)及特殊交易和商品(SITC93)等(分别占产业内贸易的20.4%和12.8%)。这说明德国与中东欧国家的产业内贸易基本都集中在资本与技术密集型的工业制品(SITC71、74、77、78、93)上。

(5) 在占比仅有2.5%的产业间互补贸易中,德国比较优势较明显(或者说竞争力强)的产品占2.0%,而中东欧国家比较优势较强的产品占0.5%。德国的比较优势分别来自资源密集型产品和资本与技术密集型产品,而中东欧国家的比较优势全部来自资源密集型产品SITC32(煤、焦煤及煤球)。总之,在德国与中东欧国家的产业间贸易中,德国的资本与技术密集型产品占有绝对优势,而中东欧国家向德国出口的为资源型初级产品,这也在一定程度上解释了德国对中东欧国家货物进口贸易的大幅增长与总量顺差并存的现状。

19.4 结论

根据以上研究可以得出如下结论。

(1) 2001—2011年,德国与中东欧十二国货物贸易保持持续稳定增长,2011

年双边贸易总额达 3 266.5 亿美元。但是,德国与中东欧国家间的贸易仍然存一些不利于进一步扩大双边经贸合作的问题,如果这些问题得不到解决,只会使双边经贸关系渐行渐远。概括起来包括以下两个方面:第一,产品结构过于单一,德国与中东欧十二国的贸易主要集中在单一类别的产品上(SITC7);第二,贸易依赖度减弱,尽管德国依然是中东欧十二国最大的贸易伙伴国,但随着中东欧国家主要成员依次入盟后,不断加深与欧盟内部其他成员的贸易往来,导致其对德国的依赖性下降,德国进出口总额占中东欧十二国贸易总额比重从 2001 年的26.3％下降至 2011 年的 21.6％,德国作为中东欧十二国贸易伙伴的重要性减弱。

(2) 2001—2011 年,德国与中东欧十二国的贸易互补性总体来讲比较高,尤其是劳动密集型产品和资本与技术密集型产品的互补性更高,说明德国的比较优势产品类型同中东欧国家的比较劣势产品类别相吻合。进一步对贸易互补性的性质分析后发现:具有互补特性的产品超过总贸易额的 83％,其中能反映经济合作更紧密的产业内互补贸易高达总贸易额的 80.6％,仅有 2.5％的互补性是产业间互补。这种贸易关系反映了两者的产业关联度非常高,生产的合作关系非常紧密,贸易关系必然会非常稳定。这就解释了为什么德国会长期成为中东欧国家最大的贸易伙伴国,而且中东欧国家 2001—2011 年来自德国的贸易平均占其贸易总额的 20％以上。

第 20 章

俄罗斯与中东欧国家货物贸易结构与互补性分析

20.1　俄罗斯与中东欧国家货物贸易结构

2001—2011 年,俄罗斯一直是中东欧十二国的第三或第二大贸易伙伴国,双边贸易关系提升迅速。2001 年双方货物贸易额仅 191.2 亿美元,2011 年就达到了 827.9 亿美元,年均增长 15.8％,稍高于同期全球对外货物贸易 10％的平均增长速度,与同期中东欧国家对外货物贸易 15.7％的增长速度基本持平。俄罗斯与中东欧国家的贸易结构可以从双方货物贸易的地域结构、产品结构及贸易的相互依赖度等三个方面予以说明。

20.1.1　俄罗斯与中东欧十二国货物贸易的地域结构

同上一章一样,把 2001—2011 年分为 2001—2004 年、2005—2008 年及 2009—2011 年三个阶段,分阶段后的计算结果见表 20.1。

从表 20.1 中可以发现俄罗斯与中东欧贸易的地域结构呈现出以下三个特点。

(1) 持续稳定增长。2001—2011 年俄罗斯与中东欧十二国间的贸易保持平均 15.8％的增长速度,尤其是在 2005—2008 年期间,平均增速达到 29.5％,即便

表 20.1　俄罗斯与中东欧国家货物贸易的地区结构(2001—2011 年)(亿美元,%)

	2001—2004 年		2005—2008 年		2009—2011 年		2001—2011 年		
	总额	出口/进口	总额	出口/进口	总额	出口/进口	总额	出口/进口	平均增速
阿尔巴尼亚	1.2	10.8	4.5	10.8	1.8	10.3	7.5	10.7	21.3
保加利亚	33.6	4.3	145.5	7.9	105.7	5.4	284.8	6.3	19.9
克罗地亚	20.7	6.3	48.5	6.7	32.5	3.0	101.7	4.9	9.8
捷　克	99.8	2.9	275.2	2.2	237.8	1.4	612.9	1.9	14.9
爱沙尼亚	64.0	11.3	85.7	4.8	69.8	2.6	219.5	4.6	10.6
匈牙利	129.2	4.6	345.8	2.7	248.3	1.7	723.4	2.5	13.4
拉脱维亚	47.0	6.0	147.0	7.2	177.3	9.2	371.3	7.8	21.8
立陶宛	98.7	6.1	187.8	5.1	136.7	3.6	423.2	4.7	13.9
波　兰	245.3	2.9	699.0	2.9	653.0	2.9	1 597.3	2.9	18.4
罗马尼亚	52.5	14.0	153.9	5.0	89.4	1.3	295.8	3.3	13.4
斯洛伐克	99.6	10.0	238.1	5.0	204.4	1.8	542.0	2.9	13.9
斯洛文尼亚	17.9	0.5	37.4	0.2	32.7	0.1	87.9	0.2	13.0
合　计	909.3	4.3	2 368.4	3.3	1 989.0	2.4	5 267.3	3.0	15.8
平均增速	15.0		29.5		28.4		15.8		
出口增速	12.8		25.9		28.6		13.8		
进口增速	25.5		43.9		27.7		23.2		

2004—2005 年贸易增速为 42.4%;2008—2009 年贸易增速为—44.2%

资料来源:根据联合国商品贸易统计数据库中相应数据计算得出。

是在 2009—2011 年欧洲主权债务危机期间也保持 28.4% 的增速。而且,俄罗斯从中东欧国家的进口贸易增速普遍高于出口增速,只有 2009—2011 年间出口增速显著高于进口增速。值得关注的是在全球金融危机期间(2009—2011 年),俄罗斯从中东欧国家的进口保持 27.7% 的增速;而在此期间,俄罗斯从全球进口商品额的平均增速只有 21.1%,中东欧国家对全球的出口增速只有 3%,全球的进出口贸易的增速为—1%。正是这一点使得近年来中东欧国家加强了同俄罗斯的经贸合作,使俄罗斯超过意大利,一跃成为其第二大贸易伙伴。

(2)贸易顺差显著。2001—2011 年,俄罗斯同中东欧十二国的贸易保持进出口总额的平衡,俄罗斯对中东欧的出口额与进口额之比平均为 3;但对阿尔巴尼亚和拉脱维亚则保持了高额顺差,这一比值高达 10.7 和 7.8。这一相对的贸易顺差随进口增速高于出口增速的变化总的来讲在减少,出口与进口比已从 2001—2004 年的 4.3 下降到 2009—2011 年的 2.4。但随着两者间贸易总额的不断增加,俄罗斯对中东欧的绝对贸易顺差实际上是在不断地扩大。只是在 2009 年出口急剧下降时,伴随进口的小幅减少,贸易顺差大幅降低;而危机后出口增长的恢复使这一差距进一步扩大化。

(3) 国别贸易差异化。2001—2011 年,中东欧十二国同俄罗斯的贸易额无论是在总量上还是在增长速度上都呈现出高度差异的非均衡特点。从贸易量上讲,同俄罗斯贸易量最大的前 5 个国家(按贸易额排序依次为波兰、匈牙利、捷克、斯洛伐克和立陶宛)同俄罗斯的贸易总额平均占十二国总额的 74%。贸易额最大的两个国家是波兰与匈牙利,他们同俄罗斯的贸易额占 44%;贸易量最小的两个国家是阿尔巴尼亚和斯洛文尼亚,他们同俄罗斯的贸易总额仅占十二国的 1.8%;但阿尔巴尼亚同俄罗斯的货物贸易却保持了较快的增长,年均增速达到 21.3%。从增长速度上讲,2001—2011 年间,拉脱维亚同俄罗斯货物贸易总额的增长速度最快,年均达 21.8%;而克罗地亚同俄罗斯的贸易年均增长速度仅 9.8%。在同俄罗斯贸易量大小的排名方面,变化基本不大,这主要是由十二国本身的经济总量和资源禀赋所决定的。

20.1.2 俄罗斯与中东欧国家货物贸易的商品结构

根据《国际贸易标准分类》(SITC.Rev3)第一级指标中的 10 个商品类别,可计算出 2001—2011 年间俄罗斯与中东欧国家货物贸易的商品结构及其变化情况,如表 20.2 所示。

表 20.2　俄罗斯与中东欧国家货物贸易的商品结构(2001—2011 年)(亿美元,%)

SITC	2001—2004 年		2005—2008 年		2009—2011 年		2001—2011 年		
	总额	比重	总额	比重	总额	比重	比重	出口/进口	平均增速
0	32.4	4.6	58.6	2.9	61.5	3.3	3.3	0.1	15.8
1	3.5	0.5	8.4	0.4	6.2	0.3	0.4	0.3	12.8
2	28.0	3.9	71.8	3.5	50.5	2.7	3.2	11.5	16.1
3	**404.3**	**57.0**	**1 182.4**	**58.3**	**1 099.3**	**58.3**	58.1	426.0	19.9

SITC	2001—2004 年		2005—2008 年		2009—2011 年		2001—2011 年		
	总额	比重	总额	比重	总额	比重	比重	出口/进口	平均增速
4	1.0	0.1	1.7	0.1	2.3	0.1	0.1	1.6	22.8
5	61.5	8.7	155.1	7.6	152.8	8.1	8.0	0.6	18.6
6	78.2	11.0	179.7	8.9	130.6	6.9	8.4	0.9	13.5
7	78.7	11.1	293.7	14.5	327.5	17.4	15.1	0.2	22.6
8	21.8	3.1	54.9	2.7	53.0	2.8	2.8	0.2	18.3
9	0.1	0.0	21.9	1.1	1.1	0.1	0.5	27.2	12.0
合计	709.4	100.0	2 028.2	100.0	1 884.8	100.0	100.0	2.5	19.3

资料来源：同表 20.1。

从表 20.2 中可以看出，2001—2011 年俄罗斯与中东欧国家间贸易的商品结构有以下三个特点。

（1）结构单一。在俄罗斯与中东欧十二国的货物贸易中，主要是 SITC3、SITC6、SITC7 三类产品，即矿物燃料、润滑油及有关原料，按原料分类的制成品，机械及运输设备类产品，这三类商品贸易额之和占贸易总额的比重在三个时期分别高达 79.1%、81.7%、82.6%，平均高达 81.6%；而同期全球进出口贸易中这三类商品的贸易额平均比重仅为 30.2%。结构单一还表现为：单是矿物燃料、润滑油及有关原料类产品就平均占到了贸易总额的 58.1%，远高于同期该类商品全球平均贸易额 13.1% 的比重。与此相比，饮料及烟草（SITC1），动植物油、脂和蜡（SITC4）以及未分类（SITC9）这三类商品贸易额之和占比平均只有 1%，远低于同期这三类商品在全球范围内的平均贸易额比重 5.3%。

（2）资源禀赋特征明显。如按产品的资源禀赋分类，2001—2011 年，俄罗斯与中东欧十二国间的商品贸易中，资源密集型产品（SITC0—4）平均占比 65.1%、劳动密集型产品（SITC6、SITC8）平均占比 11.2%、资本与技术密集型产品（SITC5、SITC7、SITC9）平均占比 23.6%。从动态角度看，资源密集型产品占比出现小幅下降，但所占比重仍然超过 60%；劳动密集型产品占比持续下降，而资本与技术密集型产品占比则逐渐上升。这也是同俄罗斯与中东欧国家的资源禀赋特征相一致的。

（3）各大类商品中贸易顺差与逆差并存。2001—2011 年，总的来讲各类商品均保持较高的增长速度,但贸易失衡方向存在显著差异。最高的贸易相对顺差是第 3 类产品(SICT3,矿物燃料、润滑油及有关原料),俄罗斯对中东欧十二国的出口总额与进口总额之比为 426 倍;此外,由于这类商品的总量极大,2011 年双边贸易总额达 499.5 亿美元,该类商品的平均比重更是高达 58.1%,因而由此形成俄罗斯对中东欧十二国巨大的绝对贸易顺差。而相对逆差最大的第 0 类产品(SITC0,食品和活动物),尽管出口进口比为 0.1,但因该类商品在双边货物贸易总额中所占份额较小,因此并不能改变俄罗斯对中东欧国家货物贸易存在巨额顺差的现状。另外,各类商品的贸易实现了较快增长,2001—2011 年增长最快的是 SITC4,平均年增长速度达 22.8%;但这类商品对总体增长速度的影响几乎可以忽略不计,对总体增速影响最大的还是 SITC3,其年均增速为 19.9%,略高于总体贸易额年均 19.3%的增速。综合以上数据结果可知,俄罗斯与中东欧十二国的货物贸易呈现出大类商品间贸易失衡与贸易额稳定增长并存的特点。

20.1.3 俄罗斯与中东欧国家贸易依赖度

俄罗斯与中东欧国家间的双边贸易保持较快的增长速度,加之初期(2001 年)双边的贸易量基数较大,双方间的贸易额占各自对外贸易总额的比重逐年增加。以 2011 年为例,双方的贸易额占俄罗斯进出口贸易总额的 10.9%,占中东欧国家的 7.2%。这一特征及俄罗斯与中东欧国家间的双边贸易发展态势可用贸易依赖度来更直观地反映。表 20.3 给出了俄罗斯与中东欧国家之间的贸易依赖度结果。另外,为了动态地反映两者贸易依赖程度的变化情况,将 2001—2011 年的贸易依赖指数绘制成曲线图,参见图 20.1。

表 20.3 俄罗斯与中东欧十二国的贸易依赖度

	2001 年	2002 年	2003 年	2004 年	2005 年	2006 年	2007 年	2008 年	2009 年	2010 年	2011 年
俄罗斯对中东欧国家	3.59	3.07	2.64	2.52	2.73	2.53	2.31	2.20	2.18	2.47	2.89
中东欧国家对俄罗斯	3.51	3.25	2.94	3.12	3.24	2.88	2.61	2.67	2.73	2.54	2.84

资料来源:同表 20.1。

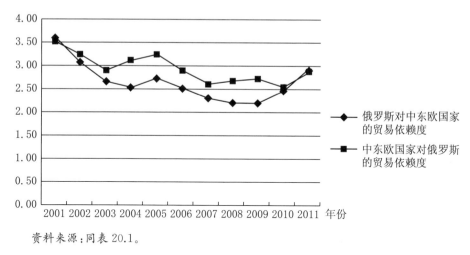

资料来源:同表 20.1。

图 20.1　俄罗斯与中东欧国家的贸易依赖度变化趋势

从图 20.1 中可以看出:(1)2001—2011 年,俄罗斯与中东欧国家间的贸易依赖度非常高,但中东欧对俄罗斯的贸易依赖度高于俄罗斯对中东欧国家的依赖,说明俄罗斯市场对中东欧国家的重要性较中东欧对俄罗斯更为重要。(2)俄罗斯与中东欧国家的贸易依赖度在 2001—2011 年间,总体呈现下降的趋势。值得注意的是,全球金融危机期间双方之间贸易依赖性到达历史最低点,危机后依赖度有所反弹,说明随着中东欧国家开放进程的加快,各国都在加强同其他贸易伙伴的往来,而忽视了对俄罗斯市场的开发。(3)俄罗斯与中东欧国家间数值较高但趋于下降的贸易依赖度,一方面反映了过去和当前双方的市场对对方的重要性,另一方面也反映出双方的对外贸易在 2001—2011 年更多地转移到了其他市场。不过,近年来双边贸易关系又有所加强。

20.2　俄罗斯与中东欧国家货物贸易互补性

此处仍旧分别采用单品种贸易互补性指数和综合贸易互补指数来衡量俄罗斯与中东欧国家在各类商品上的比较优势,及双方间的贸易互补性程度。结果如表 20.4 所示。

表 20.4　俄罗斯与中东欧国家的贸易互补性指数(2001—2011 年)

SITC	2001 年	2002 年	2003 年	2004 年	2005 年	2006 年	2007 年	2008 年	2009 年	2010 年	2011 年
0	0.19	0.25	0.25	0.19	0.24	0.24	0.37	0.26	0.42	0.30	0.33
1	0.09	0.12	0.13	0.13	0.19	0.21	0.24	0.23	0.28	0.21	0.20
2	1.35	1.37	1.37	1.43	1.21	0.92	0.87	0.76	0.62	0.57	0.63
3	5.13	5.48	4.57	3.96	3.49	2.53	2.98	2.47	3.12	3.16	2.71
4	0.16	0.10	0.07	0.10	0.15	0.25	0.18	0.19	0.33	0.18	0.21
5	0.60	0.47	0.45	0.44	0.41	0.38	0.39	0.46	0.37	0.39	0.45
6	1.82	1.62	1.61	1.73	1.47	1.43	1.43	1.14	1.25	1.13	1.04
7	0.15	0.18	0.18	0.15	0.11	0.10	0.11	0.11	0.11	0.09	0.08
8	0.12	0.11	0.09	0.07	0.05	0.05	0.05	0.06	0.06	0.05	0.04
9	1.52	0.98	1.17	0.98	2.58	6.15	1.81	2.16	1.79	2.24	3.43
综合	1.00	0.96	0.91	0.89	0.91	0.91	0.84	0.81	0.83	0.85	0.87

资料来源:同表 20.1。

从表 20.4 中可以得出如下结论。

(1) 2001—2011 年俄罗斯与中东欧国家综合贸易互补指数总体上趋于下降,但仍保持在 0.8 以上。这说明俄罗斯与中东欧国家的贸易互补关系在逐渐减弱,俄罗斯的出口商品结构同中东欧国家的进口商品结构越来越不一致。

(2) 俄罗斯与中东欧国家贸易的互补性明显存在行业(或产品)差异。SITC2、SITC6(非食用原料、主要按原料分类的制成品)表现出较弱的互补性,而且互补性逐渐减弱;而 SITC3、SITC9(矿物燃料、润滑油及有关原料,未分类商品)则表现出非常强的互补性,但 SITC3 的互补性在大幅下降,其他各大类产品并没有表现出互补性。

(3) SITC3、SITC6、SITC9(矿物燃料、润滑油及有关原料,主要按原料分类的制成品,未分类商品)表现出很强的互补性,贸易互补指数均超过 1。其中,矿物燃料、润滑油及有关原料互补性最大,初期指数甚至超过 5,但有下降的趋势,说明中东欧国家对俄罗斯的贸易主要是进口其原料;SITC9 未分类商品的贸易互补指数则呈现出明显的上升趋势。未分类的其他商品属于资本与技术密集型产品,但该类商品的贸易总量仍然较小。这说明尽管资源密集型产品(SITC3)和劳动密集型产品(SITC6)的互补性趋于减弱,但其对俄罗斯与中东欧十二国总体贸易的互补性贡献较大,仍处于主导地位。

20.3　俄罗斯与中东欧国家货物贸易互补性的性质

本部分利用贸易专业化系数指标,从产业间互补和产业内互补两个维度来考察俄罗斯与中东欧国家间贸易互补性的性质及其变化。依照《国际贸易标准分类》(SITC)第三版的第二级指标将商品分为 67 类,2011 年俄罗斯与中东欧国家的贸易涵盖了其中的 64 类。根据贸易专业化指数计算公式,俄罗斯为 I 国,中东欧各国总和为 J,计算了 2011 年这 64 类商品的贸易专业化指数(TSC)值,结果如表 20.5 所示。

表 20.5　2011 年俄罗斯与中东欧国家货物互补情况

| 产业内互补 | | 产业间互补产品中比较优势较高一方 | | | | | | 无互补关系 | |
| | | 俄罗斯 | | 中东欧国家 | | | | | |
SITC	TSC 值	SITC	TSC 值	SITC	TSC 值	SITC	TSC 值	SITC	TSC 值
04	−0.17	23	0.99	00	−1.00	66	−0.70	43	0.50
21	0.00	24	0.92	01	−1.00	72	−0.86	51	0.47
63	0.02	25	0.98	02	−1.00	73	−0.83	61	0.57
71	−0.16	27	0.76	05	−0.91	74	−0.88	67	0.52
93	0.07	28	0.99	07	−0.79	75	−0.95	68	0.64
		32	0.94	09	−0.73	76	−0.97	79	0.30
		33	1.00	12	−0.86	77	−0.78	03	−0.58
		34	1.00	26	−0.82	78	−0.95	06	−0.56
		35	1.00	29	−0.78	81	−0.92	08	−0.59
		42	0.79	41	−1.00	82	−0.86	11	−0.57
		52	0.80	53	−0.95	83	−0.90	22	−0.48
		56	0.95	54	−0.99	84	−0.97	57	−0.34

| 产业内互补 | | 产业间互补产品中比较优势较高一方 | | | | | | 无互补关系 | |
| | | 俄罗斯 | | 中东欧国家 | | | | | |
SITC	TSC值	SITC	TSC值	SITC	TSC值	SITC	TSC值	SITC	TSC值
				55	−0.75	85	−0.92	59	−0.66
				58	−0.86	87	−0.77	62	−0.47
				64	−0.72	89	−0.87	69	−0.68
				65	−0.75			88	−0.63
各类产品占比	非互补性产品:6.9% 互补性产品:93.1% 其中,产业内互补:2.3% 产业间互补:90.8%			互补产品中: 资源密集型互补性产品:65.8% 劳动力密集型互补性产品:5.1% 资本和技术密集型互补性产品:22.2%						

资料来源:同表20.1。

从表20.5中可以看出以下结论。

(1) 2011年,在俄罗斯与中东欧国家间的货物贸易中,具有互补性的产品贸易额合计770.9亿美元,占两者贸易总额的93.1%,不具互补性的商品贸易额合计56.9亿美元,占两者贸易总额的6.9%。可见,俄罗斯与中东欧国家间的货物贸易主要表现为互补性,这和本章第二部分中依据贸易互补指数的计算所得结果是一致的,说明互补性是双边贸易能够持续稳定发展的重要基础之一。

(2) 在俄罗斯与中东欧国家间的互补性贸易中,体现为产业内互补关系的贸易额合计19.1亿美元,占两者总贸易额的2.3%;体现为产业间互补的贸易额合计751.8亿美元,占双边贸易额的90.8%。这表明俄罗斯与中东欧国家间的互补贸易主要以产业间贸易互补为主,产业内互补贸易规模比较小。

(3) 在互补性贸易中,65.8%为资源密集型产品(SITC00—02、04、05、07、09、12、21、23—29、32—35、41、42);5.1%为劳动密集型产品(SITC63—66、81—85、87、89);22.2%为资本与技术密集型产品(SITC52—56、58、71—78、93)。可见,俄罗斯与中东欧贸易互补关系更多地体现在资源密集型产品上。

(4) 在占比仅有2.3%的产业内互补贸易中,资源密集型产品占比0.27%、劳动密集型产品占比0.44%、资本与技术密集型产品占比1.60%。这说明俄罗斯与中东欧国家的产业内贸易基本上都集中在资本与技术密集型工业制品(SITC71、SITC93)上。

(5) 在占比高达 90.8% 的产业间互补贸易中,俄罗斯比较优势较明显(或者说竞争力强)的产品占 65.1%,而中东欧国家比较优势较强的产品占 25.7%。俄罗斯的比较优势主要来自于资源密集型产品(占比 63.1%),其中贸易量最大的是石油及相关产品(SITC33,占比 57.3%)。而在 25.7% 的中东欧国家竞争力强的产品中,超过 73% 为资本与技术密集型产品(SITC53—55、58、72—78)。总之,在俄罗斯与中东欧国家的产业间贸易中,俄罗斯的资源密集型初级产品占有绝对优势,而中东欧国家向俄罗斯出口产品的科技含量较高,这也在一定程度上解释了俄罗斯对中东欧国家货物进口贸易的大幅增长与总量顺差并存的现状。

20.4　结论

根据以上研究可以得出如下结论。

(1) 2001—2011 年,俄罗斯与中东欧十二国货物贸易保持持续稳定增长,2011 年双边贸易总额达 828 亿美元,中东欧成为继中国之后的俄罗斯第二大贸易伙伴。但是,俄罗斯与中东欧国家间的贸易仍然存一些不利于进一步扩大双边经贸合作的问题,如果这些问题得不到解决,只会使双边经贸关系渐行渐远。概括起来包括以下三个方面:第一,进出口严重失衡,俄罗斯对中东欧国家巨大的贸易顺差远远超出俄罗斯对全球的平均贸易顺差水平;第二,产品结构过于单一,俄罗斯与中东欧十二国的贸易主要集中在单一类别的产品上(SITC3);第三,贸易依赖度减弱,中东欧十二国与俄罗斯互为对方的第二大贸易伙伴国,但双方之间的贸易依赖性在下降,俄罗斯对中东欧进出口贸易的影响下降。

(2) 2001—2011 年,俄罗斯与中东欧十二国的贸易互补性总体来讲比较高,尤其是资源密集型产品和资本与技术密集型产品的互补性更高,说明俄罗斯的比较优势产品类型同中东欧国家的比较劣势产品类别相吻合。进一步对贸易互补性的性质分析后发现：具有互补特性的产品超过总贸易额的 93％，其中能反映经济合作更紧密的产业内互补贸易仅占总贸易额的 2.3％，90％以上的互补性是产业间互补，说明俄罗斯与中东欧国家间的贸易关系还处于调节余缺、互通有无的初级合作阶段。研究还表明在比较优势方面，俄罗斯资源密集型产品的竞争力占有绝对优势，这解释了中东欧国家对俄罗斯因长期的资源依赖所造成的巨额贸易逆差的问题。

第 21 章

意大利与中东欧国家货物贸易结构与互补性分析

21.1 意大利与中东欧国家货物贸易结构

2001—2011 年,意大利一直是中东欧十二国的第二或第三大贸易伙伴国,双边贸易发展较快。2001 年双方货物贸易额仅为 298.1 亿美元,2011 年就达到 936 亿美元,年均增长 12.1%,稍高于同期全球对外货物贸易 10% 的平均增长速度;但低于同期中东欧国家对外货物贸易 15.7% 的增长速度,及意大利对外货物贸易 21.7% 的增长速度。意大利与中东欧国家的贸易结构可以从双方货物贸易的地域结构、产品结构及贸易的相互依赖度等三个方面予以说明。

21.1.1 意大利与中东欧十二国货物贸易的地域结构

把 2001—2011 年分为 2001—2004 年、2005—2008 年及 2009—2011 年三个阶段,分阶段后的计算结果见表 21.1。

从表 21.1 中可以发现意大利与中东欧国家贸易的地域结构呈现出以下三个特点。

(1) 持续稳定增长。2001—2011 年意大利与中东欧十二国间的贸易保持平

表 21.1　意大利与中东欧国家货物贸易的地区结构(2001—2011 年)(亿美元,％)

	2001—2004 年		2005—2008 年		2009—2011 年		2001—2011 年		
	总额	出口/进口	总额	出口/进口	总额	出口/进口	总额	出口/进口	平均增速
阿尔巴尼亚	35.4	1.8	63.7	1.8	63.3	1.7	162.5	1.8	14.5
保加利亚	81.1	0.9	153.0	1.3	124.0	0.9	358.2	1.0	12.9
克罗地亚	129.4	2.0	211.5	2.3	150.0	1.5	490.8	1.9	8.6
捷　克	168.7	1.5	374.8	1.0	319.3	0.8	862.8	1.0	14.9
爱沙尼亚	9.9	3.6	21.7	4.5	16.5	2.6	48.1	3.5	14.5
匈牙利	206.6	1.4	370.5	1.0	264.7	0.9	841.8	1.0	8.5
拉脱维亚	12.5	4.1	22.2	5.1	15.5	3.4	50.2	4.2	10.5
立陶宛	23.5	3.2	45.2	2.7	35.7	2.1	104.4	2.6	13.2
波　兰	310.3	1.6	730.2	1.4	644.3	1.2	1 684.7	1.3	15.1
罗马尼亚	320.9	1.0	529.4	1.3	396.5	1.1	1 246.7	1.2	10.0
斯洛伐克	93.7	0.8	211.5	0.8	186.1	0.8	491.0	0.8	14.3
斯洛文尼亚	162.7	1.5	294.2	1.7	230.3	1.6	687.2	1.6	10.6
合　计	1 554.6	1.4	3 027.6	1.3	2 446.1	1.1	7 028.3	1.2	12.1
平均增速	15.9		18.5		17.9		12.1		
出口增速	15.4		20.2		17.4		10.6		
进口增速	16.7		15.7		18.7		10.7		

2004—2005 年贸易增速为 8.1％;2008—2009 年贸易增速为—29.6％

资料来源:根据联合国商品贸易统计数据库中相应数据计算得出。

均 12.1％的增长速度,尤其是在 2005—2008 年期间,平均增速达到 18.5％,即便是在 2009—2011 年欧洲主权债务危机期间也保持 17.9％的增速。而且,意大利从中东欧 国家的进口贸易增速普遍高于出口增速,只有 2005—2008 年间出口增速显著高于进 口增速。值得关注的是在金融危机期间(2009—2011 年),意大利从中东欧国家的进 口保持 18.7％的增速;而在此期间,意大利从全球进口商品额的平均增速只有 10.4％, 中东欧国家对全球的出口增速只有 3％,全球的进出口贸易的增速为—1％。

(2)进出口平衡发展。2001—2011 年,意大利同中东欧十二国的贸易保持进 出口总额的平衡,意大利对中东欧国家的出口额与进口额之比平均为 1.2 倍,但对 爱沙尼亚和拉脱维亚则保持了高额顺差,这一比值高达 3.5 和 4.2。这一相对的贸易顺差随进口增速高于出口增速的变化总的来讲在减少,出口与进口的比值已从2004—2008年的5.7下降到2009—2011年的3.6。但随着两者间贸易总额的不断增加,意大利对中东欧的绝对贸易顺差实际上是在不断地扩大,这一问题构成意大利与中东欧国家加强经贸合作的主要障碍之一。

（3）国别贸易差异化。2001—2011年,中东欧十二国同意大利的贸易额无论是在总量上还是在增长速度上都呈现出高度差异的非均衡特点。从贸易量上讲,同意大利贸易量最大的前5个国家(按贸易额排序依次为波兰、罗马尼亚、捷克、匈牙利和斯洛文尼亚)同意大利的贸易总额平均占到了十二国总额的76%。贸易额最大的两个国家是波兰与罗马尼亚,他们同意大利的贸易总额占了42%。贸易量最小的两个国家是爱沙尼亚和拉脱维亚,他们同意大利的贸易总额仅占十二国的1.4%;但爱沙尼亚同意大利的货物贸易却保持了较快的增长,年均增速达到14.5%。从增长速度上讲,2001—2011年间,波兰同意大利货物贸易总额的增长速度最快,年均达到了15.1%;而匈牙利同意大利的贸易年均增长速度仅8.5%。在同意大利贸易量大小的排名方面,变化基本不大,这主要是由十二国本身的经济总量和资源禀赋所决定的。

21.1.2 意大利与中东欧国家货物贸易的商品结构

根据《国际贸易标准分类》(SITC.Rev3)第一级指标中的10个商品类别,可计算出2001—2011年间意大利与中东欧国家货物贸易的商品结构及其变化情况,如表21.2所示。

表21.2 意大利与中东欧国家货物贸易的商品结构(2001—2011年)(亿美元,%)

SITC	2001—2004年		2005—2008年		2009—2011年		2001—2011年		
	总额	比重	总额	比重	总额	比重	比重	出口/进口	平均增速
0	57.1	3.7	144.7	4.8	150.5	6.2	5.0	0.9	17.4
1	4.6	0.3	19.9	0.7	35.0	1.4	0.8	0.6	31.9
2	51.5	3.3	93.5	3.1	79.6	3.3	3.2	0.4	12.9
3	28.5	1.8	65.1	2.1	89.9	3.7	2.6	1.9	22.4
4	2.1	0.1	4.7	0.2	6.0	0.2	0.2	5.0	20.2

续表

SITC	2001—2004 年		2005—2008 年		2009—2011 年		2001—2011 年		
	总额	比重	总额	比重	总额	比重	比重	出口/进口	平均增速
5	105.8	**6.8**	**217.0**	7.2	193.9	7.9	**7.4**	1.9	13.9
6	383.0	24.6	712.4	23.5	558.4	22.8	23.5	1.8	11.4
7	536.8	**34.5**	**1 189.4**	39.3	920.0	37.6	37.7	1.2	12.9
8	369.1	23.7	501.3	16.6	365.4	14.9	17.6	1.0	6.5
9	16.2	**1.0**	**79.5**	2.6	47.4	1.9	**2.0**	1.6	39.7
合计	1 554.6	100.0	3 027.6	100.0	2 446.1	100.0	100.0	1.2	12.1

资料来源:同表 21.1。

从表 21.2 中可以看出,2001—2011 年到意大利与中东欧国家间贸易的商品结构有以下三个特点。

(1) 结构单一。在意大利与中东欧十二国的货物贸易中,主要是 SITC6—8三类产品,即原料分类的制成品、机械及运输设备类产品及杂项制品,这三类商品贸易额的比重在三个时期分别高达 82.8%、79.4%、75.3%,平均高达 78.8%;而同期全球进出口贸易中这三类商品的贸易额平均比重仅为 61.6%。结构单一还表现为:单是机械及运输设备类产品就平均占贸易总额的 37.7%,略高于同期该类商品全球平均贸易额 36.7%的比重。与此相比,饮料及烟草(SITC1),矿物燃料、润滑油及有关原料(SITC3),动植物油、脂和蜡(SITC4)以及未分类商品(SITC9)这四类商品贸易额之和占比平均只有 5.6%,远低于同期这四类商品在全球范围内的平均贸易额比重 18.5%。

(2) 资源禀赋特征较为明显。如按产品的资源禀赋分类,2001—2011 年意大利与中东欧十二国间的商品贸易中,资源密集型产品(SITC0—4)平均占比11.8%、劳动密集型产品(SITC6、SITC8)平均占比 41.1%、资本与技术密集型产品(SITC5、SITC7、SITC9)平均占比 47.1%。从动态角度看,资源密集型产品占比在逐渐上升,尤其是经济危机后,升幅加剧,这一比重从危机前的 10.9%上升到危机后的 14.8%;劳动密集型产品占比持续下降,而资本与技术密集型产品占比先上升后下降。这也是同意大利与中东欧国家的资源禀赋特征相一致的。

（3）各类商品的贸易平衡与增速失衡并存。2001—2011年,总的来讲多数商品呈现出较小的相对贸易顺差与较高的增长速度。最高的贸易相对顺差是第4类产品(SICT4,动植物油、脂和蜡),意大利对中东欧十二国的出口总额与进口总额比为5倍,但是,由于这类商品的总量相对极小,因而由此形成的绝对贸易顺差也最小;货物贸易总额最大的是第7类产品(SITC7,机械及运输设备),该类商品的比重高达37.7%,但双方之间该类商品的贸易基本保持平衡,出口进口总额之比仅为1.2。此外,各类商品的贸易增速并不均衡,2001—2011年增长最快的是SITC9,平均年增长速度高达39.7%,但这类商品对总体增长速度的影响几乎可以忽略不计;对总体增速影响最大的还是SITC7,其年均增速为12.9%,略高于总体贸易额年均12.1%的增速。总的来讲,意大利与中东欧十二国主要贸易品(SITC6—8)增长乏力,而比重最小的SITC1、SITC9两类商品则出现了高速增长。

21.1.3　意大利与中东欧国家贸易依赖度

意大利与中东欧国家的双边贸易增长速度较快,加上初期(2001年)的贸易量基数较大,双方间的贸易额占各自对外贸易总额的比重也比较大。以2011年为例,双方的贸易额占到意大利进出口贸易总额的8.7%,占中东欧国家的6.2%。这一特征及意大利与中东欧国家间的双边贸易发展态势可用贸易依赖度来更直观地反映。表21.3给出了意大利与中东欧国家之间的贸易依赖度结果。另外,为了动态地反映两者贸易依赖程度的变化情况,将2001—2011年的贸易依赖指数绘制成曲线图,参见图21.1。

表21.3　意大利与中东欧十二国的贸易依赖度

	2001年	2002年	2003年	2004年	2005年	2006年	2007年	2008年	2009年	2010年	2011年
意大利对中东欧国家	2.28	2.15	2.20	2.06	2.09	2.12	2.02	2.01	2.05	2.18	2.19
中东欧国家对意大利	2.14	2.12	2.05	1.96	1.98	1.99	1.95	1.89	2.06	2.02	1.93

资料来源:同表21.1。

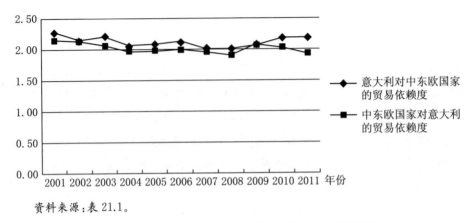

资料来源:表 21.1。

图 21.1 意大利与中东欧国家的贸易依赖度变化趋势

从中可以看出:(1)2001—2011 年,意大利与中东欧国家间的贸易依赖度较强,双方市场对彼此都很重要。其中,中东欧国家对意大利的贸易依赖度略低于意大利对中东欧国家的依赖。(2)意大利与中东欧国家的贸易依赖度在 2001—2011 年间比较平稳,没有显著变化。但值得注意的是,双方之间贸易依赖性总体呈现下降的趋势,说明意大利与中东欧国家都在不断扩展更多其他贸易伙伴的市场,而双方之间的市场份额下降也非常正常。(3)意大利与中东欧国家间数值较高但变化较为平稳的贸易依赖度,反映了过去和当前双方的市场对对方都非常重要。

21.2 意大利与中东欧国家货物贸易互补性

此处仍旧分别采用单品种贸易互补性指数和综合贸易互补指数来衡量意大利与中东欧国家在各类商品上的比较优势,及双方间的贸易互补性程度。计算结果如表 21.4 所示。

从表 21.4 中可以得出如下结论。

(1) 2001—2011 年意大利与中东欧国家综合贸易互补指数总体上保持相对

表 21.4　意大利与中东欧国家的贸易互补性指数(2001—2011 年)

SITC	2001 年	2002 年	2003 年	2004 年	2005 年	2006 年	2007 年	2008 年	2009 年	2010 年	2011 年
0	0.69	0.66	0.71	0.75	0.84	0.86	0.86	0.93	1.00	1.05	0.94
1	1.07	1.12	1.06	1.33	1.55	1.57	1.66	1.69	1.79	2.02	2.09
2	0.31	0.31	0.30	0.30	0.26	0.26	0.23	0.23	0.22	0.23	0.23
3	0.19	0.18	0.18	0.17	0.19	0.19	0.19	0.17	0.18	0.23	0.22
4	1.15	0.87	0.76	0.79	0.92	0.88	0.51	0.48	0.61	0.56	0.49
5	1.18	1.12	1.05	1.00	1.03	1.03	0.95	0.95	0.99	1.08	1.12
6	2.21	2.06	2.14	2.10	2.02	1.99	1.95	1.92	1.88	1.88	1.91
7	**0.89**	**0.87**	**0.95**	**0.99**	**0.96**	**0.99**	**1.10**	**1.20**	**1.14**	**1.12**	**1.16**
8	1.29	1.28	1.31	1.28	1.27	1.33	1.30	1.40	1.31	1.32	1.33
9	**0.21**	0.14	0.28	0.26	0.90	0.76	0.61	0.79	0.62	0.58	0.77
合计	1.03	1.00	1.03	1.03	1.02	1.02	1.04	1.04	1.03	1.04	1.04

资料来源:同表 21.1。

平稳的状态,基本稳定在 1 以上。这说明意大利与中东欧国家存在显著且稳定的贸易互补关系,这与两者生产要素禀赋及比较优势的稳定性相吻合。

(2) 意大利与中东欧国家贸易的互补性明显存在行业(或产品)差异。SITC0、SITC9(食品和活动物、未分类商品)表现出较弱的互补性,但互补性逐渐增强;SITC2、SITC3(非食用原料,矿物燃料、润滑油及有关原料)并没有表现出互补性,而 SITC1、SITC5—8(饮料及烟草,未另列明的化学品和有关产品,主要按原料分类的制成品,机械及运输设备类产品,杂项制品)则表现出非常强的互补性。

(3) SITC1、SITC5、SITC6、SITC8(饮料及烟草,未另列明的化学品和有关产品,主要按原料分类的制成品,杂项制品)表现出很强的互补性,贸易互补指数均超过了 1。其中,按原料分类的制成品互补性最大,指数超过了 2,但有下降的趋势;机械及运输设备类产品(SITC7)的贸易互补指数则呈现出明显的上升趋势。机械和运输设备类产品是典型的资本与技术密集型产品,说明尽管劳动密集型产品(SITC6、SITC8)对意大利与中东欧十二国总体贸易的互补性贡献较大,但这种影响逐渐让位给资本密集型产品。

21.3　意大利与中东欧国家货物贸易互补性的性质

本部分仍旧利用贸易专业化系数指标,从产业间互补和产业内互补两个维度来考察意大利与中东欧国家间贸易互补性的性质及其变化。依照《国际贸易标准分类》(SITC)第三版的第二级指标将商品分为67类,2011年意大利与中东欧国家的贸易涵盖了其中的66类。根据贸易专业化指数计算公式,意大利为 I 国,中东欧各国总和为 J,计算2011年这66类商品的贸易专业化指数(TSC)值,结果如表21.5所示。

表21.5　2011年意大利与中东欧国家货物贸易专业化指数

| 产业内互补 | | | | 产业间互补产品中比较优势较高一方 | | | | 无互补关系 | |
| | | | | 意大利 | | 中东欧国家 | | | |
SITC	TSC值	SITC	TSC值	SITC	TSC值	SITC	TSC值	SITC	TSC值
03	−0.15	82	−0.11	05	0.68	00	−0.88	01	−0.41
08	−0.29	83	−0.05	11	0.74	02	−0.68	04	−0.42
23	−0.25	84	−0.25	33	0.72	12	−0.96	06	−0.56
26	0.18	85	−0.20	43	0.82	21	−0.71	07	0.62
27	−0.11	87	0.12	61	0.80	22	−0.80	09	0.47
32	−0.20	88	0.15	72	0.73	24	−0.87	25	−0.39
51	0.03	89	0.31			28	−0.91	29	0.50
52	0.02	93	−0.17			35	−0.90	34	−0.39
54	0.19					76	−0.70	41	0.38
55	0.33							42	0.38
56	−0.21							53	0.64
57	−0.01							58	0.59
62	−0.18							59	0.64
64	0.28							63	−0.54

续表

| 产业内互补 | | | | 产业间互补产品中比较优势较高一方 | | | | 无互补关系 | |
| | | | | 意大利 | | 中东欧国家 | | | |
SITC	TSC值	SITC	TSC值	SITC	TSC值	SITC	TSC值	SITC	TSC值
66	0.27							65	0.36
68	−0.18							67	0.37
71	0.18							69	0.45
77	0.10							73	0.63
78	−0.32							74	0.46
79	−0.10							75	−0.56
81	0.27							96	−0.45
								97	−0.43

各类产品占比	非互补性产品:29.4% 互补性产品:70.6% 其中,产业内互补:52.7% 产业间互补:17.8%	互补产品中: 资源密集型互补性产品:12.0% 劳动力密集型互补性产品:24.3% 资本和技术密集型互补性产品:34.3%

资料来源:同表21.1。

从表21.5中可以得出以下结论。

(1) 2011年,在意大利与中东欧国家间的货物贸易中,具有互补性的产品贸易额合计660.4亿美元,占两者贸易总额的70.6%;不具互补性的商品贸易额合计275.6亿美元,占两者贸易总额的29.4%。可见,意大利与中东欧国家间的货物贸易主要表现为互补性,这和本章第二部分中依据贸易互补指数的计算所得结果是一致的,说明互补性是双边贸易能够持续稳定发展的重要基础之一。

(2) 在意大利与中东欧国家间的互补性贸易中,体现为产业内互补关系的贸易额合计493.7亿美元,占两者总贸易额的52.7%;体现为产业间互补的贸易额合计166.6亿美元,占双边总贸易额的17.8%。这表明意大利与中东欧国家间的互补贸易主要以产业内互补贸易为主,产业间互补贸易规模比较小。

(3) 在互补性贸易中,27.3%为资源密集型产品(SITC00、02、03、05、08、11—24、26—28、32、33、35、43);19.7%为劳动密集型产品(SITC61、62、64、66、68、81—89);19.7%为资本与技术密集型产品(SITC51、52、54—57、71、

72、76—79、93)。可见,意大利与中东欧国家贸易互补关系更多地体现在资源密集型产品上。

(4) 在占比高达52.7%的产业内互补贸易中,资源密集型产品占比1.4%、劳动密集型产品占比23.0%、资本与技术密集型产品占比28.3%。这说明意大利与中东欧国家的产业内贸易基本上都集中在资本与技术密集型的工业制品(SITC57、71、77、78)上。

(5) 在占比仅有17.8%的产业间互补贸易中,意大利比较优势较明显(或者说竞争力强)的产品占9.8%,而中东欧国家比较优势较强的产品占8.0%。意大利的比较优势主要来自于资源密集型产品(53.4%)和工业制成品(33.1%),其中贸易量最大的是石油及相关产品(占35%),其次是个别行业专用机械(占33.1%)。而在8%的中东欧国家竞争力强的产品中,出口量最大的是电信和录音及音响设备和仪器(占比31.7%),其次是金属矿砂及金属废料(占比18.3%)等资源密集型的初级产品(SITC00、02、12、21、22、24、28、35)。综上所述,在意大利与中东欧国家的产业间贸易中,双方货物贸易的竞争力势均力敌,各自专业化生产自身具有比较优势的产品,这也在一定程度上解释了意大利与中东欧国家货物贸易总量基本保持平衡的现象。

21.4 结论

根据以上研究可以得出如下结论。

(1) 2001—2011年,意大利与中东欧十二国货物贸易保持持续稳定增长,2011年双边贸易总额达936亿美元,中东欧国家成为意大利第三大贸易伙伴。但是,意大利与中东欧国家间的贸易仍然存一些不利于进一步扩大双边经贸合作的问题,如果这些问题得不到解决,只会使双边经贸关系渐行渐远。概括起来包括以下两个方面:第一,产品结构过于单一,意大利与中东欧十二国的贸易主要集中在单一类别的产品上(SITC6、SITC7);第二,贸易依赖度减弱,中东欧十二国依次入盟后不断加深与欧盟内部其他成员的贸易往来,导致其对意大利的依赖性下降,意大利作为中东欧十二国贸易伙伴的重要性从第 2 位降至第 3 位,由紧随德国后被俄罗斯赶超,对中东欧进出口贸易的影响下降。

(2) 2001—2011 年,意大利与中东欧十二国的贸易互补性总体来讲比较高,尤其是劳动密集型产品和资本与技术密集型产品的互补性更高,说明意大利的比较优势产品类型同中东欧国家的比较劣势产品类别相吻合。进一步对贸易互补性的性质分析后发现:具有互补特性的产品超过总贸易额的 70%,其中能反映经济合作更紧密的产业内互补贸易高达总贸易额的 52.7%,仅有 17.8% 的互补性是产业间互补。这反映出意大利与中东欧国家间的产业关联度非常高,生产的合作关系非常紧密,贸易关系必然会非常稳定;同时也解释了意大利为什么会长期成为中东欧国家前三大贸易伙伴国之一的原因。

参 考 文 献

[1] Aslund, Anders, Implications of the global financial crisis for eastern Europe[J]. Development and Transition, 2009, (13):2—3.

[2] Aquino, Antonio, Intra-industry trade and intra-industry specialization as concurrent sources of international trade in manufactures[J]. Weltwirtschaftliches Archiv, 1978, (114):275—296.

[3] Balassa, B. and L.Bauwens. Changing trade patterns in manufactured goods: An econometric investigation[M]. Amsterdam-New York: North-Holland, 1988.

[4] Balassa, B.. Intra-industry specialization: A cross-country analysis[J]. European Economic Review, 1986, (30):27—42.

[5] Balassa, Bela and Bauwens, Luc. Intra-industry specialization in a multi-country and multi-industry frame work[J]. Royal Economic Society, 1987, (97):923—939.

[6] Brülhart, M., Elliott R. and Lindley J.. Intra-industry trade and labor-market adjustment: A reassessment using data on individual workers[J]. Miero, University of Lausanne University of Birmingham University of Sheffield, 2004.

[7] Brülhart, M.. Marginal intra-industry trade: Measurement and relevance for pattern of industrial adjustment[J]. Weltwirtschaftliches Archiv, 1994, 130(3): 600—613.

[8] Davis, D.R. and Weinstein, D.E.. The factor content of trade[A]. In Kwan Choi K., & Harrigan, J.(Eds.), Handbook of International Trade.[M]. Basil Blackwell, 2003.

[9] Fidrmuc, J.. Trade structure during accession to the EU[J]. Post-Communist Economies, 2005, 17(2):225—234.

［10］Loertscher，R. and Wolter F.. Determinants of intra-industry trade：Among countries and across industries［J］. Weltwirtschaftliches Archiv，1980，(117)：126—141.

［11］Hubert，Gabrisch and Maria Luigia Segnana. Vertical and horizontal patterns of intra-industry trade between EU and Candidate countries［R］. IWH，April 2003，5—32.

［12］Winiecki，J.，Transition economies and foreign trade［M］. London and New York：Routledge Press，2002.

［13］Bergstrand，J.H.. Measurement and determinants of intra-industry international Trade［M］. in：P.K.Mathew Tharakan(Ed.)，Intra-Industry Trade. Empirical and Methodological Aspects［C］. Amsterdam 1983，201—253.

［14］Bela，Balassa and Luc Bauwens. Intra-industry specialisation in a multi-country and multi-industry framework［J］. Economic Journal，1987，97（388）：923—939.

［15］Grubel，H.G. and Lloyd P.J.. Intra-industry trade：The theory and measurement of international trade in differentiated products［M］. Macmillan Press Ltd.，1975，193—199.

［16］Greenaway，D. and Milner. C.. The economics of intra-industry trade［M］. Oxford，1986，195—202.

［17］高歌.中东欧研究:国家转型与加入欧盟——第一届中国—中东欧论坛综述［J］.俄罗斯中亚东欧研究,2011(6):83—86.

［18］王一诺.近年来国内有关中东欧研究的状况［J］.俄罗斯中亚东欧研究,2011(3):83—89.

［19］王屏.21世纪中国与中东欧国家经贸合作［J］.俄罗斯中亚东欧研究,2007(2):49—54.

［20］中国社会科学院欧洲研究所"中欧关系"重点学科课题组.2011年中欧关系的回顾与展望［J］.欧洲研究,2012(1):1—31.

［21］孔田平.中东欧经济转型的成就与挑战［J］.经济社会体制比较,2012(2):60—72.

[22] 刘薇娜,米军.俄罗斯和中东欧转轨国家服务贸易自由化发展评析[J].俄罗斯中亚东欧市场,2011(8):9—13.

[23] 李慧.中东欧国家FDI对产业结构和经济增长的影响研究[D].复旦大学,2009年4月.

[24] 吴玮丽.中东欧国家金融发展与贸易开放关系研究.复旦大学[D],2010年3月.

[25] 余南平.中东欧国家与俄罗斯关系的再评估——以贸易融入和态度测评为视角[J].国际政治经济研究,2010(6):50—58.

[26] 朱晓中.冷战后中国与中东欧国家关系[J].俄罗斯学刊,2012(1):49—55.

[27] 庄起善,王健.转型、增长与加入WTO——对中东欧和独联体转型国家的实证研究[J].世界经济与政治论坛,2006(2):7—13.

[28] 庄起善,吴玮丽.为什么中东欧国家是全球金融危机的重灾区[J].国际经济评论,2010(2):29—39.

[29] 王健.转型与经济增长——对中东欧国家(CEEC)的实证分析[J].世界经济研究,2006(5):63—68.

[30] 肖柯.中东欧的制度变迁探析[J].湘潭大学学报(哲学社会科学版),2011(3):139—143.

[31] 杜莉,谢皓.中美货物贸易互补性强弱及性质的动态变化研究[J].世界经济研究,2011(4):36—42.

[32] 陈建军,肖晨明.中国与东盟主要国家贸易互补性比较研究[J].世界经济研究,2004(8):22—28.

[33] 于津平.中国与东亚主要国家和地区间的比较优势与贸易互补性[J].世界经济,2003(5):33—40.

[34] 张彬,孙孟.国家特征视角下中国产业内贸易决定因素实证研究——基于2000—2007年面板数据的分析[J].世界经济研究,2009(5):12—18.

[35] 杜运苏等.中国产业内贸易决定因素的实证研[J].财经科学,2008(9):118—123.

[36] 许陈生,邓淇中.中国与欧盟制成品产业内贸易及其影响因素[J].国际贸易问题,2007(7):48—49.

[37] 沈国兵.显性比较优势、产业内贸易与中美双边贸易平衡[J].管理世界,2007
(2):5—15.

[38] 海闻,P.林德特,王新奎.国际贸易[M].上海:格致出版社,2012.

[39] [美]罗纳德·W.琼斯,彼得·B.凯南.国际经济学手册(第1、2卷)[M].北
京:经济科学出版社,2008.

[40] 尹翔硕.国际贸易教程(第三版)[M].上海:复旦大学出版社,2005.

[41] 庄起善.世界经济新论[M].上海:复旦大学出版社,2006.

[42] 汪斌.国际区域产业结构分析导论——一个一般理论及其对中国的应用分析
[M].上海:上海三联书店,上海人民出版社,2001.

后　记

《中东欧十六国对外货物贸易结构(2001—2011)》完稿之时,作为课题负责人和本书的主要撰稿人,我既有如释重负的喜悦之感,也有诚惶诚恐的担心。在写作中,既想对单个中东欧国家货物贸易结构做出比较全面的介绍,又想在总体上兼顾这些国家整体货物贸易结构的变化趋势研究,内容庞大,难免有遗漏之处。而且书中描述性的统计分析篇幅较多,而专题性的理论研究则略显不足,因而担心作为一本学术著作,本书的理论深度还有所欠缺。然而在项目结题之际,更为深入的研究只能放到以后的研究中进行。

本书属于上海对外经贸大学中东欧研究中心 2012 年度科研项目"中东欧研究"子项目"中东欧国家对外货物贸易结构研究"的结题成果,同时也受到上海对外经贸大学"085 工程"科研项目的资助。从立项到完稿,本书受到中东欧研究中心领导和课题组成员的大力支持,在此表示由衷的感谢!

感谢聂清教授对本书的指导,聂清教授对本书的基本框架提出了建设性的意见。感谢沈玉良教授提供的数据支持和精神鼓励。

感谢上海对外经贸大学中东欧研究中心和"085 工程"的资助。感谢国家留学基金对我到斯洛文尼亚访学的资助,正是在访学期间的大量研究时间,才使我保证按时完成了本书的撰写。

特别感谢课题组成员张琳、苗源泽、汤明、马洋和袁悦的辛勤劳作。张琳完成了本书第 18 章到第 21 章的撰写工作;汤明、马洋和苗源泽分别负责本书第 3 章到第 14 章中 14.1、14.2 和 14.3 部分的撰写工作;袁悦负责整本书的校对工作,同时在收集资料上也做了很多工作。再次对全体课题组成员的努力和认真负责表示由衷的感谢！

　　最需要感谢的是我的妻子，从立项到成书，她一直给予我莫大的关心和支持！

　　再次感谢上海对外经贸大学中东欧研究中心的资助！

尚宇红

2012 年 12 月

卢布尔雅那大学经济学院

图书在版编目(CIP)数据

中东欧十六国对外货物贸易结构：2001～2011 / 尚宇红,张琳著.—上海：格致出版社：上海人民出版社,2013

（中东欧研究系列）

ISBN 978 - 7 - 5432 - 2317 - 2

Ⅰ.①中… Ⅱ.①尚… ②张… Ⅲ.①对外贸易-贸易结构-研究-欧洲-2001～2011 Ⅳ.①F755

中国版本图书馆 CIP 数据核字(2013)第 273000 号

责任编辑　王韵霏
封面设计　路　静

中东欧研究系列
中东欧十六国对外货物贸易结构(2001—2011)
尚宇红　张　琳　著

出　　版　世纪出版集团　　格 致 出 版 社
　　　　　www.ewen.cc　　www.hibooks.cn
　　　　　　　　　　　　上海人民出版社

（200001　上海福建中路193号23层）

编辑部热线 021-63914988
市场部热线 021-63914081

发　　行　世纪出版集团发行中心
印　　刷　苏州望电印刷有限公司
开　　本　787×1092毫米　1/16
印　　张　19.5
插　　页　2
字　　数　299,000
版　　次　2013 年 12 月第 1 版
印　　次　2013 年 12 月第 1 次印刷
ISBN 978 - 7 - 5432 - 2317 - 2/F · 689
定　　价　46.00 元